124852

人性的启蒙时代

古代美索不达米亚的艺术与思想

于殿利　著

故　宫　出　版　社
The Forbidden City Publishing House

图书在版编目(CIP)数据

人性的启蒙时代：古代美索不达米亚的艺术与思想 /
于殿利著. -- 北京：故宫出版社, 2016.6
ISBN 978-7-5134-0831-8

Ⅰ.①人… Ⅱ.①于… Ⅲ.①美索不达米亚－文化史
Ⅳ.①K377.203

中国版本图书馆CIP数据核字(2015)第315812号

人性的启蒙时代：古代美索不达米亚的艺术与思想

著　　者：于殿利
出 版 人：王亚民
统　　筹：刘　辉
责任编辑：王冠良
装帧设计：郑子杰　焦泽亮
设计协力：陈　萌
出版发行：故宫出版社
地址：北京市东城区景山前街4号　邮编：100009
电话：010-85007808　010-85007816　传真：010-65219479
制版印刷：北京方嘉彩色印刷有限责任公司
开　　本：787mm×1092mm　1/16
印　　张：28.5
字　　数：360千字
版　　次：2016年6月第一版
2016年6月第一次印刷
印　　数：1-3000册
书　　号：ISBN 978-7-5134-0831-8
定　　价：196.00元

目录

图片目录

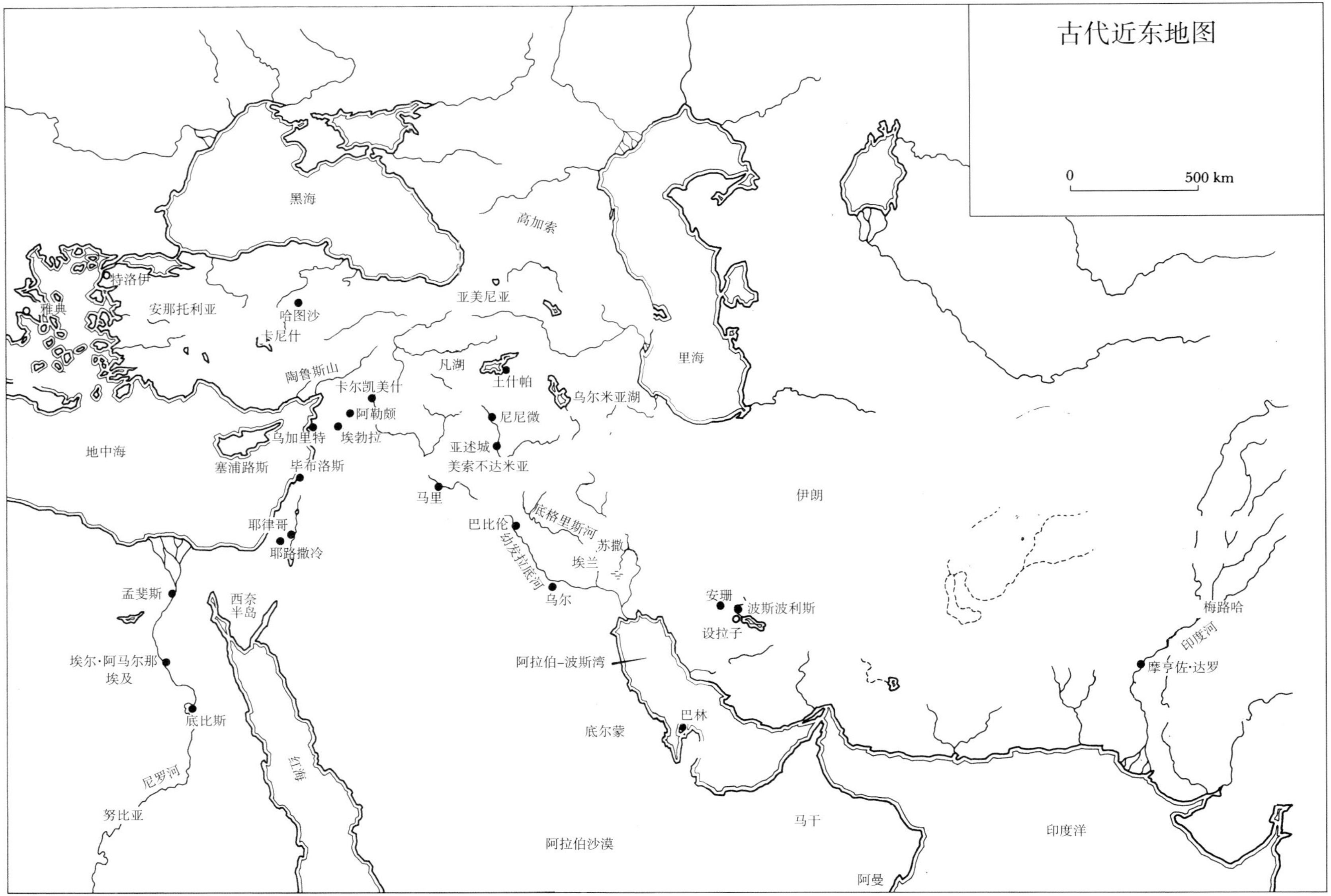
古代近东地图
0
500 km
黑海
高加索
里海
特洛伊
雅典
安那托利亚
哈图沙
卡尼什
亚美尼亚
凡湖
土什帕
乌尔米亚湖
陶鲁斯山
卡尔凯美什
阿勒颇
尼尼微
乌加里特
埃勃拉
亚述城
地中海
塞浦路斯
毕布洛斯
美索不达米亚
马里
伊朗
巴比伦
底格里斯河
耶律哥
耶路撒冷
苏撒
幼发拉底河
埃兰
孟斐斯
西奈
半岛
乌尔
安珊
波斯波利斯
设拉子
梅路哈
印度河
阿拉伯–波斯湾
摩亨佐·达罗
埃尔·阿马尔那
埃及
底比斯
巴林
底尔蒙
尼罗河
红海
努比亚
马干
印度洋
阿拉伯沙漠
阿曼

序言

一部人类文明史，归根结蒂是人性成长史。人的属性和本性从根本上决定了人类社会的结构和发展轨迹，人的社会性和思想性之本性决定着人类的生产方式和生活方式，而生产方式和生活方式的改进，又不断促进着人类思维活动和思维能力的提升。人的种属性决定了人性具有两面性，既有优点又有弱点，这种两面性决定着人类文明史必然充满着神性与兽性、开化与野蛮、蒙昧与落后、进步与反动等截然对立的矛盾和斗争，混乱与有序的交织与交替不仅是这种矛盾和斗争的结果，更构成了人类社会的基本特性，以及社会发展的根本规律性，历史就是在这种矛盾与斗争的推动和裹挟下充满变幻、不断向前的。

一

人是一种动物，这是基于事物普遍性的判断；人不是一般的动物，是与其他动物有明显区别的动物，这是基于事物特殊性的判断。正是在这种普遍性与特殊性的规定中，我们来发现和探讨人性。在“人是动物”这一命题下，存在着人的动物性，也就是人与其他动物所具有的共同性，我们宁愿把它称之为人的自然属性。这种共同性对动物而言具有唯一性，对人类而言它只是基本属性，而人的另两种特殊属性，即社会性和思想性，才真正具有规定性，它们规定了人之成为人。反过来也就是说，人是社会性动物，人是思想性动物。

人的自然属性包括几个方面：其一，人与其他动物一样，都源于自然，依赖于自然，离开了自然，人和其他动物都无法生存；其二，由于人和自然的这种关系，人天生就具有亲自然的本性；其三，人和其他动物一样，在自然界中都面临着生存的需求和压力，只是由于各自生物属种的不同，人和动物面对生存需求和压力的处理和解决办法不同。正是人在面对生存需求和压力这同一问题时，具有不同的解决能力，采取了不同的处理和解决方法，才显现出了与动物相比具有另外不同的特性，即社会性和思想性，恰恰就是人的这种社会性和思想性，使人从动物世界中脱离出来。所以，社会性和思想性是人之所以成为人的规定性，亦即成为人性的最主要方面。

根据18世纪德国著名语言学家和哲学家赫尔德的研究[1]，自然赋予了每一种生物以特殊的生存本领，他将之称为本能，每一种生物凭借其独特的本能就可以在自然界中立足。唯有人无论是在四肢还是五官方面，能力都很平庸，以至于单凭个人的力量无法在地球上生存，只能依靠群体的合力，以社会组织的形式，才能为自己赢得生存的机会。同时，赫尔德还进一步指出，上帝不会那么不公平地对待人类，让其在各方面都显得一无是处，实际上，大脑及其所具备的记忆和思维、思想功能，就是上苍赋予人的特殊能力，或称为人的本能。而且正如17世纪德国著名古典政治哲学家塞缪尔·普芬道夫所说，上帝赋予了人以优越的地位，使其凌驾于万物之上得享其荣[2]。人类凭借其记忆、思维和思想活动积累着经验和知识，一代代传递下去，不同民族和种族的不同群体相互交流、学习，从而形成了人类赖以生存的知识体系、思维方式和思想方法。所有的知识都源自于生存的需要，无用的经验较少成为知识。知识、思维和思想转化为生存的本领，从而构成了人类的智慧。

人类源自生存压力的需求，决定了人类智慧的基本面或基本构成。在这些压力之下，人类经过长期的实践经验，积累了很多关乎自身生存和发展的智慧：其一，有关自然规律和动植物习性的知识；其二，利用和顺应自然规律和动植物习性，从事生产活动的能力；其三，通过思维活动创造、发明工具的能力，乃至到近代被我们称之为科学技术发现和发明的科技研究能力；其四，人类社会得以有序运转和发展的各种制度设计和安排；其五，完善自身、完善人性，促进道德进步的各种思想观念、信念、信仰和文学、艺术创作等。

二

康德在《纯粹理性批判》中指出：“凡吾人所有之知识，非先确定其由来，决

1. J.G. 赫尔德《论语言的起源》，商务印书馆 2014 年版，第 20-85 页。

2. 参见塞缪尔·普芬道夫《人和公民的自然法义务》，商务印书馆 2009 年版，第 131 页。

不使用，所有之原理，非先知其起源，决不信赖，此固极自然者也。”[1]我们探究人性，也唯有从源说起，方可立信。古代美索不达米亚便是人类文明之源，也是人性发展之源，是人性的启蒙时代。这个启蒙时代奠定了人类文明的基本框架，奠定了人性的基本发展方向。

“人性”一词最早诞生于古代美索不达米亚的楔形文字中，它几乎是与文明相伴而生的。根据学者们的研究，文字的发明、城市的出现和冶炼技术的发现是文明出现或人类进入文明社会的标志。苏美尔人发明了迄今所知人类最早文字——楔形文字，随后，最早的学校便在苏美尔出现了。苏美尔诞生了迄今所知世界上第一座城市——埃利都，最迟至公元前3000年代，人类最早的城市在底格里斯河和幼发拉底河两岸已经星罗棋布。学校教育构成了苏美尔城市生活的最重要内容之一。最早的苏美尔人楔形文字文献显示，培养人性是苏美尔人学校的根本宗旨。[2]

冶炼技术体现出人的观察能力、认识能力和实践能力的高度发展，然而它终究是思维能力的结果。思维能力或思想性是人类独特的生存能力，甚至是使人区别于其他动物的本能。人通过思维或思想发现了制造生产工具和生活用具的秘密，从而弥补了手脚能力不足的弱点，特别是制造生产工具的能力后来发展成为所谓的科学技术，成为推动人类社会进步的重要动力。大约在公元前5000年左右，冶炼技术最早诞生在伊朗，约在公元前3000年代初，铜的冶炼和青铜器具出现于美索不达米亚。就目前史料而言，虽然冶炼技术出现在文字发明之前，但在文字发明之后以及城市出现之后，它才得到更为巨大的发展，却是不争的事实。同时，随着各种金属的广泛应用，人的思维和思想得到了极大的解放和促进，它们使人类的生产和生活发生着日新月异的变化。

人性发展的成果可以用人类的造物文化和精神文化来概括，前者体现为有形的艺术，后者体现为无形的思想。艺术和思想本是一回事，或者说一个事物的两个方面。艺术体现为具体的物质，而内核是思想；思想体现为抽象的观念，却无不附着在具体的物质之上。没有空洞的艺术，也没有不依赖具体载体的思想。任何物质既表现为具体的形式，又蕴含着其存在的意义和价值。法国著名艺术家高更1897年创作的名画《我们来自哪里？我们是谁？我们要往哪里去？》，似乎是对艺术和哲学的同一性做出的最好诠释。人对于事物的认识和思考，有时是理性和逻辑占主导，有时又是感性和形象占主导，两者缺一不可，既需要哲学思维又需要艺术

---

1. 康德《纯粹理性批判》，商务印书馆2012年版，第33页。

2. 参见于殿利《巴比伦与亚述文明》，北京师范大学出版社2013年版，第585-587页。

思维。难怪在生活中，人们既把做事的最高境界称为“有道”，即达到哲学的高度，又把这种最高境界称为“艺术”了，任何事情做到最好都在“道”上，同时它也便成为一门艺术了。古代美索不达米亚的造物文化和精神文化，不仅为人类文明开了一个很精彩的头儿，而且在很多方面至今也未曾在本质上被超越。

三

某些现代人把战争也说成是一种艺术，如果非要这样说的话，那它就是最不堪的艺术，因为战争体现的是人性的弱点，表现的是人类的自相残杀。这一点，从古至今，未曾改变。来自自然属性的需求或生存的压力，让人发展了自己独特的生存本能，即群居的生活方式和大脑所带来的记忆能力和思维能力，以及由此发展起来的发明和制造工具的能力。这种社会性和思想性的特性或本能一旦发动起来，便一发不可收拾，以至于它们不止于满足人生存层面的需求，进入到“获得”的或第二性的需求。美国近现代实用主义哲学家、教育家约翰·杜威有过这样的评论：“承认人们可以由于长期习惯而墨守成规，这就意味着相信第二性的或获得的本性比较原有的本性更为强烈些。”[1]这种获得的本性无论在物质需求还是在精神需求方面，无论是在深度还是广度方面，都超过了最原始的生存的本能需求，包括对权利和虚荣等过分的追求等。这时人性的弱点得到了无限的放大，人的正常需求没有了边界，人类不知不觉地进入了贪欲的范围。

从人类文明起源的古代美索不达米亚文明开始，一直到文化高度发展的当今社会，人类并没有改变基本的生活方式，标志着人类这个物种存在的道德准则，几千年来并没有得到多少改善和提升，改善和提升的只是满足人类欲望甚至是贪欲的手段而已。在经历了两次世界大战给人类心灵造成极大创伤的杀戮之后，地球上的战争仍然几乎没有一天停止过，不同的只是，战争的发动者会为自己找到比以往更冠冕堂皇的理由，这恰恰又放大了人性的另一大弱点——狡诈性和欺骗性。古代亚述人在战争中所表现出来的残忍，对待俘虏的非人道的处置，在20世纪的现代战争中仍在重演。这一点值得人类深省。

还有两个突出反映人性弱点的历史和社会现象，一个是宦官制度，一个是妓女和色情业。宦官制度从古代美索不达米亚文明开始，一直到20世纪初才销声匿迹；妓女和色情业则从文明之初，一直延续到当今社会。

---

1. 杜威《自由与文化》，商务印书馆 2014 年版，第 5 页。

黑格尔曾经说过："历史与经验教导我们说，各个民族一般都没有从历史方面学到什么。"[1]《圣经·传道书》中说："已有的事，后必再有；已行的事，后必再行。日光之下，并无新事。"从某种角度而论，二者都不能说一点儿道理也没有，但总体而言未免显得过于悲观，毕竟学习是人类的生存之道，甚至是生存的本能。我们试图重建古代美索不达米亚的艺术与思想史，就是认为无论是在人性的积极方面还是消极方面，处于文明起源时期的美索不达米亚人的表现，都能让我们从中获得些许教益。

1. 黑格尔《黑格尔全集》，第27卷，第一分册，《世界史哲学讲演录》，商务印书馆2014年版，第17页。

第一章

文字

人诗意地栖居

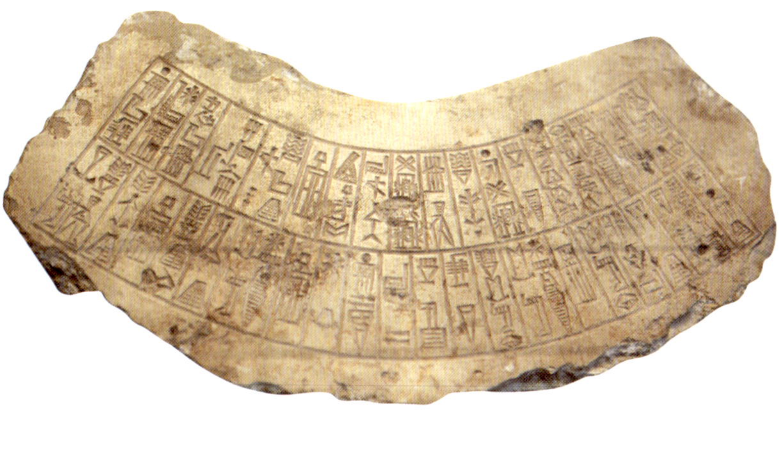

常识告诉我们，语言文字是人类最伟大的发明之一，它不仅是人类文明诞生的最重要标志之一，还是人类最重要的交际和交流手段与工具，更承载着人类文化记录与传播的使命。然而，这还远远不够，哲学家对此还有更深刻的理解和阐释。德国著名哲学家和诗人荷尔德林有一著名的诗句：人诗意地栖居。人诗意地栖居在一起，是因为人类发明了语言和文字，是语言和文字使人的生活充满诗意。不仅如此，语言还是人之存在的标志。[1]荷尔德林说："人借语言见证其本质。"荷尔德林的这句名言，通过另一位德国更著名的哲学家，存在主义大师海德格尔得到了更为广泛的传播，甚至传到了哲学领域和语言学领域之外，而为一般学人所熟知。在海德格尔看来，这句话甚至揭示了语言文字的本质和人存在的本质。他说："语言不是一个可支配的工具，而是那种拥有人之存在的最高可能性的本有事件。"[2]语言是人存在的明证。换句话说，人因语言而存在，人类如果没有语言，人类就不成其为人类了。

这主要是因为语言的内核是文化，即便其他动物也会发声，甚至有的会模仿人说话，但它们不具备文化意义。文化是人类区别于其他动物的最本质性的东西，也是人类一个群体和个人区别于其他群体和个人的最本质的东西。也就是说，文化是人活在这个世界上最本质性的标志。人与动物之间最本质的区别，在于人有知识有文化。"知"一般应该是指客观事实和信息，"识"是对客观事实和信息的见解，或者在客观事实和信息基础上形成的思想。只有"知"不能算有智慧，有"知"且有"识"，才可以说有文化有智慧。人不是一生下来就具有智慧的，人不是生而知之的，人的智慧是后天习得的。关于人性的善与恶，中国的先贤们自古就存在着激烈的争论。其实人生下来就犹如一张白纸，在其上写什么就是什么，画什么就是什么。人长大的过程，就是具有更多"人性"的过程，也就是通过教育培养出"人性"的过程。

文字出现后，学校和教育也应运而生了。通过语言文字而进行的教育，其根本目的和根本宗旨是培养人性，使人有文化，这一点在人类早期文明中可以找到其根据和根源。苏美尔人创办了世界上最早的学校。正规学校教育制度的创立是苏美尔人对人类文明的重大贡献之一。

苏美尔学校的最高宗旨是培养人性，正如一位亚述学家所中肯地指出的那样，"美索不达米亚的教育还是在寻求反复灌输一种，因为没有更好的词，我们必

1 海德格尔《荷尔德林诗的阐释》，商务印书馆 2014 年版，第 34 页。

2 海德格尔《荷尔德林诗的阐释》，第 40 页。

须称之为‘人性’的东西。实际上，这个词第一次出现在人类历史上，是在苏美尔的文献中，而且出现在那些专门涉及教育目的的文献中。”[1]例如，在一份苏美尔文献中，一个学生对他的校长说：“我一直就像小狗一样，直到您打开了我的双眼。您在我身体里制造了人性。”[2]苏美尔学校培养学生人性的最高宗旨，被这位学生一语道破。我们还拥有一份非常有趣的苏美尔文献，它由17块泥板和残片组成，时间距今约3700年左右，其原始的版本可能还要早几个世纪。这份泥板文书讲述了一名书吏教育他的不爱上学的儿子的故事，核心还是“人性问题”。这位书吏父亲非常失望，非常受伤，因为他的儿子拒绝子承父业而成为一名书吏。下面是他喋喋不休的长篇“大论”：

> 快过来，做一个男子汉。不要伫立在公共广场中，或徜徉在林荫大道上。在大街上行走时，不要东张西望。在你的班长面前要表现出谦恭和畏惧。当你表现出畏惧时，班长就会喜欢你。
>
> ……（以下15行毁坏）
>
> 你整天在公共广场中闲逛，你怎能获得成功？那么，追随前辈们，到学校上学去，它将对你大有裨益。我的孩子，追随前辈们，向他们请教。
>
> 我想要跟你说的是，不要做傻瓜，而要做智者，用魔力控制住邪恶之人，不要听信其谎言。因为我的心已完全被对你的忧虑所占据，我远离你，不理你的恐惧和抱怨——不，不理你的恐惧和抱怨。由于你的吵闹，对，由于你的吵闹——我对你很生气——对，我对你很生气。因为你不尊重你的人性，我的心仿佛被一股邪风吹毁。你嘟嘟囔囔的抱怨置我于死地，你已经把我带到了死亡的边缘。[3]

在这位父亲看来，不上学，不好好学习，整天游手好闲，就是不尊重自己的人性，因此指责自己的儿子“追求物质主义的成功，而放弃人文主义的努力”[4]。这一方面反映出了当时学校教育的宗旨在于培养人性，另一方面也在某种程度上反映出了当时苏美尔社会的普遍价值观。

从这个意义上说，在培养“人性”的漫长而永恒过程中，文字发挥了不可替代的作用。文字之美，是人类最值得骄傲的智慧之美。让所有亚述学家感到幸运的是，这种美首先发现于古代美索不达米亚，发现于苏美尔。

---

1 Stephen Bertman，Handbook to Life in Ancient Mesopotamia，New York，2003，p.304.

2 斯蒂芬·伯特曼《探寻美索不达米亚文明》，商务印书馆，2009年版，第462页。

3 Samuel Noah Kramer, History Begins at Sumer, The University of Pennsylvania Press, 1981, p.16.

4 Samuel Noah Kramer, History Begins at Sumer,p.15.

第一节　人类最伟大的发明

苏美尔人是最先进入美索不达米亚平原的古代民族，也是最早的美索不达米亚文明的创造者。苏美尔人发明了人类最早的文字。在公元前第4千纪，随着生产的发展，剩余产品的出现，在保管储存产品的过程中，首先计账和统计成为必需，最早的文字形式出现在几百块泥板之上，内容显然是记述经济活动的。

一、楔形文字的起源

古代美索不达米亚的最早文字出现在公元前第4千纪中期左右，是用苏美尔语刻写在泥板上的。与世界上其他地区和民族的图形文字，如埃及的象形文字一样，在古代美索不达米亚，最初出现在泥板上的文字，其外观并不呈楔形，而只是些平面图画。显然，被后世称之为楔形文字的古代美索不达米亚古文字，起源于图画式的象形文字，这一点早已被越来越多的考古发现所证实。在这种最早的文字体系中，一个或更多具体事物的图画便构成一个符号，代表着一个词，其意义与所画的物质基本一致或近似。这种文字被称为象形文字（Pictography）或表词字（Logography或Word writing）[1]。

最早的文字仅仅是一些数字、具体物品的图画和人名。其写法很简单易行，每个词所表达的意思也很直观，一般就是直接描述该事物的图画。例如，“羊”的概念就是由一只羊的图画来表示的；同样，“鱼”就是一条鱼的图画，“鸟”就是一只鸟的图画，等等。数字泥板向我们揭示美索不达米亚人高超的数学才能，这个才能至今仍然让全人类受益。在图1.1中，这个数字符号代表33，左边的原点形印记每个原点代表10，右边的长条形每个长条代表1。这说明美索不达米亚人在很早的时候就发明了十进制，就懂得了把十位和个位区别开来，从而明确了位值的概念。这一发明成为人类共同的遗产，一直沿用至今。在图1.3中，出现了更为复杂的限定性或修饰性数字。在这块泥板中，不仅把不同的麦子做了区分，而且把分配给劳动者麦子的计算从一天延伸到了150年。

对一些相对而言比较复杂的事物，苏美尔人则采用其局部或最能体现其本质特征的部分来代表或表达其整体的概念。例如，他们用各种动物的头部来表示该动

1　参见 I.J.Gelb, A Study of Writing，The University of Chicago Press, 1963，p.65.

物，用男人和女人的生殖器图形来表示男人和女人等。很奇特的是，在图1.4中，用整个羊的图画而不是羊头来表示羊。图1.5是一块带有图画文字的石板，符号包括人头、人脚、人手、滑板和数字1、2、3等。

图 1.1　用于最早计数的石膏板文字。约公元前 3300 年（乌鲁克文化晚期）。出自乌鲁克。现存英国伦敦大英博物馆。

图 1.2　最早的泥板文字，记载的是神庙为工人发放每天的食物，包括啤酒和大麦等。公元前 3300—前 3100 年（乌鲁克文化晚期）。出自乌鲁克。现存英国伦敦大英博物馆。

图 1.3　更为复杂的具有百位数的数字泥板。公元前 3300—前 3100 年（乌鲁克文化晚期）。现存英国伦敦大英博物馆。

图 1.4　记载羊和数字的象形文字。公元前 3300—前 3100 年（乌鲁克文化晚期）。出自泰尔·布拉克。现存戴尔·伊兹·左尔（Deir ez-Zor）博物馆。拍摄于英国伦敦大英博物馆。

图 1.5　石板象形文字。公元前 3300—前 3100 年（乌鲁克文化晚期）。出自基什。现存伊拉克国家博物馆。摄于英国伦敦大英博物馆。

对一些难以用简单图画文字来表达的抽象概念和事物以及具体的动作等，苏美尔人则采用象形符号与会意符号相结合的手段来表示。例如，他们在一只卧着的家禽旁边放上一只蛋，就表示“生育”的概念；在半圆形下面画几道线影来表示黑暗自苍穹而下，并从而表示“黑”、“夜”的概念；以更加抽象的方式，即用两条平行线来表示“朋友”和“友谊”的意思；与“朋友”和“友谊”的概念相对应的是，苏美尔人在表示“分歧”和“敌对”的概念时，采用的符号是两条交叉的直线；他们还用“嘴”加“食物”或碗来表示“吃”（图1.2和图1.6），用“嘴”加“水”表示“喝”的意思。更有趣的是，苏美尔人用“山”加“女人”来表示“女奴”，这是因为苏美尔人的女奴大部分是来自周围山区的女人。

一个图画代表着一种事物或行动，势必造成符号繁多，使用起来极其不便。因此，一般的语言形式都遵循着一个共同的原则，即经济原则，也就是用尽可能少的符号来表达最广泛的意义。苏美尔人很快采取的第一个经济措施就是在原来使用象形文字的基础上，又演变出一种表达方法，即他们不仅用一幅图画表达其最初所代表的物质，还用它来表达与之相关联的意义。例如，一幅太阳图画不仅表示“太阳”，还可以用来表示“光明”、“白”和“白天”等意义；一幅星的图画，不仅用来表示其最初的意义，即“星星”和“天空”的概念，还用来表示“神”；一

图 1.6　这块泥板出现了复合符号，一个人头（嘴）和一只碗，用来表示“吃”。公元前 3300—前 3100 年。乌鲁克文化晚期。出处不明。现存英国伦敦大英博物馆。

幅足的图画不仅表示“足”或“脚”的概念，还用来表示与脚有关的意思，如“站立”、“行走”、“去”、“来”或“带来”等[1]。

以一个或更多具体事物的图形作为符号来表示该事物或与之相近的概念，这种文字系统存在着两方面的不足：其一是符号本身的形式过于复杂，造成书写困难，大大影响了书写速度；其二是表达某一完整意义所需的符号太多，使用起来显得笨拙、不便。因此，简化符号并逐渐使之规范化就成为社会发展之必需，这也是世界上所有民族的文字体系都要经历的过程。苏美尔人象形文字不断简化的结果便是，原始的图像逐渐地变得越来越无法辨认，直到最后完全失去了象形的特点。在这方面，古埃及的象形文字算是个例外，在该文字体系中，这样的事情并未发生。这主要是因为，虽然最古老的苏美尔文字与古埃及文字一样，同属于象形文字，但两者也存在着较大的差别。古埃及的象形文字是仔细刻画或精心绘制的图形，有时还上了好几种颜色，而古代苏美尔人的象形文字只是一些图示性的、线条式的图形，这些线条只是象征性地、图示性地表现符号所代表的实物。造成古苏美尔和古埃及象形文字的这种差别的主要原因是书写材料和书写工具的不同[2]。也正是苏美尔人独特的书写材料和书写工具，使苏美尔人象形文字的符号在逐渐简化的过

1　参见 G.R.Driver, Semitic Writing，Oxford University Press, 1976, p.57.

2　参见 B.A·伊斯特林《文字的产生和发展》，北京大学出版社 1989 年版，第 161—162 及 165—166 页。

程中，呈现出楔形，并最终完全失去其象形的特征。可以肯定的是，到舒路帕克时期，苏美尔文字就已经完全呈楔形了。图1.7呈现的文字形态是在此时期前，图1.8是一块土地和房屋买卖契约，不仅文字呈楔形，而且泥板很精致、美观。图1.9泥板则是一位地方总督的银钱账本。

图 1.7 管理文书泥板，记载把土地分配给神庙官员。公元前 3100—前 2900 年。捷姆迭特·那色时期。现存圣马可图书馆。摄于纽约大都会博物馆。

图 1.8 舒路帕克时期的出售土地和房屋契约。约公元前 2600 年。出自舒路帕克（法拉）。现存法国卢浮宫博物馆。

图 1.9 楔形文字泥板。约公元前 2500 年。苏美尔早王朝时期。可能出自舒路帕克（法拉）。现存英国伦敦大英博物馆。

在古代美索不达米亚，石料少，羊皮纸又难以保存，所以人们便以泥板作为书写材料。这里泥土的土质与其他地区的不同，它具有很强的粘性。在泥板上写字有很大的局限性，其中较突出的一点就是很难精确地刻写原始的图画文字的曲线，很难勾勒出迂回曲折的轮廓。相比较而言，在泥板上刻写直线和线条就要容易得多。美索不达米亚的书吏使用的书写工具通常是芦苇杆笔，由于这种笔笔尖细、笔尾粗，所以把它往泥板上一压就形成一个笔划，而且呈楔形或钉子形。另外，阅读方向的改变肯定也促进了苏美尔象形文字的演变。最古老的苏美尔铭文一般都是从右向左、从下向上读的。大约从法拉时代起，这种书写和阅读习惯发生了变化，这时文字开始从左向右、从上向下阅读。

苏美尔文从图画文字最终演变成楔形文字，经历了几百年的时间，大约到公元前3000年代中期始告完成。由于最初的楔形文字符号也比较复杂（虽然它比图形文字要简单得多），所以楔形符号也经历了一个不断简化的过程。苏美尔人的这种楔形文字符号很快便传到阿卡德地区的闪米特人（即塞姆族）部落，随后又传给了巴比伦人、亚述人、赫梯人、加喜特人、乌拉尔图人、波斯人和乌加里特人等众多民族。由于这些民族的书写符号都具有楔子的形状，所以它们都被称为“楔形文字”。

苏美尔人所发明的文字既体现了他们的形象思维能力，也体现了他们抽象的思维能力，象形文字逐渐演变成楔形文字的过程，也体现了他们由形象思维发展到抽象思维的设计。

二、书吏

由苏美尔人创造的、经阿卡德人发展的楔形文字体系，是比较复杂的文字体系，因此被称为“秘密宝藏”，一般人很难理解和掌握，它只是被一个职业阶层或书吏所垄断。虽然在阿卡德历史的大部分时期里，都有一些普通人即便不会写楔形符号也会读或说，但大多数人想要写什么材料时，还是不得不求助于书吏。在古代东方的其他地区也是如此。在一些契约等法律文书中，书吏往往排在所有证人的最前面，也就是作为第一证人，主要原因可能在于他们是文书的起草者。

书吏和文字一样，是社会经济发展到一定阶段的产物，是随着神庙、国家和个体公民管理经济的需求而兴起的，并逐渐形成了一个特殊的职业阶层。他们不仅拥有自己的行会，而且还有保护神即纳布神（Nabû），《圣经》中称为纳波（Nebo），其象征是泥板和楔形符号，或者是没有泥板和笔的单一的楔形符号。美索不达米亚人把纳布神奉为“书吏文字的创造者”、“无与伦比的书吏”及“众神的书吏和芦苇笔的支配者”。此外，还有两位神有时也被称为“学问的保护神”，一位是尼达芭（Nidaba）或尼萨芭（Nisaba）女神，她被称为“宇宙万物的书吏”或“总书记”及“上天的大书吏”，其标记或徽章为芦苇笔或笔加泥板；另一位是其配偶哈尼或哈亚神，他被描述为“印章之神”和“书吏之神”。不仅如此，美索不达米亚人还有在阴间世界掌管文字和书吏之神，她就是贝丽丝丽女神（Bêlitsiri），她被称为“阴间女王”，据说她使用的笔是用青金石和红玉髓制作的。文字和书吏在美索不达米亚人的神庙和国家管理以及日常生活中起着非常重要的作用，书吏这一职业享有较高社会地位。在美索不达米亚人眼中，他们自己的文字仍很神秘，他们在修造神庙和宫殿等建筑时，通常都要在地基之中放块文字碑板，并向神祈祷。人们还常常随身佩戴刻有文字的护身符，以避邪除妖。巴比伦人和亚述人对文字极为敬畏，他们认为自己的命运是靠文字规范的；在他们看来，当一位具有宗教职位的书吏把一个人的姓名刻在一本神秘的生死簿上时，那个人就离死不远了。

图 1.10　一幅描绘亚述帝国迁徙战俘的浮雕之片段。约公元前 728 年。出自尼姆鲁德。现存英国伦敦大英博物馆。

图1.10描绘亚述国王提格拉特帕拉沙尔三世的两名书吏正在做人口和牲畜记录的画面。一名书吏用楔形文字在泥板上记录。另一名书吏用阿拉米语在纸草卷上记录。

图 1.11　亚述帝国攻打阿拉姆城的战争浮雕。约公元前 700—前 692 年。出自尼尼微。现存英国伦敦大英博物馆。

图1.11中有描绘两名书吏在清点战俘人头的画面。一名书吏用楔形文字在泥板上记录，另一名书吏用阿拉米语在纸草卷上记录。

古代美索不达米亚有专门的学校培养书吏。苏美尔人的学校称为“埃杜巴”（É-DUBA），原意为“泥板书屋”。其教育目的首先是为王室和神庙培养书吏和书记员，以适应管理土地和经济的需要，它始终贯穿着苏美尔学校存在的全部历程。书吏学校的学生毕业后，就有资格成为正式的书吏和书记员。他们有的为王室、神庙和私人庄园管理土地、充当会计师，有的专门从事某一行业的管理工作，还有的在国家和政府部门担任高官。受雇于政府机关的书吏，大体上可分为高级书吏和低级书吏两类。高级书吏一般在政府要害部门任职，通常被委以撰拟帝王旨意，制定军政法令，修订外交文书，充当朝廷顾问等职事，他们地位显赫；低级书吏一般负责监督和起草契约，充当公证人、掌印员、土地和财产登记员、军情记录员、碑铭雕刻员及核查员和会计等。私人书吏一般则受雇于经济尤其是商业贸易领域，充当缮写员、计算员、秘书和文牍员等。

图 1.12　亚述帝国时期的战争浮雕。约公元前 640—前 620 年。出自尼尼微。现存英国伦敦大英博物馆。

图1.12描绘两名书吏在清点战利品的画面。一名书吏用楔形文字在泥板上记录，另一名书吏用阿拉米语在纸草卷上记录。

正由于书吏享有优越的社会地位，所以富裕家庭的家长大都望子成龙心切，把孩子送进学校，这与中国古代所崇尚的“学而优则仕”大有相似之处。家长密切监督孩子们在学校的学习情况，学生之间的竞争也相当激烈，现存泥板中即有记录学生之间因竞争而抬高自己贬低他人的文字内容。

第二节　泥板文书

古代美索不达米亚人的文明成就多数都是经泥板文书的记录而传承下来的，因此学者们习惯上把这一文明称为刻在泥板上的文明。巴比伦尼亚和亚述最早的书写材料是泥板（苏美尔语为*IM-DUB*，阿卡德语为*dubbu*或*tuppu*），因为这一地区有得天独厚的条件，即两河的冲击土壤可谓取之不尽、用之不竭。这种土壤土质好，有粘性。书写用的笔通常是用芦苇制成的，即所谓的芦苇笔（tablet stylus），有时也用木材和其它材料。两河流域的这种书写材料比起后来出现的书写材料，如纸草、羊皮纸、皮革和木材等，具有两大优点：其一是造价低廉；其二是坚固耐用。用火烧烤或用太阳晒干的泥板非常坚硬，印刻在其上的文字和图案可以保持长久，很多泥板流传至今已经历了几千年的历史。在埃及，虽然留下了许多刻在石头和金属上的铭文，但它们与记载在纸草或皮革上的文献无论在内容上还是在形式上都有较大不同，而纸草和皮革文献的失传造成了埃及文明的断层，给埃及学家重建这一人类最早文明之一的努力制造了巨大障碍。相比之下，亚述学家面临的困难无疑要小得多，这的确要归功于美索不达米亚人独特的书写材料。

一、特形文书

我们这里所说的泥板文书是广义的概念，即不仅包括泥板形状的文书，还包括一切以黏土做成的各种形状的文献记录，如黏土圆锥形、圆柱形和棱柱形等，而且往往这些特殊形状的文字记录更具重要性，因为它们通常都是国王或皇家铭文及档案文献等。有的涉及军事征伐；有的涉及修建神庙和祭祀活动；有的涉及在国家内部建立正义秩序，颁布法令；有的涉及重大公共工程竣工，如修建运河；等等。

例如，图1.13和图1.14就是一个陶罐，用于记载苏美尔城邦拉伽什和乌玛战争与和平的故事。

两国之间维持100年的和平在拉伽什王乌尔南什的孙子安那吐姆（约公元前2455—前2425年）的统治时期被打破。安那吐姆是一个励精图治、雄心勃勃的君王。他大兴土木，修建神庙；开凿运河，发展经济；“保家卫国”，开疆拓土。他不仅把侵占苏美尔部分领土的埃兰人赶回老家去，还至少征服了一些位于边境上的埃兰人城镇。他推翻了乌尔和乌鲁克的统治，加强了自己的王权统治，与邻邦乌玛重开战火。战争源于对两个城邦边境的一块肥沃土地的争夺，这块土地名叫古伊丁，双方都宣称对该块土地拥有所有权。乌玛率先采取了军事行动：乌玛的恩西在其保护神的命令下，洗劫和吞噬了古伊丁——灌溉良好的土地，宁吉尔苏所宠爱的土地……他拔除了（麦萨里姆所竖立的）界碑，进入了拉伽什的平原。

拉伽什的军队以长矛和盾牌迎战，安那吐姆最终获得了胜利：

根据恩利尔的指示，他向他们撒开了大网，在平原上堆积起他们的躯体……幸存者转向安那吐姆，他们跪在地上求生，他们哭泣……

战争以双方缔结和平条约而结束。安那吐姆与乌玛的恩西埃那卡利（Enakalli）划定了边界，他恢复了麦萨里姆原先竖立的界碑，向乌玛征收繁重的大麦作为赋税。安那吐姆的这次胜利被以苏美尔文雕刻的形式记载了下来，并成为这类作品中的杰作，它就是著名的鹫碑（图8.18）。之所以称为“鹫碑”，是因为石碑上面刻有秃鹫蚕食敌人尸体的细节场面。遗憾的是，鹫碑的碑文只保留下来一些残片。

图 1.13 和 1.14　记载苏美尔城邦拉伽什和乌玛结束长期战争而缔结和约，划定两国边界的陶瓶。约公元前 2350 年。出自乌玛。现存英国伦敦大英博物馆。

记载乌鲁卡基那改革的内容更是采用了巨大的圆锥体（图1.15和1.16）。乌鲁卡基那是迄今所知人类历史上第一位改革家和立法者。改革和立法的主要原因是拉伽什城邦内部陷入了深深的危机之中。苏美尔各城邦之间为了争夺土地、财富、奴隶和霸权，经常发生战争。连绵不断的战争削弱了苏美尔城邦的实力，加重了人民的负担，各城邦内部土地兼并严重，城市公民两极分化加剧，阶级矛盾日益尖锐。其中尤以拉伽什城邦为甚。拉伽什城邦在恩铁美那[1]即位时，由于大量公民丧失土地，享有公民权之人只有3600人。在卢伽尔安达[2]统治时期，阶级矛盾的尖锐化不仅表现在平民与贵族的矛盾十分尖锐，而且还表现在统治阶级内部祭司贵族和王室贵族之间的矛盾日益加剧。这主要是卢伽尔安达及其家属兼并了拉伽什主神吉尔苏及其妻巴乌女神神庙的土地，并强迫原来免税的神庙纳税。平民则遭受官吏和祭司贵族的双重剥削。卢伽尔安达在全国设立监督官、税吏，巧立名目增收苛捐杂税，祭司贵族则向百姓增收葬礼费。此外，平民战时还要负担兵役。

卢伽尔安达的暴政终于激起广大平民的反抗。公元前2378年，其统治被推翻，奴隶主贵族出身的乌鲁卡基那乘机夺取政权，成为拉伽什城邦的“恩西”（后改称“卢伽尔”）。为巩固统治，缓和尖锐的社会矛盾，乌鲁卡基那针对卢伽尔安达统治时期的各项弊政，进行了历史上已知的第一次社会改革。

乌鲁卡基那将卢伽尔安达及其妻子霸占的神庙土地和建筑物归还给神庙，取消其向僧侣征收的赋税；免除平民所欠王室之赋税，撤销派往各地的监督官和税吏；减轻手工业者的负担；以国家立法的形式确定财产的私有制，保护拉伽什城邦公民和依附民的私有财产和身份，禁止官吏及其他人强夺他人财产；禁止以人身作为债务抵押，释放因债务而被奴役或遭拘禁的平民；降低丧葬费用；确立一夫一妻制，禁止一夫多妻；改变过去以贵族子弟兵为主要军事力量的制度，建立以平民为军队主要力量的制度，用由平民组成的步兵代替由贵族组成的战车兵；等等。改革的内容虽然涉及税收、婚姻与家庭及军队等诸多方面，但可以归结为一个宗旨，即确立私有制形式，减轻平民的负担以便保证正常的经济秩序和生产的不断发展。改革确实收到了很大的效果，平民的地位得到了提高，公民人数扩大了十倍，乌鲁卡基那自称宁吉尔苏神在36000人中授予他“王”权。

虽然现在所知的有关乌鲁卡基那改革的内容并非出自法典之上，而是记载在乌

1 恩铁美那 (Entemena)，拉伽什城邦的恩西，约公元前 2450 年左右在位。

2 卢伽尔安达 (Lugalanda)，公元前 2384—前 2378 年间在位。

图 1.15　记载乌鲁卡基那改革的黏土锥形铭文。公元前 2378—前 2371 年。乌尔第三王朝时期。出自拉伽什。现存法国巴黎卢浮宫博物馆。

图 1.16　记载乌鲁卡基那改革的黏土锥形铭文。公元前 2378—前 2371 年。乌尔第三王朝时期。出自拉伽什。现存法国巴黎卢浮宫博物馆。

鲁卡基那的档案学家们为纪念新运河开凿所作的铭文之上，但改革无疑具有明显的立法性质，并对以后两河流域的法律发展产生了重要影响。

在整个美索不达米亚的历史上，君王们极为关注如何在诸神面前显示业绩，以及通过建筑在世人面前显示荣光，因此在热衷于大肆兴建神庙的同时，把各种各样的建筑铭文埋入神庙地下或门下作为奠基铭文，有时也砌入墙体中。图1.17和1.18就是拉伽什著名统治者古地亚在修建拉伽什城邦的保护神宁吉尔苏神庙时刻写的铭文，从而开此类建筑铭文之先河。

图 1.17（上左图） 拉伽什城邦保护神宁吉尔苏神庙奠基铭文。古地亚时期（公元前 2141—前 2122 年）。现存法国巴黎卢浮宫博物馆。

图 1.18（上右图） 拉伽什城邦保护神宁吉尔苏神庙奠基铭文。古地亚时期（公元前 2141—前 2122 年）。现存法国巴黎卢浮宫博物馆。

图 1.19（右图） 记载亚述国王埃塞尔哈顿重修巴比伦城的赤陶铭文。约公元前 670 年。出自巴比伦。现存英国伦敦大英博物馆。

在军事争战铭文方面，亚述帝国的国王们给我们留下了一些具有代表性的杰作。其中如记述亚述巴尼拔远征的黏土棱柱（图1.20）以及亚述国王辛那赫里布的记功柱（图1.21）等，都用文字形式标柄了帝国君王们的征战之功。

图 1.20　记述国王亚述巴尼拔远征的黏土棱柱。公元前 646—前 645 年。现存法国巴黎卢浮宫博物馆。

图 1.21　亚述国王辛那赫里布的记功柱，记载他的历次战功。公元前 691 年。出自尼尼微。现存英国伦敦大英博物馆。

为减少手工劳动和避免不断刻写的麻烦和枯燥，美索不达米亚人还发明了两项很有意义的刻写技术。其一是泥土印章（clay stamp），有些印章甚至使用了精巧的可以互换的符号单位，很像活字。另一项重大的发明是圆筒印章，他们把文字刻在圆柱上，然后让圆柱在柔软的泥板上滚动，这样所刻之字就自然地转移到泥板上，而且需要多少份这样的泥板，只需用圆筒印“复印”多少即可，不必重复刻写。关于圆筒印章，我们将在第8章专门论及。

引人注目的是，新巴比伦时期的国王诏令或皇家铭文（图1.22、图1.23、图1.25和图1.27）采取的圆筒形形式又有了新变化，这种圆筒形状虽然上下一样粗，但中间鼓肚，略呈橄榄形状，但两头不像橄榄那样尖，而是平头。图1.24和图1.26粗略看外观呈圆柱状，但仔细看也呈腰鼓状。

图 1.22（上图） 新巴比伦国王纳波尼德的黏土圆柱铭文，记载他在哈兰和西帕尔城重修庙宇的事情。约公元前 555—前 540 年。现存英国伦敦大英博物馆。

图 1.23（下图） 记述新巴比伦王尼布甲尼撒二世建筑活动的赤陶圆柱体铭文。公元前 604—前 562 年。出自西帕尔。现存美国纽约大都会博物馆。

图 1.24（上图） 新巴比伦王纳波尼德的赤陶圆柱形铭文。公元前 555—前 539 年。可能出自拉尔萨。现存英国伦敦大英博物馆。

图 1.25（下图） 新巴比伦王尼布甲尼撒二世的赤陶圆柱形铭文。公元前 604—前 562 年。出自西帕尔。现存英国伦敦大英博物馆。

图1.24铭文分为三栏，记载新巴比伦国王纳波尼德的建筑功绩，包括重修拉尔萨的太阳神沙马什神庙。还记载了该神庙及其他神庙的历史。图1.25铭文分为三栏，记载新巴比伦王尼布甲尼撒二世重修西帕尔城的太阳神沙马什神庙的事迹。西帕尔城的沙马什神庙年久失修，占卜预言建议尼布甲尼撒重修此神庙，众神支持他的修建计划。这件圆柱形铭文记述了他重修神庙的经过。

图 1.26（上图） 新巴比伦王那波帕拉沙尔的赤陶圆柱形铭文，记载他修复巴比伦城墙的事迹。公元前 625—前 605 年。出自巴比伦。现存英国伦敦大英博物馆。

图 1.27（下图） 新巴比伦王纳波尼德的黏土圆柱形铭文。记载他在哈兰和西帕尔重修神庙的活动。约公元前 555—前 540 年。现存英国伦敦大英博物馆。

二、常规泥板文书

相比之下，还是真正泥板形状的文书更居多数，因为它们广泛地用于农业、商业、管理和军事活动甚至百姓的日常生活中。泥板的形状和大小差异较大，从邮票大小的方形薄泥板、稍大一点带有狭窄厚边的座垫形的泥板，到大如庭院的巨型泥板不等。有的泥板呈方形，有的则是椭圆形的。每一时期，不同地区的泥板都有自己独特的特点：泥板的内容，如法律文书、书信或管理文书等，都影响着泥板的形状和大小。因此，人们不需把整个泥板读完，只需根据其形状和大小便可判断出所载的大致内容。另外，从字体上讲，不同时期和地区以及不同的文献种类都会造成泥板外在特征的差异，比如泥板的形状、线条和栏目的安排等，特别是草写体和碑铭书写形式的区别，亚述语和巴比伦语符号形式和书写方法的差异，对其产生的影响更加明显。有关科学知识如星象图和地图等的泥板，通常也采用特殊形状的泥板。

图 1.28　乌尔第三王朝时期的泥板文书。约公元前 2100—前 2000 年。现存法国巴黎卢浮宫博物馆。

图 1.29　所有泥板中最著名的，记载大洪水故事的泥板，是记载《吉尔伽美什史诗》的第 11 块泥板。现存英国伦敦大英博物馆。

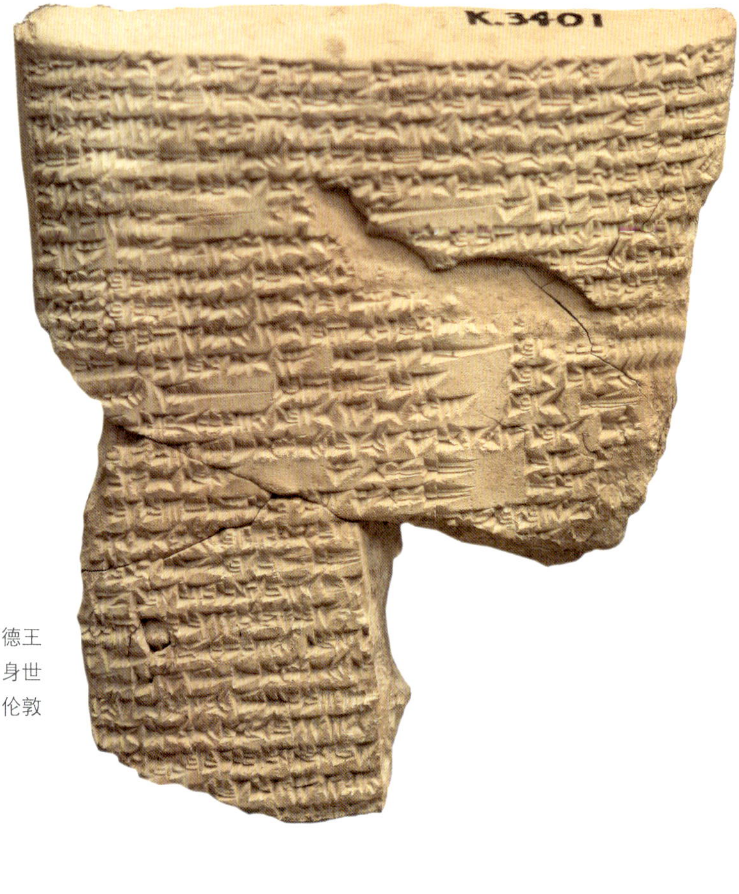

图 1.30　记载阿卡德王国的创立者萨尔贡身世的泥板。现存英国伦敦大英博物馆。

图 1.31　记载创世史诗的泥板。神安沙尔召集众神宴会，庆祝马尔都克神战胜提亚马特后成为众神之王。这种瘦长形的泥板是这类题材的典型形状。现存英国伦敦大英博物馆。

图 1.32　记载苏美尔神话《伊什塔尔降至冥府》的泥板。现存英国伦敦大英博物馆。

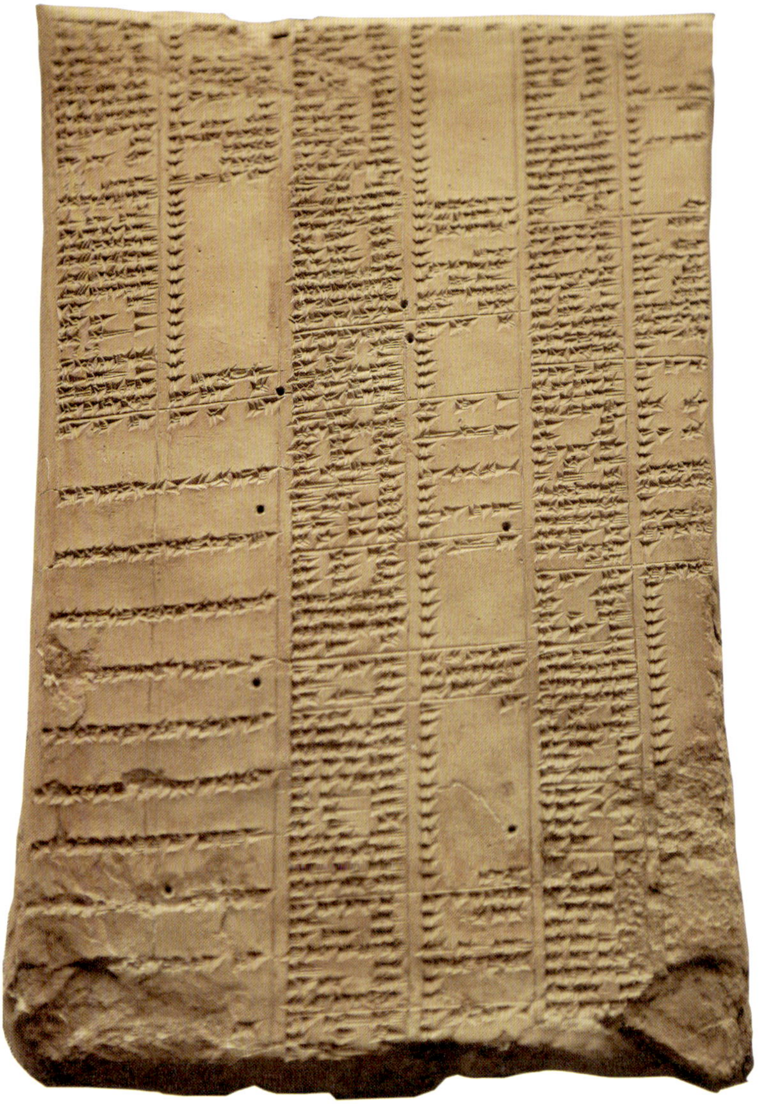

图 1.33　世界上第一部同义词词典。现存英国伦敦大英博物馆。

古代美索不达米亚人在取名时通常都要有某种重要含义的，例如亚述国王埃塞尔哈顿名字的含义是“阿淑尔神赐予了一个兄弟”。由于古代美索不达米亚的民族成分非常丰富，每个民族所使用的语言也不尽相同，因此翻译工作就显得非常重要。尤其是亚述帝国时期，幅员更加辽阔，涵盖的民族更多，因此亚述帝国的宫廷里雇佣了很多外国人，专门从事翻译工作。为方便翻译，他们编撰了双语词典。著名的亚述巴尼拔图书馆中，就存有这样的词典。

图 1.34　世界上最早的外国人名译名词典。现存英国伦敦大英博物馆。

图1.34泥板中出现的非阿卡德语人名包括国王姓名、加喜特人的姓名和一些重要书吏祖先的姓名。

图1.35记述了亚述巴尼拔作为王子的日常生活和接受教育的经历，一直记述到他加冕登基。亚述巴尼拔说即使是晦涩、久远的古文献，他也能够读懂。他还声称，自己可以和最出色的专家相匹敌。

图 1.35　亚述国王亚述巴尼拔的个人自传。公元前 668—前 627 年。现存英国伦敦大英博物馆。

迄今所知最早的泥板大多数呈正方形或长方形，约4至5厘米长，2.5至3厘米宽，各角为不同程度的圆角。同时偶尔可见一些椭圆形的泥板。随着时间的推移，泥板的规模有逐渐增大的倾向。在舒路帕克发现的泥板呈现出一些与众不同的特点，较为突出的是其宽度大于长度。这主要是由于这些泥板用于一种特殊的目的，即罗列很长的财产名单和存货清单，因此被分成众多的栏目。在乌鲁克第一王朝时期（公元前2700—前2560年）长方形的泥板很普遍，一般是正面平滑，反面凸出。但到该时期末，正面也开始出现一定程度的凸出度，同时圆角变成了方角。此后这种形式的泥板成为普通泥板的"标准板"，一直到大约公元前7世纪。在古巴比伦时期，由于商业的发展和法律的不断完善，曾流行一种特殊的泥板，即信封泥板（古巴比伦语为*irmum*，古亚述语为*tuppum armum*或*armum*）。这种泥板是为保护一些重要文件而设计的，它是用另一块泥板盖在印有重要文件的泥板之上制成的。在两块泥板的四边接合处，用软泥封住，并盖上印章，有如一个泥板信封。在外部泥板的表面，往往刻上该文件的副本或内容概要。为了防止里外两层泥板粘在一起，致使所载内容字迹难以辨认，这一时期许多法律文书（泥板）的两面都呈轻微的凹形。除在形式上做了这种特殊处理外，巴比伦书吏有时还在里面的泥板的表面撒上一些干土面。这种"信封泥板"在保护重要文件方面确实起了很大作用，它可以有效地防止泥板的意外损坏，还可以防止伪造和篡改。

在泥板内容的安排方面，如果某一文学作品或学术著作部头太大，以致无法刻在同一块泥板上，那么就接着刻在其他泥板上。为防止秩序混乱，在每块泥板的最后一栏里，标明下接在哪一块泥板上。此外，通常还要注明该作品一共有几块泥板，就相当于现代著作超过一卷要标明卷数一样，或者可以说标明"该书"共有多少页更为贴切。在图书馆里，这样成套的泥板要存放在架子上或书库里，用线绳捆起来，并附上一小片泥板，即题签，上面标明这些泥板的内容。现在保存下来许多这样的小片泥板，可把它们视为目录，因为其上列有标题、内容提要和卷数（泥板数目）。此外，泥坛、泥罐里也往往存放有私人档案。乌尔第三王朝时期浩繁的管理文书曾存放在篮子里，其上也附有类似的小标签。为了便于在众多的管理文书中查阅所需的某一特定的泥板，在泥板的边缘部分往往刻有简短的注释。

图 1.36 公元前 615—前 609 年的巴比伦编年史，包括公元前 612 年亚述都城尼尼微的陷落。约公元前 550—前 400 的抄本。出自巴比伦。现存英国伦敦大英博物馆。

三、科学泥板

古代美索不达米亚人可以说是人类最早进行科学探索的先行者，他们在数学、天文学、化工技术、医学和地理学等方面的卓越成就在很多方面都被大大地低估了。我们至今仍采用的包括60进位制、10进位制、星期的发明，勾股定理和星占术等等。很多记载在泥板上的理念构成了当今科技发展的基石。记载他们科学研究的泥板多数也是常规的方形泥板，但也有些泥板，因记载的内容及其功能的差异而呈现特殊的形状。

图 1.37　小型星图。现存英国伦敦大英博物馆。

图 1.38　巴比伦人的世界地图。公元前6世纪。出自西帕尔城。现存英国伦敦大英博物馆。

图 1.39　星图。现存英国伦敦大英博物馆。

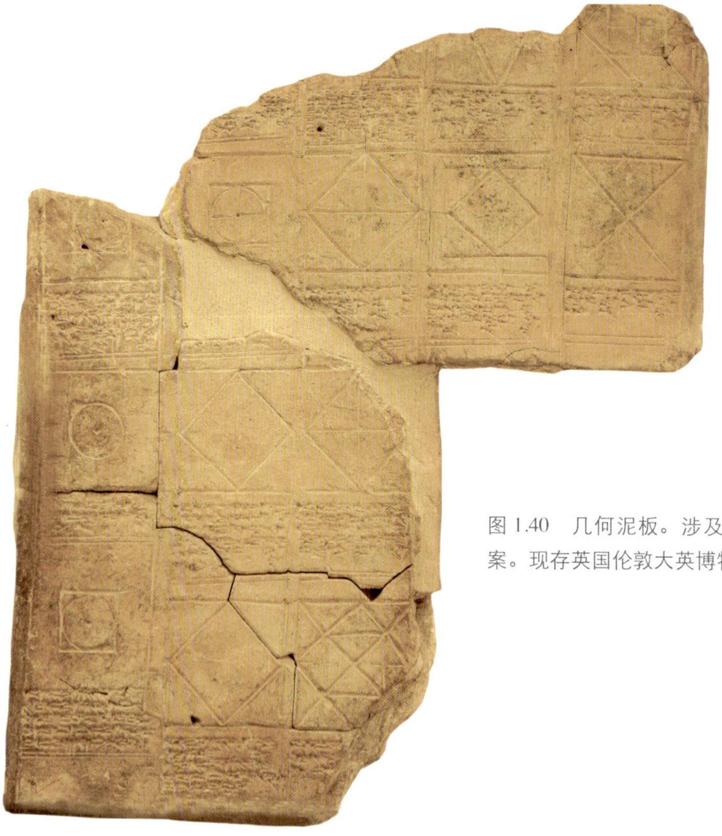

图 1.40　几何泥板。涉及一些体积的问题及答案。现存英国伦敦大英博物馆。

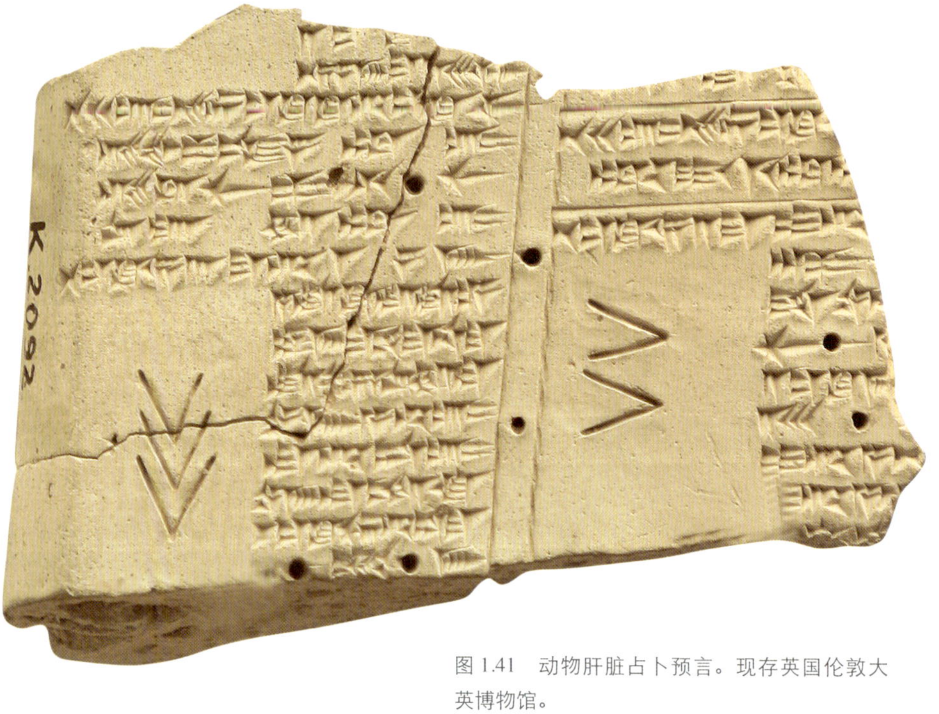

图 1.41　动物肝脏占卜预言。现存英国伦敦大英博物馆。

第三节 石刻文字

虽然古代美索不达米亚文明被称为“刻在泥板上的文明”，但刻在石头上的文字无疑更具冲击力和影响力，一方面因为石料与黏土相比更具优越性，另一方面因为刻在石料上的文字往往更具重要性。石料在巴比伦尼亚和亚述属于稀有物质，石刻文字或铭文可以说是国王或皇家的专利。古代美索不达米亚的对外贸易从很早的历史时期起就非常发达，这便于国王们从远处的产石地区弄到石料。图1.42的铭文内容：“…埃兰…安那吐姆；他在自己的国家击退了埃兰人…安那吐姆，拉伽什之王，以宁吉尔苏之名征服四方，战胜了埃兰…战胜了基什、阿克沙克和马里…占据宁吉尔苏神之心的安那吐姆…为（宁吉尔苏）建造了提拉殿。他是拉伽什王阿库加尔之子，他的祖父是拉伽什王乌尔南什。”

用于书写的石料不仅包括质地柔软的石灰石、大理石和青金石等，而且还包括最坚硬的火山岩，如玄武岩和闪光岩等。一般情况下，质地坚硬的石头用于刻写皇家铭文，而相对柔软的石头则用于刻写赞扬其他一些重要人物的颂歌、祭文和历史材料。一些硬度一般的准宝石则用来刻写印章。考古学家们发现的这类印章非常之多，因为每一个有身份的人都要拥有一枚印章，它是社会地位的一种象征，甚至有的奴隶也有自己的印章[1]。

一、圆石与石碑

迄今未发现苏美尔城邦时期有大型文字石碑留下来，但拉伽什城邦之王安那吐姆的两块巨大鹅卵石铭文非常醒目。一块铭文以苏美尔文写成（图1.42），列举了国王在取得一系列战争胜利后，开始修建拉伽什城的守护神宁吉尔苏神庙。另一个鹅卵石铭文（图1.43），则向众神炫耀他在拉伽什城大肆修建神庙活动所取得的成就。阿卡德王国时期的曼尼什图苏方尖碑，是古代美索不达米亚石刻文字的典范，也堪称人类文字史上的瑰宝。它以闪长岩刻成，高4.5英尺，碑文由1519个极具装饰性的优雅楔形文字组成。阿卡德王曼尼什图苏说他在战胜了32位国王之后让人从内海也就是阿拉纳—波斯湾用船运来。铭文还报告了这位国王购买了大量土地。他将广袤的土地分赠给自己的官员——他们是王国稳定的基础，并由此保证了官员们的忠诚。

1 参见 G.R.Driver, Semitic Writing，p.15.；希罗多德《历史》，商务印书馆 1985 年版，第 98 页。

图 1.42　拉伽什城邦安那吐姆王的巨大鹅卵石铭文。约公元前 2450 年。出自泰罗，古代吉尔苏。现存法国巴黎卢浮宫博物馆。

图 1.43　拉伽什城邦安那吐姆王的巨大鹅卵石铭文。约公元前 2400 年。出自泰罗，古代吉尔苏。现存英国伦敦大英博物馆。

图 1.44　曼尼什图苏方尖碑。闪长岩。约公元前 2270 年。出自苏撒。现存法国巴黎卢浮宫博物馆。

古代美索不达米亚最著名的石刻文献莫过于巴比伦王汉谟拉比的《汉谟拉比法典》（图1.45）了。它是迄今发现的篇幅最长的古代美索不达米亚文献，是人类迄今第一部保留最完整的法典，是学者们研究巴比伦文明最重要的文献。亚述帝国留下的石碑基本都是国王的记功碑，记述战功和修建神庙、城墙的功德（如图1.46和图1.47）。

图 1.45　刻写《汉谟拉比法典》的石碑。古巴比伦时期。出自苏撒。现存法国巴黎卢浮宫博物馆。

图 1.46　亚述国王辛那赫里布祈祷石碑。公元前 705 －前 681 年。出自尼尼微。现存土耳其伊斯坦布尔近东博物馆。

图 1.47　亚述王埃塞尔哈顿重修巴比伦城纪念石柱。约公元前 670 年。出自巴比伦。现存英国伦敦大英博物馆。

二、加喜特王朝的土地界碑

加喜特人建立了古代美索不达米亚历史上最长的王朝之一，他们统治巴比伦的时间超过400年之久（约公元前1570—前1155年）。由于他们与当时的大国如亚述和埃及等保持着联系，他们在古代近东的历史舞台上扮演着重要的角色。在他们漫长的统治时期，加喜特完全“巴比伦化”了，他们为巴比伦的诸神修建了很多神庙，加喜特王朝的国王们还发展文化事业，鼓励文学创作，编纂宗教典籍等。文献表明，加喜特人实行一种近似封建的管理方式，国王把大量的土地赠予给王公贵族和社会精英。现在留存下来的许多精美、充满文化意蕴的赠予土地界碑（库都鲁），便成为加喜特巴比伦独特的文化印迹。

在这里，石料作为书写材料，还有另一种用途，即用作田地的界石，甚至具有地契的作用。记载加喜特国王赠予王公大臣土地的库都鲁石碑（习惯上被称为界碑）非常引人注目，这些“界碑”成为记录国王赠予王公大臣土地的珍贵文献，石碑上都刻有精美的图画，使之成为奇特的艺术品。不仅如此，从记录历史事实的角度来看，它们还是巴比伦封建制度的确凿文物证据。

图 1.48　巴比伦国王尼布甲尼撒一世的界碑。记述国王赠予其战车兵将军里提马尔都克土地的事情，以表彰他在对埃兰的战争中的突出功绩。公元前 1125—前 1104 年。出自西帕尔。现存英国伦敦大英博物馆。

图 1.49　加喜特王朝国王美里施帕克的界碑。铭文记载了国王把土地赠予给他的儿子、王位继承人土地之事。万神殿的主要神灵占据了石碑的另一面。公元前 1186—前 1172 年。出自苏撒。现存法国卢浮宫博物馆。

图 1.50　巴比伦王马尔都克·那丁·阿赫的界碑。记载他公元前 1090 年把土地作为礼物赠给一名军官，该军官在与亚述的战争中表现出色。附文表明，这块赠予土地是免除税收和义务的。公元前 1099—前 1082 年。出自巴比伦。现存英国伦敦大英博物馆。

图 1.51　巴比伦王马尔都克·那丁·阿赫统治时期的界碑。记载的是一名高级官员购买土地之事。界碑的名字叫“永久界线的建立者”。上边所刻的雕像代表着巴比伦国王。公元前 1099—前 1082 年。出自巴比伦。现存英国伦敦大英博物馆。

三、人身及兽身上的文字

古代美索不达米亚人的文字被赋予了神秘的力量，可以说，他们的文字无处不在。还有一种石刻文字更具特别性，那就是人物或动物雕像上面刻写的文字。人物雕像上刻写的文字，通常是献给神灵的；动物雕像上的文字大多记载了与之相关的建筑物建造者的事迹，使建造者的英名伟绩借由生命久远的动物石像流芳百世。

图 1.52　拉伽什王古地亚题献给宁吉尔苏神的雕像，题名为“建筑规划设计师”。约公元前 2120 年。现存法国巴黎卢浮宫博物馆。

这尊巨大的石狮重15吨。象征着战争女神伊什塔尔，守卫着尼姆鲁德的伊什塔尔神庙的大门。楔形文字铭文给出了神庙的建造者阿淑尔那西尔帕二世的名字。该石狮是奥斯滕·亨利·莱亚德发掘出的，它是一对石狮子之一，另一只有些残缺不全，由伊拉克考古学家2001年挖掘出土。

图 1.53　亚述的巨大守护石狮。约公元前 865—前 860 年。出自尼姆鲁德。现存英国伦敦大英博物馆。

第四节　金属文字

美索不达米亚人有时还在象牙或贵金属制品上刻写有关内容的文字。迄今发现的贵金属包括锑、铜、青铜、银和金，它们用来制作武器和艺术品，诸如铜矛、青铜刀、剑、银碗和金板等，在这些物品上仅仅刻有简短的文字，说明所有者的姓名和所献祭神的名字。

图 1.54　拉尔萨王里姆辛的妻子希玛·伊什塔尔为修建女神宁内加尔所立的铜牌铭文。公元前 18 世纪初。出自拉尔萨。现存法国巴黎卢浮宫博物馆。

图 1.55&1.56　铜制的台阶，留有安装门的门眼。图案像地毯，用古典体刻写的铭文指出，尼布甲尼撒国王重修了纳布神庙。约公元前 600—前 560 年。出自波尔西帕。现存英国伦敦大英博物馆。

图 1.57　刻有乌拉尔图国王名字阿尔吉士提二世名字的青铜牌匾残片。公元前 8—前 7 世纪。现存美国纽约大都会博物馆。

图 1.58　铜质镶嵌板，属于一座纳布神庙。公元前 900—前 612 年。可能出自尼姆鲁德。现存英国伦敦大英博物馆。

第二章

城市

人性在成长中撕裂

历史学家和考古学家都一致承认，城市的出现是文明诞生的重要标志之一。根据目前的考古资料显示，人类第一座城市诞生在古代美索不达米亚，她就是人们熟知的埃利都城（Eridu），也就是说，是古代美索不达米亚人，确切地说，是苏美尔人率先进入了文明社会，率先开始了与农业社会完全不同的城市生活，从而开创了人类文明的新轨迹，人类沿着或追寻这种轨迹前行直到今天仍未改变印辙，有的国家和民族已经完成了城市化的进程，而有的国家和民族仍然在城市化的路上。

城市化以农民市民化、市民知识化以及工业、商业和建筑等复杂生活开启了人性成长的一个最复杂的方向，却与人性的另一重要甚至是基础方向，即自然属性背道而驰，而且城市化走得越远，就离自然越来越远，这就是人性成长历程的矛盾性，它注定了城市生活是充满苦涩的幸福之旅。起点是幸福的，随着幸福的增多，苦涩也加入其中。我们在这里只选取古代美索不达米亚的城市建筑，作为我们回忆文明初期幸福的资料。

城市建筑和美化装饰是城市最重要的表象或特征，虽然它们只具有外在性，却能够直观地展现城市之美。尤其是当建筑和装饰的文化意蕴超越了其物质和技术价值而更加为人们所关注之时，城市便因其建筑和装饰而更增添了内在美。

图 2.1　当 19 世纪考古学家在挖掘巴比伦和亚述的古代城市之时，人们不断充满好奇地想象这些伟大城市昔日的风采。这是一幅艺术家刻画出的约公元前 880 年亚述都城之一卡尔胡城的概貌。卡尔胡城位于底格里斯河东岸，其遗址就是今天的尼姆鲁德。

在古代社会，城市建筑的主要代表无疑是王宫建筑和神庙建筑等公共建筑，而不可能是民宅或居民建筑。晚近出现的王宫建筑和神庙建筑或教堂有的仍然威严地矗立着，它们成为人类重要的物质和文化遗迹，并在世界各地享受人们赞赏的目光和溢美之词，而具有首创之功的古代美索不达米亚王宫和神庙建筑未能经受住时间和战火的考验，因毁坏而淹没不彰，自然就不会受到太多的关注。其实这对古代美索不达米亚的建筑师们来说是很不公平的，因为无论是后来古希腊和古罗马的雕廊画柱，还是《圣经》中的巴别塔，无疑都受到了美索不达米亚人的影响。

艺术史学家西格弗里德·吉迪昂（Sigfried Giedion）曾经说过，“美索不达米亚是建筑学的诞生地”，在美索不达米亚，“与无形的力量建立起联系的久远渴望，首次被赋予了建筑的形式”。[1]建筑与建造工程是古代两河流域文明与文化最主要的实物形态遗产。

在另一方面，美索不达米亚宫廷、宗庙和城市建筑，显露出人性成长和欲求的轨迹。宫廷建筑体现人对权利的欲求，宗庙则是人对精神的欲求的汇集，而城市建筑及装饰更直接地写下人的欲望追求，将人性贪欲本色暴露无遗。在对欲望的追逐中，人在文明之初，便与自然相背离，人依赖自然，又破坏自然；以自然为主，又在城市化的过程中不断毁弄自然，逃避自然，远离自然，人类文明的发展历程，恰似巴别塔的修建之路，愈追求，愈努力，愈撕裂，愈背离。

第一节　王宫建筑

美索不达米亚人在建筑方面的杰出贡献有两个。其一是在建筑方法上发明了一种独特的结构，对于后世建筑艺术的发展影响很大，那就是拱形结构以及由此发展而来的半圆屋顶和圆屋顶结构；其二是创造了可用来保护与装饰墙面的面砖与彩色琉璃砖。这两大发明把材料结构、构造与建筑造型艺术有机地结合起来，对欧洲、北非和其他地区的建筑产生了重要影响。

大型公共建筑不仅构成城市和城市文明的重要组成部分，它们还成为其重要标志，这一特点一直延续到现代文明。它们往往成为政治权力中心、文化活动中心、宗教祭祀中心，甚至还成为经济活动中心。

1　斯蒂芬·伯特曼《探寻美索不达米亚文明》，第299页。

古代美索不达米亚孕育了人类历史上的第一座城市埃利都城，这里也就自然诞生了最早的宫殿建筑，其时间可以追溯到公元前第3千纪早期。苏美尔早王朝后期开始，随着王权的发展，王宫建筑逐渐成为都城内主要而且是最壮丽的建筑物。实际上，“王宫”一词在苏美尔语里的意思就是“大房子”。如果说神庙以其楼层布局而赫赫有名，塔庙以其高入云端而引人注目的话，那么宫殿便以其规模宏大而威慑四方。

美索不达米亚王宫建筑的历史，其设计与格局，也经历了一个发展的过程。早王朝时期，基什的宫殿建筑群是由两座建筑物构成，中间由狭窄的胡同相隔。较大的那座由门楼出入，周围有双重围墙。以后宫殿的设计都由两个庭院组成，在两个庭院之间由一个谒见室来连接。谒见室非常大，有庭院的两倍面积，室里设有供国王使用的宝座。外庭院用来处理公共事务，而内庭院则用来举办私人活动。外庭院的四周可以用作办公室、作坊和储藏室等，内庭院的四周则用来作王室家族的居住场所。后来，美索不达米亚的王宫宫殿还引进了一种叙利亚式的圆柱门廊，它在阿卡德语里称作*bit hilani*。古巴比伦时期的宫殿，设有谒见室、国王的起居室、妃妾的起居室、中庭、仓库、厨房、浴室、书吏训练学校等。宫殿的内墙壁都用图画和浅浮雕式绘画来进行装饰，图画或浮雕的内容题材通常都是涉及君王狩猎和战争的场面，一方面表现君王本人的英勇善战，另一方面给外来的访客尤其是其他国家的君臣以震慑作用。

建于公元前18世纪的马里宫殿——与巴比伦第一王朝的著名的汉谟拉比王同时代的马里王兹姆里利姆的一座宫殿，是美索不达米亚规模最大的宫殿之一，被称为“古代东方建筑的瑰宝”[1]。宫殿长190米，宽130米，约有300个房间。从入口进去，经过3个大厅和两个中庭，便是谒见室。方形院落和长方形谒见室的结合，是美索不达米亚大宫殿的范例。王宫周围有双层围墙。建筑西北角是王室住宅。

一、亚述王宫

亚述的国王们建造了美索不达米亚历史上最宏伟富丽的宫殿建筑。亚述帝国先后建有四座都城，除了作为发源地的亚述城和著名古都尼尼微之外，还有两个重要的都城，它们都是重要的军事要塞，对亚述帝国的攻防大战略发挥着非常重要的作

1 Stephen Bertman，Handbook to Life in Ancient Mesopotamia，p.198.

用，一座是卡尔胡城（现在的尼姆鲁德），一座是杜尔-沙鲁金，即萨尔贡堡（现在的霍尔萨巴德）。

卡尔胡城早先就存在，是阿淑尔那西尔帕二世把它定为自己的首都，并在自己的新都大肆修建花园、收集来自帝国四面八方的珍奇动植物，而且在新都落成之日，举行了盛大的庆祝典礼。考古学家在尼姆鲁德（即卡尔胡城遗址所在地）及其附近遗址发掘出了一些十分珍贵的建筑遗存，其中阿淑尔那西尔帕二世王宫拱形宫门得到了部分的修复。另外在建筑方面比较重要的发现是阿淑尔那西尔帕二世及其儿子和继承人沙尔马纳赛尔三世王宫和神庙的几组著名铜门。铜门发现于伊拉克北部的巴拉瓦特，位于底格里斯河东岸，尼姆鲁德东北16公里，摩苏尔东南27公里处。铜门经过艰难的修复工作以后，有的已经在大英博物馆展出，而收藏于伊拉克摩苏尔博物馆的铜门则很遗憾地在2003年的伊拉克战争中被盗遗失。

图 2.2 得到部分修复的阿淑尔那西尔帕二世王宫的拱形门入口。公元前 9 世纪。

在大英博物馆展出的阿淑尔那西尔帕二世的铜门，装饰有八组铜条宽带或铜条箍，铜条或铜箍上刻画着战争、接纳和处理战俘以及皇家狩猎等场面。在古代美索不达米亚，大门或者是进门通道被赋予了伟大而庄严的寓意，充满着神秘的色彩，城门和王宫大门就更是如此。王宫大门上面的装饰画要么是描绘国王英勇的猎狮场面，要么是描绘战无不胜的杀敌情景，或者残酷地对待战俘的种种手段，以及四方朝贡的场面等，目的都是给来访者尤其是外国来访者以心灵的震慑。

沙尔马纳赛尔三世的宫殿大门从结构到内容上都与其父阿淑尔那西尔帕二世的宫殿大门相似。大门同样装饰有八组铜条宽带或铜条箍，铜条或铜箍上同样刻画着战争、接纳和处理战俘以及皇家狩猎等场面。沙尔马纳赛尔三世在巴拉瓦特的镶铜木门是由霍尔木兹·拉萨姆1878年挖掘出土的，出土时残缺不全，遗失的其他残片绝大多数存于巴尔的摩、巴黎和伊斯坦布尔等地的博物馆中。

图 2.3　阿淑尔那西尔帕二世的镶铜木门。发现于其王宫的一座小宫殿内。约公元前 875—前 865 年。出自尼姆鲁德附近的巴拉瓦特。现存英国伦敦大英博物馆。

图 2.4　沙尔马纳赛尔三世在巴拉瓦特的宫殿大门。两扇大门本是木质的，中间用铜条框，门轴用铜条箍加强固定，另外也做装饰用。公元前 858—前 824 年。出自尼姆鲁德附近的巴拉瓦特。现存英国伦敦大英博物馆。

两扇在大英博物馆展出的沙尔马纳赛尔三世在巴拉瓦特的宫殿大门，外面包裹的金属呈绿色，它们是用大门原始的铜条片和铜条箍组装起来的。铜条片和铜条箍上面刻画有沙尔马纳赛尔三世征战的场面，俘虏投降的场面，被征服者进贡的场面，以及金属工匠工作的场面等。

另一扇在大英博物馆展出的木门由于看起来崭新和保存更好而更受一般参观者注目，它是采用电铸版技术的复制品。

图 2.5 沙尔马纳赛尔三世在巴拉瓦特的宫殿大门铜板雕刻画面之一。描绘亚述军队俘虏敌人的场面。公元前 858—前 824 年。出自尼姆鲁德附近的巴拉瓦特。现存英国伦敦大英博物馆。

图 2.6 沙尔马纳赛尔三世在巴拉瓦特的宫殿大门铜板雕刻画面之一。描绘亚述军队征战的场面。公元前 858—前 824 年。出自尼姆鲁德附近的巴拉瓦特。现存英国伦敦大英博物馆。

图 2.7　修复的沙尔马纳赛尔三世的镶铜木门。其中铜条带或铜箍系电铸版复制品，木材则是现代的雪松木板。公元前 858—前 824 年。出自尼姆鲁德附近的巴拉瓦特。现存英国伦敦大英博物馆。

图 2.8　沙尔马纳赛尔三世镶铜木门的铜板雕刻画面之一（全图及局部）。分上下两栏，上栏描绘敌人战败投降的场面；下栏描绘亚述军队行军场面。

杜尔-沙鲁金又称萨尔贡堡，是萨尔贡二世公元前717—前701年在尼尼微东北建造的，位于今伊拉克北部的霍尔萨巴德，萨尔贡二世在这里建造了规模宏大的宫殿建筑群。

亚述的宫殿，从总体设计上看，彼此十分相似。宫殿建在一块长方形的土地上，四面高墙围绕，设有供守卫用的塔楼。亚述人造房时，懂得利用柱和拱架结构，柱身呈圆柱形，表面光滑，柱头带冠。

萨尔贡二世的宫殿位于城市西北角，营造7年方竣工。它建在一个高18米，边长300米的方形土台上，周围有护卫的要塞。王宫建筑围绕两个大庭院布置，共由30多个内院、200多个房间组成，布局规整，分工明确。房间多呈长条形，土坯墙厚3～8米，运用了砖拱技术。萨尔贡二世宫殿的谒见室在设计方面有两个特别之处：其一是旋转阶梯一直通向屋顶以便进行天体观察和举办仪式；其二在地板上有一条小石路可以使一种移动火盆在地上通过轮子滑动，以便于冬天取暖。

王宫可由正面阶梯引入，侧面设有长长的坡道，供车马进出。正门为4座方形碉楼夹持着三个拱券门洞。中央门洞约4.3米宽，这是古代美索不达米亚的典型式样。碉楼顶部用雉堞饰边，外面贴满彩色琉璃砖；石板墙裙高约4米，其上作浮雕。宫殿入口处有一对人首带翼兽身像（即五腿兽），镇妖辟邪。雕像可从正面、侧面两个方向观看，气势极为雄壮有力。

萨尔贡二世的继承者们，辛那赫里布和亚述巴尼拔则仿效他们先祖的做法，在尼尼微的王宫门口也安置了巨大的人首公牛雕像担任其守卫，每头都高达10-15英尺，这种架势足以震慑任何身居高位的到访者。

二、新巴比伦王宫

美索不达米亚王宫建筑给人留下最为深刻印象的，要数新巴比伦王国的著名国王尼布甲尼撒二世的宫殿。他的宫殿修建在巴比伦，尼布甲尼撒二世非常得意地把自己的宫殿夸赞为“人类的奇迹，大地的中心，充满阳光的居所，陛下的寝宫”[1]。这座宫殿至少拥有5座庭院和一间面积达55英尺×140英尺的谒见室。谒见室四周的琉璃砖墙上可以看见这样的画面，群狮张着大嘴，紧张地盯着正思考下一步军事行动的国王。

巴比伦，阿卡德语意为“神之门”。巴比伦城在古巴比伦王国第一王朝汉谟拉比统治时期已发展成为两河流域最大的一座城市，并成为祭祀巴比伦主神马尔都克的中心。新巴比伦王国那波帕拉沙尔和尼布甲尼撒二世时，巴比伦城的规划与建设达到高潮，成为古代世界最伟大的城市。19世纪末的德国考古学家在它的遗址上历经10年才完成这一遗址的发掘工作。通过发掘，几乎揭开了这座以四方形规划建成的城市的全貌。巴比伦城周长11英里，幼发拉底河从城中穿过。它有3道城墙，其中最外层的那一道是外围长城，是为防御米底人入侵而修建的。在这道长城的里面，是两道砖砌城墙。这两道城墙略呈方形，高23米，厚8.7米，都由太阳砖建成，并隔一定距离用凸起的壁柱加固。外墙脚下是一条宽20-80米的护城河。有9个城门，分别由门外通向城市的保护神命名，其中伊什塔尔门最为壮观。

伊什塔尔门分前后两道门，每道门有4个望楼，望楼与望楼之间有拱形过道相衔接。在大门墙上装饰着蓝色的琉璃砖，上面分布着横向排列的黄色、褐色、黑色琉璃砖组成的动物浮雕，如牛、狮子，还有幻想出来的长着蛇头鹿身兽爪的神化动物。墙垣上部是琉璃砖构成的饰带和整排的雉堞。幼发拉底河把整个城区分成两部分，河西为新城，河东为旧城，由架在河上的一座五根石礅支撑着的大桥连通着。旧城是整个城区的主要部分。王宫位于旧城西北角，这里由东至西并列着5个彼此以拱门相通的宽阔庭院，为厚实的墙垣所环绕。进入正殿庭院的墙垣，用五彩琉璃砖砌成，琉璃砖的色彩主要是深蓝、浅蓝、白色、黄色、黑色。就在这组建筑群的东北部，有一座非常引人注目的披着花木盛装的小“山”，这就是神奇的“空中花园”。“空中花园”实际上就是建筑在梯形高台上的花园，它建于公元前6世纪，毁于公元前3世纪。在这里，考古学家们发现了和幼发拉底河相衔接的水池、喷

1 Stephen Bertman，Handbook to Life in Ancient Mesopotamia，p.199.

泉以及运河系统的遗迹。马尔都克神庙和第一座王宫相去不远。著名的古代塔庙巴比伦巴别通天塔和神庙并列。有一条“圣路”贯通旧城南北，这是新年时马尔都克神像经过的“游行大街”，这条道路是城市主要的结构轴心，它的宽度约为7.5米。在这条道路上铺砌着有红色角砾岩镶嵌的石灰石石板。

图 2.9　复建的巴比伦城墙。现存德国柏林佩加蒙博物馆。

图 2.10　重建的巴比伦著名的伊什塔尔神门。伊什塔尔神门建于公元前 6 世纪，这是现代的复制品，现存德国柏林前亚博物馆。

图 2.11（右页图）　现代学者根据考古学资料所做的巴比伦城复原图。伊什塔尔神门和游行大道庄严、壮观。

第二节　宗教建筑

在古代美索不达米亚人的观念里，就像他们自己需要居住在房屋之中一样，他们城市的保护神也需要居住在房屋里，于是他们开始为自己城市的保护神建造房屋，以便于神居住在他们中间，更好地保护他们。在他们为神建造起的神圣房屋里，他们供奉起神像，安置了桌子，摆放好贡品，以求得神灵的保佑。此外，他们还建起平台样的神龛，以便神灵能够下凡，也使自己的声音能够传递到天庭。

一、神庙的起源与特点

塔形是古代美索不达米亚重要公共建筑的显著特点，较早的历史时期的神庙建筑尤其如此。塔形建筑是多层的，每一层都比下面一层窄小些，四周是阳台，并有梯级。

迄今在美索不达米亚发现的最古老的神庙是在南部城市埃利都，这座神庙可以追溯到公元前第5千纪。这座神庙并不大，只有一个12英尺×15英尺大小的房间。在这座神庙的中央，摆放着一张贡品桌，在墙壁里设置了一个壁龛作为祭坛或放置神像。

乌鲁克文化时期（公元前第4千纪中叶），神庙建筑出现了变化。这一时期，神庙建筑在一个人造的不规则的山头上，已达到宽50米，长80米以上的规模，其壁面有密排数层而突出的拱壁，巨大的“T”形殿堂从十字形甬道出入，四周环绕着侧房。庙内有长方形的神坛，坛上有祭坛和一个与炉壁相连的供桌。神庙的外墙粉刷着明亮的白色，为此，人们习惯地称它为“白庙”。在乌鲁克发现的另一座神庙，有半柱式墙垣，建在石砌的地基上。这座神庙用彩色的镶嵌画作为装饰，镶嵌画用嵌在建筑物上的生砖砌成，并由钉在墙垣上的彩色陶钉加固，这是在美索不达米亚神庙建筑中运用彩色镶嵌的最早范例。

在苏美尔早王朝时期，神庙建筑分成两类。第一类是建在砖台基上“高大”的神庙或塔庙，第二类是地面建筑，有时四周围绕着私人住宅。神庙的核心部分是一个长方形殿堂，在一个长边上开一个门。在殿堂的另一端是一个凸起的砖祭坛，它的后面是放置神像的殿龛。殿堂中部是一个小砖台基，此即为“供桌”。长砖凳靠在墙边，是用于放置还愿像的。殿堂两旁是侧房，其中一个通向平顶阶梯。

图 2.12　位于亚述城的阿努阿达德神庙综合建筑体，其中包括两座高高的层级塔。

从神庙产生时起，一座城市就不止一座神庙，而是拥有很多座神庙，供奉不同的神灵。但是，作为城市保护神的主神，其地位肯定是其他诸神无法相比的，为城市主神或保护神所建造的神庙，无疑会更大一些，也更具威严。例如，巴比伦城的保护神马尔都克的神庙、乌尔城的保护神月神南那和他的配偶宁加尔的神庙，以及伊沙里（Ischali）的爱神伊什塔尔的神庙等，就都属于这类城市主神的神庙，因此更受敬仰。在古巴比伦时期，巴比伦第一王朝修建的最著名的神庙就是马尔都克神庙，它占地非常宽广，达60多英亩。到亚述帝国和新巴比伦王国时期，神庙在建筑结构上与王室宫殿结合了起来。“一方面，这样做可以提高国王的威严；另一方面，通过建筑，它象征着神圣活动对世俗控制的从属关系。”[1]

在古代美索不达米亚人建造神庙的过程中，还有一件非常有趣的事情，那就是在建筑的基座下插入“奠基石”，这种做法一直延续到我们今天的建筑中。在古代美索不达米亚人神庙建筑的“奠基石”上，通常记载有王室修建者所刻写的碑文，碑文会对建造的环境进行描述，包括建筑材料的清单，比如具有一定气味的

1　Stephen Bertman，Handbook to Life in Ancient Mesopotamia，p.300.

矿物油或是那些时常被添加到灰浆里的蜂蜜，抑或是类似于用来制作门的柏树和雪松等价值昂贵的木材。古代美索不达米亚人对待建筑的这种态度，或者说先进的意识，到今天都值得称道。

图 2.13　南舍女神神庙奠基铜牛。苏美尔早王朝时期。现存英国伦敦大英博物馆。

图 2.14　苏美尔城邦时期的圆形建筑奠基石。约公元前 2600 年。出自泰罗，古代吉尔苏。现存法国巴黎卢浮宫博物馆。

图 2.15（下）　天神正在楔入奠基钉，有女神拉玛保护，顶上有蛇身缠绕。上有埃兰文和阿卡德文铭文。普祖尔因舒施那克统治时期。约公元前 2100 年。现存法国巴黎卢浮宫博物馆。

图 2.16　一组来自苏美尔早王朝时期的神庙建筑奠基雕像，呈钉子形状。时间在公元前 2600—前 2300 年之间。现存英国伦敦大英博物馆。

图 2.17　亚述帝国时期梦之女神马穆奠基石盒及铭文。铭文讲述了阿淑尔那西尔帕二世从黎巴嫩运来木材建造神庙，以及用铜来装饰神庙大门的事迹。约公元前 875—前 865 年。出自尼姆鲁德附近的巴拉瓦特。现存英国伦敦大英博物馆。

二、塔庙

塔庙是古代美索不达米亚最杰出的建筑学创造。年代最久远的塔庙可以追溯到公元前第3千纪末期，同样出现在人类历史上的第一座城市埃利都。“塔庙”这个词来源于阿卡德语*Zigguratum*，意思是“顶峰”或“高地”。最初，塔庙是一种由砖块砌成的多台阶平台式建筑，它建在整个神庙综合建筑群的最高处，在塔的顶部可能供奉着神龛，神灵可以从天庭降临到这里。大型的宗教活动，尤其是盛大的宗教仪式，都要在塔庙最顶端的平台上举行。一方面可能因为它更能显示出帝王君临天下的威严和气势，另一方面可能因为作为城市的制高点，距离天庭更近，更容易接受和传递上天神灵的旨意。

苏美尔人所创造的塔庙，是独创一格的祭神建筑的典范。塔庙耸立在当地主要神祇的庙宇附近。塔庙主要用生砖砌成，涂以沥青浆粘合。在塔庙的顶部有作为建筑物的结顶的不大的房子，即所谓“神宅”。

美索不达米亚城邦遗留下来的塔庙已知的共有30座左右，建筑年代都在公元前3000年至前500年之间。公元前2200年—前2100年在乌尔兴建的塔庙，由3个大型塔楼组成，象征水神、天神和地神。塔楼一个比一个高，有不同颜色，下面的是黑色，上面是白色，中间是红色。塔庙的基座呈长方形，长65米，宽43米，高13米，第二层长38米，高5.7米，宽26米，第三层高度在2.9米。整个建筑高达21米。在塔庙里一般是没有内部空间的，或者内部空间压缩到最低限度，压缩到一个小房间。塔的中央有一阶梯直达第三层台基。整个建筑以土砖砌筑，表面饰以烧砖，并用沥青勾缝。外墙向内倾斜80°，并有呈弧状弯曲的辅助墙柱。在有“神宅”的上部屋顶庭院里，进行祭祀，也用作占星术士的观象台。美索不达米亚的各大城市，多半至少有一座塔庙，供奉族人崇拜的神祇。有证据表明，亚述城至少有3座塔庙。

巴比伦巴别通天塔是塔庙中最壮观的一座。它坐落在尼布甲尼撒二世（公元前604—前562年）繁华国都巴比伦城内的幼发拉底河畔。尼布甲尼撒二世说他在巴比伦城“用鲜蓝色釉烧制的砖”建造一座塔庙，现今一般认为那就是《圣经》所说的没有建成的巴别通天塔。据记载，在那波帕拉沙尔时就着手重建被亚述毁掉的塔庙。他宣称：“取自山上海上的金银珠宝，大量镶在塔里……各种油料、香料混合在砖块中……我身为王者，喜欢运送盛砖的篮子，把篮子送到塔基去。我在马尔都克神前鞠躬，脱下皇袍，解下国王的徽章，把砖和泥顶在头上运送。我叫最心爱

图 2.18 复建的巴比伦恩特美南基塔庙或《圣经》中巴别塔的模型。这座著名之塔原建于公元前 6 世纪。模型现存德国柏林前亚博物馆。

的长子尼布甲尼撒帮助运泥，又亲自携来酒、油两种祭品……”尼布甲尼撒所写的铭文，记载建筑工程接续进行的情况：“……那波帕拉沙尔……已把塔基建好，并建到约45米高，但还未建塔顶。我着手做这件工作。我亲手把从黎巴嫩茂盛的森林运来的雪松木斩开，用作建筑材料。又把围墙、那些大门建造得辉煌壮丽，像白昼那样炫目，还亲自把各门装上。”尼布甲尼撒死后25年，巴比伦成为波斯的一个省。大约在公元前478年之后，这座塔庙被弃置。不过，在公元前460年，希腊史学家希罗多德游览巴比伦城时，依然对通天塔赞赏不已。他记述说：

> 在这个圣域的中央，有一个造得非常坚固，长宽各有一斯塔迪昂的塔，塔上又有第二个塔，第二个塔上面又有第三个塔，这样一直到第八个塔。人们必须从外面循着像螺旋线那样地绕过各塔的扶梯走到塔顶的地方去。在一个人走到半途的时候，他可以看到休息的地方，这里设有座位，而到塔顶上去的人们就可以在这里坐一会儿休息一下。在最后的一重塔上，有一座巨大的圣堂，圣堂内部有一张巨大的、铺设得十分富丽的卧床，卧床旁边还有一张黄金的桌子。[1]

1 希罗多德，《历史》（上册），《汉译世界学术名著丛书》（分科本），商务印书馆 2011 年版，第 106 页。

第三节　城市与建筑装饰

古代美索不达米亚的建筑由于建筑材料的局限性使今天的人们只能想象它们昔日的风采，但那些与城市、王宫建筑和神庙相匹配的装饰物，由于石质材料的坚固性而得以保留下来，它们包括城市保护神的石刻雕像、巨大的神兽雕像、硕大的动物雕像，以及守护神的壁画式浅浮雕等。这些栩栩如生的雕像为古代美索不达米亚的城市之美，增添了威严和力量。

此外，还有色彩斑斓的彩釉砖或琉璃砖装饰着城墙和王宫，由彩釉砖或琉璃砖拼组而成的动物或神兽图案，同样具有很强的感染力。

一、王宫雕塑

亚述的王宫雕塑以巨大的人首神兽为典型标志，这些人首神兽担任的是保护亚述王宫乃至整个亚述帝国的责任。这些神兽的构成元素表明了它们集智慧、力量和速度等多种生物的优势于一身，有不可战胜的威力，给人以一种威严与震慑。同时这些神兽雕塑无疑还成为古代美索不达米亚人留给我们的艺术珍品，这些艺术珍品的独特性，不仅向世人展示了他们的艺术创造力，更包含着很深的思想和哲理。

图 2.19　亚述王宫雕塑。人首牛身带翅膀的神兽，集力量、灵巧和智慧于一身。亚述雕塑的代表作之一。亚述帝国时期。现存法国巴黎卢浮宫博物馆。

图 2.20（左图） 亚述王宫雕塑。亚述帝国时期。现存英国伦敦大英博物馆。

图 2.21（右图） 亚述王宫雕塑。人头、鸟翼、公牛身或狮身的神兽。头顶带着的角形帽子是神灵的标志。亚述帝国时期。现存美国纽约大都会博物馆。

图 2.22　法国巴黎卢浮宫博物馆陈列亚述雕塑的情景。

二、外墙壁画

关于古代美索不达米亚王宫建筑的外墙装饰，巴比伦城为我们提供了相当珍贵的素材。新巴比伦王国时期，尼布甲尼撒二世的巴比伦王宫极尽奢华，它既向世人展示了巴比伦作为国际大都会的繁荣，又为帝国的威严提供了与亚述王宫不同的内容。巴比伦王宫著名的伊什塔尔神门，其外墙以彩绘砖的材料做成的浮雕式壁画，不仅刻画了雄狮这样的猛兽，还刻画具有灵性和智慧的其他神兽。

图 2.23　装饰在巴比伦城神门上的彩釉砖，狮子的形象极具感染力。新巴比伦王国尼布甲尼撒统治时期（公元前 605—前 562 年）。出自巴比伦。现存法国巴黎卢浮宫博物馆。

图 2.24　装饰在伊什塔尔神门上的彩釉砖，狮子张大嘴咆哮的形象很有力量感。新巴比伦王国尼布甲尼撒统治时期（公元前 605—前 562 年）。出自巴比伦。现存土耳其伊斯坦布尔考古博物馆。

图 2.25　装饰在伊什塔尔神门上的彩釉砖，公牛的形象栩栩如生。新巴比伦王国尼布甲尼撒统治时期（公元前 605—前 562 年）。出自巴比伦。现存土耳其伊斯坦布尔考古博物馆。

图 2.26　巴比伦城的保护神马尔都克之龙，装饰在巴比伦城伊什塔尔神门之上。这条非凡之龙是创造之神马尔都克的象征，集多种动物长处于一身，蛇头、鳞身、蝎尾、狮蹄和鹰爪。新巴比伦时期。出自巴比伦。现存德国佩加蒙博物馆。

图 2.27　巴比伦城的伊什塔尔神门。现存德国柏林佩加蒙博物馆。

三、宫内壁画

镶嵌在墙壁上的浅浮雕式壁画是王宫装饰乃至城市装饰的重要元素，这些浅浮雕式的壁画不仅在艺术表现力方面达到了相当高的水准，而且其内容同样具有深刻的思想寓意。尼布甲尼撒二世辉煌的巴比伦王宫，著名的伊什塔尔神门的外墙给人们留下了非常深刻的印象，但对于王宫的内饰，我们就没那么幸运了，迄今未发现有关巴比伦王宫内部装饰的线索。不过也不要过分沮丧，亚述王宫在这方面多少留下了一些补偿。下面几幅壁画都展现了亚述的保护神之风采。

图 2.28　亚述王宫内墙浮雕式壁画。祈福的神灵。出自萨尔贡二世的王宫，霍尔萨巴德。公元前 8 世纪末。现存法国巴黎卢浮宫博物馆。

图 2.29　亚述王宫内墙浮雕式壁画。亚述保护神灵。阿淑尔那西尔帕二世统治时期。出自尼姆鲁德。现存英国伦敦大英博物馆。

图 2.30　鹰头保护神。亚述帝国时期。现存美国纽约大都会博物馆。

图 2.31（右页图）　亚述的保护神。约公元前 865—前 850 年。出自尼姆鲁德。现存英国伦敦大英博物馆。

图 2.32　亚述宫廷场景。两位保护神分立圣树两侧。公元前 865—前 860 年。出自尼姆鲁德。现存英国伦敦大英博物馆。

第三章 生活

因思想生 为艺术活

市民生活可以说是文明的根基，人类文明每向前迈进一步都是与市民和市民生活密切相关的，在古代社会尤其如此。在古代社会，市民才是真正意义上的公民，只有市民才享受全部的公民权，与其相对应的情景是生活在城市外的乡村农民或平民以及地处帝国边缘的外省人为争取公民权不断地展开斗争。即使是在现代的文明社会，城市居民与乡村居民仍然存在着很多权利方面的差异。

在古代，城市生活与乡村生活最本质的差异，或者说城市生活最本质的特征包括两个方面，一是商业特征，一是法律或契约特性。这两个特征也是把城市文明与农业文明区别开来的最本质的文明特性。无论是商业特征还是法律或契约特征，都起源于社会分工和交换的需要，社会分工和交换的需要必然促进商业或商品经济的发展，交换和交往必然呼唤交换原则和规制的出现。而在农业社会，在自给自足的自然经济条件下，这些都不需要。

古代美索不达米亚文明从本质上来说就是城市文明，具有商业文明和法律或契约文明的鲜明特性，这一点在市民生活中得到充分的反映。长期以来，世界上很多研究西方古典学的历史学家，包括一些专门研究城市学的学者，无视大量的考古学和文献资料，否认在古代近东存在城市这样一个历史事实，他们把城市的起源看作是古希腊现象，其中主要的依据是根据古希腊的“范例”断定古代近东没有“民主制”和“私人企业”。[1]实际上，正如笔者在其他著述已经论述[2]及在本书相关篇章中将要进一步论述的，古代美索不达米亚不仅存在过“原始民主制”，其城市还享有高度的自治权，私人经济包括工商业和“农业资本主义”的高度发展孕育了人类历史上最早的公司形式。正如亚述学家所说：“美索不达米亚不仅是最早的城市文明，还是古代最具城市化的社会。”[3]

第一节　生产劳作

生产劳动可以说是文明进步的保证，没有生产劳动就不可能有生产工具乃至科学技术的发明与完善，就不可能创造越来越多的社会财富，就不可能产生先进的

1　Marc Van De Mieroop, *Ancient Mesopotamian City,*Oxford University Press,2004,pp.3-4.

2　参见于殿利《巴比伦法的人本观——一个关于人本主义思想起源的研究》，生活读书新知三联书店，2011 年版。

3　Marc Van De Mieroop, *Ancrient Mesopotamian city*, P.1.

观念和对自然世界以及人类社会更深的认识。古代美索不达米亚人在生产劳动的诸多方面，都享有率先垂范之功。

图 3.1　乌尔王陵出土的铜斧头。约公元前 2500 年。出自乌尔。现存英国伦敦大英博物馆。

一、生产工具

乌尔王陵出土了很多金属工具，图3.1是一只铜斧头，图3.2展示的是四种铜合金工具，包括一只凿子、一对鱼叉、四只长矛或长枪头、两只经长期腐蚀而粘连在一起的长矛枪头。图3.3是阿卡德时期的生产工具，在著名的乌尔王陵中也发现了类似的金属用具、工具和武器，这说明在苏美尔早王朝时期铜被广泛地用于生产劳动中。到了古巴比伦时期，金属工具更是广泛地使用于生产劳动中，因为这一时期是古代美索不达米亚对外贸易的黄金期。众所周知，美索不达米亚是资源稀缺性地区，木材和金属都只能依赖从境外进口。在历

图 3.2　乌尔王陵出土的一组生产工具。约公元前 2500 年。出自乌尔。现存英国伦敦大英博物馆。

图 3.3　凿子。阿卡德人使用的生产工具。公元前 2300—前 2150 年。出自泰尔 · 布拉克。现存英国伦敦大英博物馆。

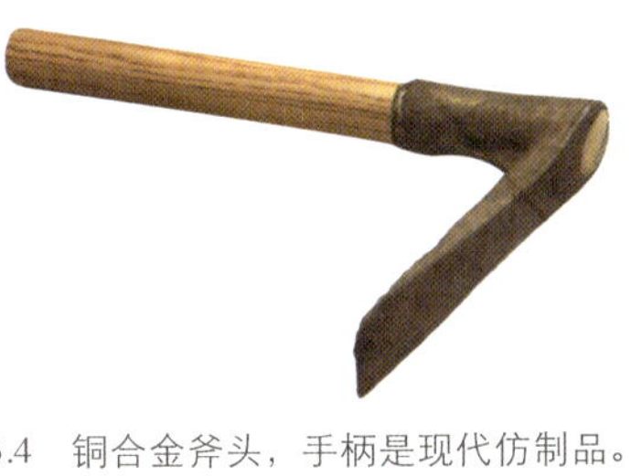

图 3.4　铜合金斧头，手柄是现代仿制品。苏美尔早王朝或阿卡德时期。公元前 2500—前 2300 年。出自乌尔。现存英国伦敦大英博物馆。

史的早期，苏美尔城邦之间的竞争促进了对外贸易的发展，到古巴比伦王国汉谟拉比统治时期，对外贸易达到了极盛，商人们从境外进口了大量的铜、青铜和锡等金属，以及珠宝等其他物品。大量的金属用于制作农具、武器以及容器等。图3.6展示的是非常难得的农具荟萃，这些农具总共有86件，是用铜合金和铜制作的，发现于库塔拉（Kutalla），今天的泰尔·斯法尔（Tell Sifr），图中展示的是其中的一部分。这么多属于公元前第2千纪早期的种类齐全的金属农具集中地在一地发现，是非常罕见的例子。

图 3.5　铜合金弯月形斧头。上面的金箔本来是用作一根木杆的金箍，目的是让两个月形斧头的两端可以插进去，以便固定住。现存英国伦敦大英博物馆。

图 3.6　古巴比伦时期的金属农具。公元前 1900—前 1740 年。出自库塔拉。现存英国伦敦大英博物馆。

二、劳动场面

生产劳作场景是古代美索不达米亚人生活的真实写照，在这方面我们同样拥有非常珍贵的资料。图3.7保存了人类最早的制奶业场景。图3.8描绘的是亚述人捕鱼的情景，图3.9描绘的是亚述人狩猎的情景。

图 3.7　这是一座神殿外墙的石质中楣的镶嵌式图案。属于苏美尔早王朝三期。公元前 2600—前 2500 年。出自泰尔 · 欧贝德。现存英国伦敦大英博物馆。

图 3.8　亚述人捕鱼浮雕。公元前 700—前 692 年。出自尼尼微。现存英国伦敦大英博物馆。

图 3.9　亚述人狩猎和捕鸟场景浮雕。约公元前 710—前 705 年。出自霍尔萨巴德。现存英国伦敦大英博物馆。

图 3.10　描绘亚述人运输木材浮雕的两个片段。公元前 700—前 692 年。出自尼尼微。现存英国伦敦大英博物馆。

图 3.11 描绘纤夫（可能是战俘）在底格里斯河劳作场面的亚述浮雕。公元前 700—前 692 年。出自尼尼微。现存英国伦敦大英博物馆。

图3.11描绘的是纤夫在底格里斯河拉纤的场景。这些纤夫很可能是战俘，亚述的官员身佩武器，手执木棍在督促这些劳苦的纤夫工作，河里的船上装满木材，很可能是亚述国王修建王宫所用。美索不达米亚不盛产木材，建筑所需木材只能从黎巴嫩等河流上游地区采购并通过船运获得。木材运上岸后，还得依靠人力车在陆地上运输，图3.10描绘的就是人工运输木材的场景。

三、货币与度量衡

货币和度量衡体系无论在古代还是在现代文明中，对经济的发展和社会制度的完善，甚至对精神文明和文化建设都起到了非常重要的作用。纵观几千年的人类文明发展史，完全可以说，货币和度量衡早已成为文明发展不可或缺的要素。

货币是人类商品交换和商品经济发展到一定阶段的必然产物。货币是人类经济文明的重要标志和承载物，其价值不仅在于一般等价物和作为支付手段等纯经济价值，更在于它在人类社会建立起来的信用制度，没有信用体系的支撑，人类社会无法正常运转，人类社会所特有的精神与文化生活也不会如此发达。货币自其出现以后，几千年来恒久不变地影响着人类的物质文明和精神文明的演进与发展。

一般认为，在古代美索不达米亚，在公元前3千至2千年代期间，物物交换贸易与非货币交换制构成了商业交换的基础。但在乌鲁克III和II期文化的泥板中，就出现了象形文字“银钱”的符号，同时还出现了“大商人”的名称（*šab-gal*），也就是后来的大商人塔木卡（*dam-gàr*）。实际上，银钱成为古代美索不达米亚最主要的货币形式，在经济发展中扮演着十分重要的角色。我们拥有一些乌尔第三王朝时期的结算单或平衡表，这些结算单和平衡表最显著的特征之一，就是利用银钱作为结算单位。商人所有的资本、买进和卖出的货物，以及最终的盈亏，都以银价即银子的重量计算。同样的情况出现在拉尔萨的文献中，拉尔萨的商人对其所收到的货物通常只以银子的总价来列出，而不记述实际上种类繁多的具体商品。

在乌尔第三王朝时期，银子也已经成为支付手段了。在很多买卖文书和租赁合约中，一定数量的银子通常用来支付所收到的货物或者得到的服务。在管理文书中，还记载有用银子向劳动者支付工资。银钱的主要功能在古巴比伦时期以及马里，得到了更大的发挥，《汉谟拉比法典》和其他大量的经济文献充分地揭示了这一图景。在古巴比伦时期大量的私人经济契约中，银钱成为向雇佣劳动力支付工资的首要形式，如果要以其他实物的方式向雇佣劳动力支付工资，必须得到雇佣劳动力的同意，如果雇佣劳动力不接受实物工资，雇佣者必须以银钱支付其工资。在古巴比伦社会，银钱的借贷也非常普遍，说明银钱已经具备了货币的所有功能。

关于银钱的统一或标准形式问题，通常要涉及铸币的问题，因为现代学者很容易把铸币当作真正货币的标志。学术界一般认为，铸币发明在公元前1千纪（通常认为是公元前700年左右）的吕底亚王国。在同一个世纪，亚述国王辛那赫里布下令将熔化的青铜倒入黏土模型中，形成两河流域最早的铸币。然而，直到波斯历代国王

图 3.12　吕底亚铸币，被认为是世界上最早的铸币。公元前 700 年左右。现存英国伦敦大英博物馆。

的统治和希腊化时期，铸币在美索不达米亚并没有发挥太大的作用。

乌尔第三王朝时期的银钱虽然距离现代铸币的标准相差甚远，但它也已经具有了统一或标准的式样。在美索不达米亚的众多原始文献中，银钱通常都只是称重后发挥其作用的，但是在乌尔第三王朝时期的一些管理文书中，可以很清楚地看到银钱已经具有了统一的重量和制式，那就是银环或银圈。在类似文献中被提及到的银圈，其重量从1舍客勒（约8克）到10舍客勒，其中以5舍客勒的占绝大多数。在一份文献中列举了制造240只“银圈”，重量标准都是5舍客勒，用料达20明那银子。实际上类似的银圈早在阿卡德王国时期就已经存在，这有考古学资料为证。阿卡德银圈有重量为1明那（60舍客勒）的，也有1/2明那的。

虽然银钱在公元前2千纪初期就已经成为商人和国家管理机构最常用的货币，但即使在古巴比伦时期，银钱也不是唯一的货币，货币还有其他种形式。虽没有银那么常见，铜和锡也偶尔充当货币使用，用作支付手段，它们之间已经建立起了换算标准。其实，铜作为货币的功能早在法拉时期（公元前2600—前2500年）就已经出现了，在安那托利亚的亚述商人也使用铜作为货币，亚述商人还使用锡作为货币。但只有银钱作为统一的结算或会计标准，在后来的历史时期，金也具有此功能。在古巴比伦时期，实物货币也还发挥着作用，实物货币通常包括大麦、羊毛和油等，它们尤其可以作为支付手段。在北部美索不达米亚，王室的宫廷里还把贵金属制作的“斧子”用作货币。在古亚述时期的文献中，还有“杯子”（*kasum*）形状的物品大量用作货币。

图 3.13　作为货币的银圈，根据重量确定价值。约公元前 2250 年。出自泰尔·塔亚。现存英国伦敦大英博物馆。

古巴比伦时期已拥有了一套较完备的货币单位计量体系。银币的最小计量单位为舍客勒（shiklu），1舍客勒等于180舍（苏美尔语še，“谷物”；1舍等于1/600盎司），等于3/10盎司，相当于半英两之银，合美金2.5元-5元。1明那（mana）等于60舍客勒，等于18盎司；60明那为1比尔图（biltu）或塔兰特（talent）；1比尔图或1塔兰特等于67磅，约合美金1万元到2万元。

古代美索不达米亚度量衡标准的制定，完全要归功于苏美尔人的发明创造，苏美尔人发明的度量衡体系成为后来历代王朝的基础。苏美尔人的数学系统是六十进位制与十进位制的混合系统。在古代美索不达米亚的度量衡体系中，我们可以明显地看到非常古朴的计量方法，例如运用人体的手指和臂肘的长度作为一种基本单位等。

买卖某种商品往往需要称量重量，在某些手工业和科学技术程序中也需要称量重量，所以重量工具和重量单位便不可缺少，秤和秤砣由此发明。它们小到可以称量1舍客勒的物品，大到可以称量人的体重，因为亚述国王经常悬赏捉拿敌人，报酬就是与被捉住敌人体重相同重量的银子。在南部美索不达米亚，到新巴比伦王国时期，舍（še）作为基本重量单位不再使用了，它完全被舍客勒所取代。在亚述，最大的容量单位是伊美尔（imer/emar），字面的意思是“驴驮”，1个伊美尔又分为10个苏图（sutu），1苏图又分为10卡（qu）。每卡可能刚刚超过3品脱亦即不足2升。每伊美尔几乎就等于5蒲式耳。

图 3.14　用于称重的赤铁砝码。赤铁矿发现于叙利亚和土耳其，这种形状的赤铁砝码在古巴比伦时期始引进巴比伦尼亚。这些砝码重量从 3 舍克勒至 1 明那。古巴比伦时期。现存英国伦敦大英博物馆。

图 3.15 铜狮子秤砣。这是为亚述国王沙尔马纳塞尔五世制作的系列称重工具的一部分。公元前726—前 722 年。出自尼姆鲁德。现存英国伦敦大英博物馆。

图 3.16 石鸭子秤砣。这类造型的秤砣在古代美索不达米亚非常常见。这件文物上面刻有拉伽什王乌尔宁吉尔苏的名字。重量超过 2 塔兰特，相当于 60 千克。约公元前 2125 年。出自吉尔苏。现存英国伦敦大英博物馆。

图 3.17 巴比伦石鸭子秤砣。重 30 明那，约 15 千克。约公元前 770 年。出自亚述的尼姆鲁德，显然是作为战利品被带到亚述王宫的。现存英国伦敦大英博物馆。

图 3.18（上图） 带有手柄的石秤砣。雕刻有棕榈树的图案。公元前第 3 千纪中晚期。现存美国纽约大都会博物馆。

图 3.19（下图） 带有手柄的石秤砣。雕刻有鹰与蛇的图案。公元前第 3 千纪晚期。现存美国纽约大都会博物馆。

第二节 衣食住行

一、服装与服饰

衣服或服装是人类文明发展的重要元素，它既体现物质文明的发展水平，更标志着精神文明和文化生活的深层次内涵。如果说面料的选用和缝制的技术体现的生产力发展水平的话，那么样式、风格乃至什么场合穿着什么服装等，便无疑使衣服或服装具有了文化甚至社会道德评价的价值或意义。古代美索不达米亚人是服装大师，由于盛产羊毛，使得美索不达米亚人的服装业异常发达，阿卡德王国时期的服装在整个古代近东都享有盛名，是非常受欢迎的对外贸易商品，为他们换回了大量自己稀缺的物品。

图 3.20 一组苏美尔早王朝时期的人物雕像，从中可见美索不达米亚人的着装。现存法国巴黎卢浮宫博物馆。

图 3.21（左图） 妇女石膏像。约公元前 2400 年。现存英国伦敦大英博物馆。

图 3.22（右图） 铅制人物像。公元前 8—前 7 世纪。出自乌拉尔图。现存英国伦敦大英博物馆。

图3.21是一尊妇女雕像，她穿的衣服好像是羊皮的，衣服包裹着一只肩，另一只肩则裸露在外。下半身底端是很长的羊毛裙摆。

图3.22的妇女，其服装是用玻璃和象牙镶嵌而成。

图 3.24　缠包头巾的妇女头像。材料包括白玉、天青石和沥青等。约公元前 2500—前 2400 年。出自马里。现存法国巴黎卢浮宫博物馆。

图 3.23　头戴珀罗的女性雕像。白玉。约公元前 2500—前 2400 年。出自马里。现存法国巴黎卢浮宫博物馆。

图 3.25　佩戴头饰的妇女雕像。约公元前 2550—前 2250 年。苏美尔早王朝时期。出自马里，叙利亚。现存叙利亚大马士革国家博物馆。

二、饮食、炊具、餐具

中国以饮食文化著称于世，民间流传着很多关于饮食的俗语，诸如“民以食为天”、“一方水土养一方人”以及“靠山吃山，靠水吃水”等。这些对于古代美索不达米亚人来说，无疑也同样适用。古代美索不达米亚人的主食主要依靠大麦，此外这片土地还盛产椰枣。在副食方面，蔬菜的种类同样有限，鱼是重要的美味佳肴，是宴会不可或缺的。不仅在亚述浮雕中有描绘捕鱼场景的，就是在战争浮雕中，亚述军队渡河时，鱼蟹满河也是常有的画面，这从一个侧面说明了他们是非常喜欢鱼的。在肉食方面，羊肉是最受欢迎的，相比之下，牛肉并不经常使用，牛主要作为祭祀的牺牲之用。猪、鹿、鸭子以及其他禽鸟等肉食也是美索不达米亚人餐桌上的美味。在饮食方面，最值得一提的是酒的发明。苏美尔人最先把酒奉献给人类，这是他们对人类文明最大的贡献之一。根据苏美尔时期留下来的楔形文字文献记载，苏美尔人的酿酒技术已经相当成熟，他们能把酿化与发酵结合成复式发酵法，用大麦、小麦和黑麦发酵制成酒。在他们很原始的酿酒作坊里，有酿酒用的炉子和圆桶以及用于贮存的大酒桶。酒的种类有啤酒、椰枣酒、葡萄酒和烈性酒等，啤酒主要是用大麦酿制的，在古巴比伦时期，啤酒主要是由妇女酿制的，这在《汉谟拉比法典》中便得到了反映。葡萄酒则早在捷姆迭特·那色文化时期（约公元前2900年）就已经出现了。酒除了用于饮用之外，在宗教祭祀场合它也是不可或缺的，向神祭酒是宗教礼仪的一项重要内容，根据宗教文献资料记载，美索不达米亚的神灵也是喜欢喝酒的。

图 3.26　苏美尔人提着鱼参加宴会的场面。取自乌尔王陵中出土的乌尔皇家军旗之上。约公元前 2700 年。出自乌尔。现存英国伦敦大英博物馆。

图 3.27 亚述浮雕。野猪。芦苇沼泽地为野猪和野鹿的生存提供了较好的条件。辛那赫里布时期。公元前 704—前 681 年。出自尼尼微。现存英国伦敦大英博物馆。

图 3.28 苏美尔人宴会饮酒的场面。取自乌尔王陵中出土的乌尔皇家军旗之上。约公元前 2700 年。出自乌尔。现存英国伦敦大英博物馆。

图 3.29 向植物女神祭酒的浮雕残片。约公元前 2500 年。苏美尔早王朝时期。出自特罗，古代吉尔苏。现存法国巴黎卢浮宫博物馆。

图 3.30 描绘祭酒场面的浮雕。公元前 21 世纪。乌尔第三王朝时期。出自苏撒。现存法国巴黎卢浮宫博物馆。

在餐具中，碗应该是最具代表性的了。制作碗的材料经历了一个发展的过程，这个过程是伴随随着生产力的发展、科学技术的进步以及经济和对外贸易的发展而来的。在很早的历史时期，普通人家所使用的碗无疑是用黏土烧制而成的，因为黏土是上天赐予美索不达米亚人的取之不尽用之不竭的资源。最值得称道的是欧贝德文化时期的钟形碗（图3.31），它向世人表明，早在公元前第5千纪，欧贝德人的彩陶技术就已经相当发达了。在苏美尔早王朝时期，公元前第3千纪，至少王公贵族已经开始使用石碗了，用玉、铜、铜合金、贝壳以及其他稀有材料制作而成的碗，在王宫中也肯定并不罕见。著名的乌尔王陵中，便出土了用于陪葬的石碗。图3.32中就是一只石碗和两只用贝壳做的倒酒容器。石碗上的文字可能是主人的名字。贝壳是从阿曼湾进口的，经过了切割和装饰。器皿的顶端刻有鸟头的形状，鸟的眼睛则是用天青石镶嵌的。另一只苏美尔早王朝的玉石碗（图3.33）同样珍贵。碗上的铭文是用苏美尔文刻写的，内容为“阿卡·恩利尔，商人首领，赫提之子，向伊南娜女神敬献（此罐）。”阿卡德王国时期留下来的一只漂亮石碗（图3.34）在美索不达米亚的早期历史中，无疑是最具重要性的一只碗。石碗上面刻有两篇铭文。第一篇铭文表明，这个石碗是阿卡德王国最强大的国王“宇宙之王”、“世界四方之王”纳拉姆辛的战利品，是他从远征马干的战场上带回来的；第二篇铭文表明，这个石碗在后来流传到乌尔第三王朝时期，并被敬献给位于乌尔城的月神辛，敬献者是乌尔第三王朝的国王舒尔吉（公元前2094—前2047年）的女儿。

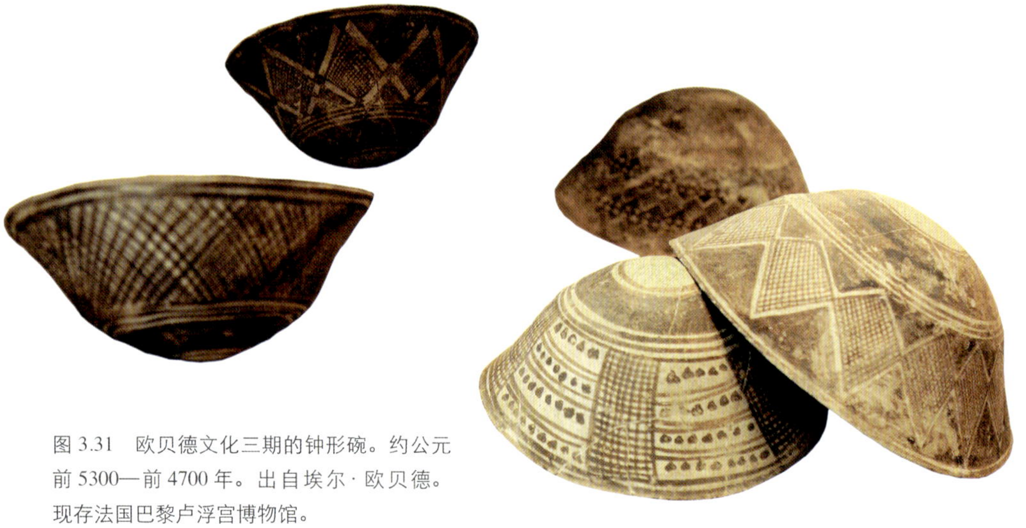

图 3.31　欧贝德文化三期的钟形碗。约公元前 5300—前 4700 年。出自埃尔·欧贝德。现存法国巴黎卢浮宫博物馆。

图 3.32　乌尔王陵中出土的刻有文字的石碗，以及一对贝壳倒酒容器。约公元前 2500 年。出自乌尔。现存英国伦敦大英博物馆。

图 3.33　玉石碗。公元前 2600—前 2500。苏美尔早王朝时期。现存美国纽约大都会博物馆。

图 3.34　石碗。阿卡德国王纳拉姆辛的战利品。公元前 2254—前 2218 年。现存英国伦敦大英博物馆。

图 3.35　铜合金碗。带有编制篮子的工艺。碗的两端遭到了腐蚀。现存英国伦敦大英博物馆。

图 3.36　亚述人使用的玻璃碗。约公元前 900—前 612 年。出自尼姆鲁德。现存英国伦敦大英博物馆。

图 3.37　亚述国王埃塞尔哈顿使用的玛瑙碗，上面刻有他的名字。公元前 680—前 669 年。出自尼尼微。现存英国伦敦大英博物馆。

从很早的历史时期起，玻璃在美索不达米亚就有广泛的用途，玻璃器皿的出现稍晚，大约在公元前第2千纪中期，彩色玻璃砖在亚述帝国的宫殿建筑中的应用非常引人注目。亚述国王阿淑尔那西尔帕二世（公元前883—前859年）在描述自己修建卡尔胡的宫殿时说：“我采用了炼制的绿色玻璃砖。”在另一位亚述国王萨尔贡二世的宫殿中，出土了玻璃制作的碗（图3.36）在美索不达米亚后期历史上，流传下来的最有名的是一只玛瑙制成的碗（图3.37），因为它的主人是亚述帝国著名国王埃塞尔哈顿。

在炊具和其他器皿方面，美索不达米亚人也给我们留下了较多的文物。时间从公元前7000年代的萨马拉文化时期，到新巴比伦王国时期。萨马拉文化以精美的

图 3.38　陶盆。萨马拉文化时期。公元前6500—前6000年。出自萨马拉。现存英国伦敦大英博物馆。

图 3.39　哈拉夫文化时期的彩陶罐。现存法国巴黎卢浮宫博物馆。

陶器著称，其装饰图案有动物、鸟类和几何图形。图3.38是一个陶盘。萨马拉文化可能发源于中部，然后其影响向北部和南部延伸。哈拉夫文化时期的彩陶已十分有特点，几何图案错落有序。图3.39的陶罐就是其中的代表之一。此后历史时期的生活用具更加具有艺术化特色，器型呈人物（图3.40和图3.41）和动物形状，一方面表现了古代美索不达米亚人的艺术创造力，另一方面也阐释了他们热爱生活，以人为美的观念和情趣。亚述帝国王宫发现的许多铜制炊具和餐具既表明了帝国的强大，又显示了其文化海纳百川的“国际化”味道。图3.42和图3.43是奥斯滕·亨利·莱亚德1850-1851年在尼姆鲁德的亚述王宫发掘出土的一堆铜制餐具和炊具中的一部分。它们可能是公元前8世纪贮存于此的。铜盘和铜盆或铜碗的装饰图案是腓尼基风格的，在很多方面与来自腓尼基的象牙雕刻相近似。这些碗可能是来自腓尼基的贡品，也可能是战利品。出自乌拉尔图的玄武岩圆桶（图3.45）也是一件比较珍贵的文物，上面刻写的楔形文字铭文表明，这个圆桶是乌拉尔图的国王伊什普伊尼（公元前830—前810年）的。这个圆桶后来反复得到使用，在桶底的边缘处钻有排水的洞眼。图3.44是稍晚时期的大铜锅的配件。

图 3.40　女人头形状的饮具。约公元前 1500—前 1200 年。出自亚述城的伊什塔尔神庙。现存英国伦敦大英博物馆。

图 3.41　装饰有武士浮雕的罐子残片。陶土，内侧涂有沥青，出自埃什努那。现存法国巴黎卢浮宫博物馆。

图 3.42　铜盘。公元前 8 世纪。出自尼姆鲁德。现存英国伦敦大英博物馆。

图 3.43　铜碗。公元前 8 世纪。出自尼姆鲁德。现存英国伦敦大英博物馆。

图 3.44　大铜锅的配件。形状为人头鸟身妇女。约公元前 650—前 550 年。现存英国伦敦大英博物馆。

图 3.45　刻有楔形文字的玄武岩圆桶。约公元前 820 年。出自乌拉尔图。现存英国伦敦大英博物馆。

图 3.46　银质容器。跪着的公牛。约公元前3100—前 2900 年。埃兰早期文化。出自伊朗。现存美国纽约大都会博物馆。

图 3.47　雪花石器皿。女人头形象。公元前2600—前 2350 年。苏美尔早王朝时期。出自美索不达米亚。现存美国纽约大都会博物馆。

三、家居与家俱

在住房方面古代美索不达米亚人并没有给我们留下什么直接的建筑遗存，这是由他们的建筑材料决定的，但有关家居生活的文物成为我们了解他们家庭生活的十分珍贵的证据。

图 3.48　雪花石膏石花瓶。公元前 700—前 600 年。出自西帕尔。现存英国伦敦大英博物馆。

图 3.49　绿泥石花瓶。公元前 2700—前 2350 年。苏美尔早王朝时期。现存美国纽约大都会博物馆。

图 3.50　苏美尔早王朝时期拉伽什王恩铁美那的银花瓶。约公元前 2400 年。出自特罗，古代吉尔苏。现存法国巴黎卢浮宫博物馆。

图 3.51（左） 铜制家具的固定部件。公元前 8 世纪晚期。出自乌拉尔图。现存英国伦敦大英博物馆。

图 3.52（右） 亚述家具的一条金属腿。美索不达米亚人喜欢把家具的腿做成粗壮的动物腿形状。约公元前 900—前 612 年。出自尼尼微。现存英国伦敦大英博物馆。

图 3.53 亚述王宫家具。属于亚述帝国时期，出自尼姆鲁德。现存美国大都会博物馆。

灯具 灯具直到现在都是家居装饰最讲究的部分之一，在古代这就更显得难能可贵，因为在电灯发明之前，灯具的照明作用是第一位的，装饰作用是次要的。即便如此，古代美索不达米亚人还是给我们展示了他们对灯具装饰的追求。现有的考古学资料显示，灯具的制作材料包括黏土或陶土、金属以及大理石等特殊材料。这三种材料的灯具可能反映出它们在三种不同的社会阶层中使用，即陶土等属于一般的家庭使用；金属等特殊材料的名贵灯具属于富人和达官贵族使用；大理石等特殊材料的更具装饰作用的灯可能仅限于宫廷使用。还值得一提的是，出土的灯具中可用于悬挂的灯，可能是世界上最早的吊灯。

图 3.54 大理石灯具。以牛头装饰。苏美尔早王朝时期。约公元前 2500 年。现存法国巴黎卢浮宫博物馆。

图 3.55 陶土制作的灯。公元前 900—前 612 年。出自尼姆鲁德。现存英国伦敦大英博物馆。

图 3.56　铜制灯具。带有一个小圆圈便于悬挂。约公元前 800—前 500 年。出自巴比伦。现存英国伦敦大英博物馆。

图 3.57　铜制灯具。形状是一头咆哮的狮子。约公元前 700—前 500 年。出自乌尔。现存英国伦敦大英博物馆。

四、交通与出行

在古代美索不达米亚历史的早期，国家有意识地铺设陆地道路的事情，是比较少见的，大部分的道路都是人踩出来的，这多半要归功于商人的脚步，为满足

图 3.58　描绘交通运输场面的浮雕。浮雕中来来往往的船只，去时的船只载着空人，回来的船只载着木材，这些木材是从黎巴嫩进口而来的。公元前 8 世纪。出自霍尔萨巴德。现存法国巴黎卢浮宫博物馆。

人们的日常需求和王室的特殊需求，美索不达米亚的商人们不停地穿梭在这片土地上，甚至不惜经常走出境外。亚述帝国的征服雄心，使得其统治者意识到畅通道路的战略重要性，因此他们建立起了一个全国性的公路系统，这个公路系统无疑也为人们日常出行提供了极大的便利。在水路交通方面，底格里斯河和幼发拉底河两大河流贯穿美索不达米亚全境，并且远可通达上海即地中海和下海即波斯湾。此外，主要用于灌溉的运河系统也非常发达，美索不达米亚的历代国王都把修建运河作为国家最重要的大事来抓。运河不仅宽阔，而且水深，足够承载船只，船只无论是运送旅客，还是装载货物都绝无问题。

美索不达米亚人用作交通工具的船只有很多种。在属于公元前第3千纪的苏美尔人墓穴中，就发现有划船的模型。在美索不达米亚人的实际生活中，最大的船只是用绳索从河岸上牵拉的驳船和渡船。由于美索不达米亚木材资源的缺乏，这种大的驳船和渡船比较少见。最常见的小船是柳条船和一种叫克勒克的羊皮船。柳条船的形状有点儿像圆形的芦苇篮子，船体表面用沥青作为防水涂层，沥青具有较好的防水性能，同时还能提高船体的浮力。羊皮船是古希腊历史学家希罗多德所亲眼看见的巴比伦人最奇特的东西之一，他也不吝笔墨地给予了记载。

图 3.59　亚述浮雕。约公元前 700—前 692 年。出自尼尼微。现存英国伦敦大英博物馆。

图 3.60　出现在著名的乌尔军旗中的马车。约公元前 2500 年。出自乌尔。现存英国伦敦大英博物馆。

至于陆地交通工具的发明，苏美尔人也堪称人类的鼻祖。苏美尔人早在公元前第3千纪以前就已经发明了轮子，并将其运用到交通运输上。到公元前第3千纪，苏美尔人就制造了两轮和四轮的轻便马车，用于道路交通。苏美尔人的马车，其车轮是用木料制作而成的，而到了数百年以后，亚述人就利用铜、青铜和铁制作成金属的轮箍，使木车轮更加坚固、耐用。由于木材的珍贵，可以想见对于一般家庭的寻常百姓而言，马车可能有些奢侈，驮兽可能是他们最经常的交通出行工具。最早的驮兽应该是驴或骡子，马或许直到公元前9世纪才成为供人骑行的驮兽。

图 3.61　乌尔王陵出土的拴马、驴或其他牲口的绳缰圈。出自乌尔。苏美尔早王朝时期。现存英国伦敦大英博物馆。

图 3.62　马夫与马匹。约公元前 710—前 705 年。出自霍尔萨巴德。现存英国伦敦大英博物馆。

图3.62这是一系列图版之一，描绘的是从亚述帝国的西部边疆叙利亚或土耳其向萨尔贡二世进贡的场景。图3.63也是向亚述帝国进贡系列雕刻图版之一，装饰在萨尔贡二世杜尔-沙鲁金的宫殿。

图 3.63　外国马夫。约公元前 721—前 705 年。出自霍尔萨巴德。现存美国纽约大都会博物馆。

第三节　美容、化妆与首饰

在现代社会，美容、化妆与佩戴珠宝首饰已经不单单是关于美或者审美的问题，更成为文明社会的一种社交礼仪。这种社交礼仪在最早的文明中就已经相当发达，古代美索不达米亚人就是其中一范例。

一、美容与化妆用具

在古代美索不达米亚，带有独立卫生间的房屋的出现，可以追溯到公元前第3千纪的时候。卫生间里当然少不了化妆盒等物品，仅化妆盒样式就很丰富，美体和化妆品包括精油、眼霜以及其他颜料。此外，还有镜子、梳子和剃须刀等，镜子有金镜、银镜和青铜镜等。美索不达米亚的妇女喜欢使用化妆品，既装饰眼睛又美化皮肤。可以肯定的是，至少在公元前第2千纪初，美索不达米亚人认为眼影是很性感的，神话《伊南娜降至冥府》为此做出了注解。根据苏美尔人的文献记载，爱之女神伊南娜准备下到阴曹地府去，作为其梳妆打扮的最后一个步骤，她往自己眼睛上涂抹了油膏，并喊到：“愿他快来！愿他快来！”眼霜的主要成分是锑粉团，而苏美尔语中的“金粉团”在阿卡德语中则直接被解释为“美化面部的红颜料”。

图 3.64　“拿精油瓶的妇女”大理石雕像。乌尔第三王朝时期。可能出自乌尔。现存法国巴黎卢浮宫博物馆。

下面这几个化妆盒造型都很漂亮，而且所使用的材料都很名贵，包括金、贝壳和象牙等，这些材料都是美索不达米亚的稀缺物产。另外，多数化妆盒还有两个共同的特点，其一，贝壳形状居多；其二，装饰风格具有典型的腓尼基特点，表明它们的原产地可能是腓尼基。图3.65是发现于乌尔王陵的金化妆盒，极尽王室之奢华；图3.66则是一个具有曲线动感的装饰漂亮的贝壳化妆盒。这类曲线形的贝壳可能是在腓尼基制作的，在从巴比伦尼亚到中地中海的广阔地区都很常见。曲线镂刻描绘的是两个骑兵，另一个人位于带翼的圆盘之下。

图 3.65 盛绿色化妆粉的金器和用于化妆的金贝壳。苏美尔早王朝时期。约公元前 2500 年。出自乌尔。现存英国伦敦大英博物馆。

图 3.66 一个装饰精美的巨大蛤蛎贝壳，用作化妆盒。约公元前 700—前 600 年。可能出自西帕尔。现存英国伦敦大英博物馆。

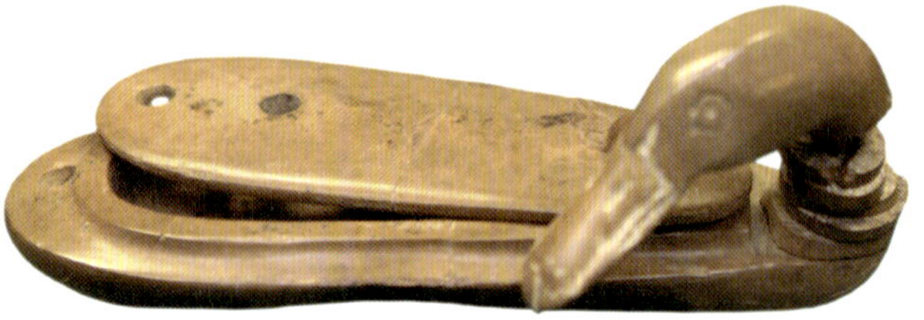

图 3.67（左图） 象牙化妆盒。公元前 1500—前 1370 年。出自阿拉拉克。现存英国伦敦大英博物馆。

图 3.68（右图） 象牙长柄的化妆盒或长柄勺子。约公元前 700—前 600 年。出自乌尔。现存英国伦敦大英博物馆。

图3.67是一个鸭子形状的化妆盒，这类化妆盒在整个利凡特在铜器时代晚期都极其受欢迎。这类东西最早应该起源于埃及，但它们多数都是迦南人后来是腓尼基工匠制作的。图3.68是象牙制品。可能是长柄的化妆盒，也可能是勺子。

二、珠宝首饰

对珠宝的喜爱一方面体现出的是人类对美的热爱，另一方面则体现出人们对尊崇地位的追求，因为由于其稀缺性，珠宝往往是个人身份的象征。美索不达米亚文明作为人类最早的文明，其珠宝文物不仅反映出美索不达米亚人对美的热爱，还折射出他们通过珠宝创造美的能力和天赋。

美索不达米亚人留下来的珠宝，与古埃及人的珠宝一样，是世界上最古老的珠宝。早在公元前7千纪，美索不达米亚人就已经使用贝壳和石块等材料制作项链、手镯和装饰腰带了。公元前4千纪晚期，冶金技术逐渐发达起来，珠宝匠又有了用武之地。但远没有他们的古埃及同辈幸运，底格里斯河和幼发拉底河河谷并没有为美索不达米亚人提供矿藏资源，他们只有通过对外贸易从远方获取制作珠宝首饰的原料。黄金和白银是从安那托利亚和伊朗北部获得的；橘红色光玉髓则来自伊朗的东南部、巴基斯坦和印度；天青石——一种用来制作珠子和镶嵌饰品的珍贵的蓝色矿石，来自阿富汗北部和巴基斯坦东部地区。

图 3.69　乌尔王陵墓群的一个儿童墓出土的金和珠宝首饰。约公元前 2500 年。出自乌尔。现存英国伦敦大英博物馆。

在黄金和珠宝首饰加工行业里，美索不达米亚人已经拥有了相当成熟的技术和工艺。一种颗粒处理技术和工艺，就是将细小的黄金球堆积在一起进行熔化，形成一个黄金底衬。这种颗粒“熔焊”的过程根本不需要任何焊料，只需要通过加热就能达到预期的效果，但加热的过程是一个十分精细的过程，因为如果温度过高，小金球就会熔化。此外，在形成颗粒的过程中，还需要精细地捶打。美索不达米亚的珠宝匠们已经掌握了雕刻镂刻、凸纹制作、丝状饰品装饰和景泰蓝等技术手法，他们还能制作出精巧的铰链和别针等。黄金在苏美尔时期非常罕见，也没有铸造工艺，苏美尔人只是简单地把黄金捶打成薄片，然后进行切割、雕琢和塑型。较重的黄金件是在亚述时期才变得流行起来的，一方面因为亚述的地理位置距离黄金产地更近，另一方面因为亚述通过军事征服获得了更多的黄金来源。合金技术也早就被美索不达米亚人所掌握，珠宝匠们有时把黄金与铜或其他金属混合在一起，有时把黄金和白银混合在一起，合金的目的是为了制造出不同的颜色。

珠宝匠在古代美索不达米亚享有很高的社会地位，一方面因为他们是高级奢侈品的创造者，另一方面因为这些高级奢侈品非寻常百姓所能消费，其享用者要么是王宫和神庙，要么是有钱的达官贵人。在苏美尔人那里，珠宝匠的保护神是智慧神，这一点印证了他们受到尊崇的社会地位。特别值得一提的是，在古代美索不达米亚的珠宝行业中，已经具有了名家、名人和名作品的意识，也就是说，作品已经拥有了作者的题名，而且是十分普遍的现象，珠宝工匠的名字还频繁地出现在商业文件中。例如，在公元前18世纪拉尔萨的一座神庙的作坊中，就发现了

图 3.70　金戒指。公元前 3 千纪中叶。出自特罗，古代吉尔苏。现存法国巴黎卢浮宫博物馆。

图 3.71　红玉髓首饰。公元前 3 千纪中叶。出自特罗，古代吉尔苏。现存法国巴黎卢浮宫博物馆。

一位珠宝匠的珠宝清单。这位珠宝匠名叫伊尔苏-伊布尼苏，他在一只罐子里存放了镊子、刻刀、金属打磨石和小铁砧等工具；此外还有67个小砝码和各种混合在一起的珠子，包括玛瑙珠子、光玉髓珠子、赤铁矿珠子以及天青石珠子等。[1]

在美索不达米亚，佩戴珠宝首饰并不是女人的专利，男人也同样喜爱。男女都喜欢的珠宝包括戒指、手镯和脚镯、臂环（戴在上臂）、耳环、项链，以及用于头针和胸针等。还有一种非常流行的珠宝被称为“胸部饰品”（阿卡德语*tudittum*），现在无法确定它的确切形状和具体用途。美索不达米亚人赋予了珠宝很多种功能：它被用作庆贺婚礼和生儿育女的最受欢迎的礼物；它可以作为新娘的嫁妆；可以在葬礼上作为传家宝代代相传；它还可以成为国君之间加强外交友好关系的纽带；它甚至还成为“嫖客们”赠送给娼妓表达爱慕之情的礼物；在神庙里，它还成为祭拜者奉献给神灵或装饰神灵的礼物，佩戴在神像的相关部位。

图 3.72　在一幅宫殿的浮雕式绘画中，亚述国王的持杯人戴着一只纯金的大耳环，耳环的结构造型更突出了他头发的卷曲和肩带上的花纹。出自杜尔 - 沙鲁金（霍尔萨巴德）。约公元前 710—前 705 年。现存英国伦敦大英博物馆。

美索不达米亚人留给我们的珠宝

1　参见斯蒂芬·伯特曼《探寻美索不达米亚文明》，第 367 页。

文物多数是作为陪葬品放入墓穴之中的。在底格里斯河北部的高拉丘的一些墓穴中，出土了满满一地窖属于公元前4千纪晚期的古代装饰品。死者的衣物上编织有金色的月牙图案，佩戴着以绿松石和天青石为核心装饰的黄金玫瑰花般的饰品。整个尸体以次贵重的石珠覆盖，数量达25，000颗之多，显示出死者不凡的身份和地位。

乌尔城堪称为珠宝之城，它无疑是美索不达米亚南部发现珠宝最多的地方。珠宝发现于著名的乌尔王陵之中，乌尔王陵的发现要归功于英国考古学家莱昂纳多·伍利爵士1926-1932年间的考古发掘。乌尔王陵是属于公元前3千纪中期的16位国王和王后的陵墓，其中最著名的是普阿比王后的陵墓，确切地说是她陵墓中的珠宝。珠宝中极具特色的是她戴在头上的头巾饰品，头饰制作得非常精致，金色的花开放在茎秆之上，被茂密的金色山毛榉树叶组成天蓬样的树冠簇拥着。在普阿比王后的耳朵上，则悬挂着月牙状的金色耳环。出土重量更多的黄金珠宝，来自于亚述首都之一的尼姆鲁德。伊拉克考古学家在亚述宫殿的地板下发掘出了公元前9—前8世纪时期三位王后的墓葬，遗体上都装饰着珠宝。所有珠宝大约有1500件，重达100磅。在

图 3.73 乌尔王陵出土的金银珠宝首饰。约公元前 2600—前 2200 年。出自乌尔。现存英国伦敦大英博物馆。

图 3.74　乌尔王陵出土的王后的珠宝首饰。约公元前 2600—前 2200 年，出自乌尔。现存英国伦敦大英博物馆。

这些珠宝之中，有一顶带有金色玫瑰花的王冠，一只上面雕刻有狮子头的宽大手镯，以及一串带有28颗黄金珠子的项链。王后们非常喜欢她们的珠宝首饰，希望死后在地下世界也能天天享用它们，并且担心它们被盗走。正如雅芭王后在其随葬的一份铭文中所说："如果有人将手沾到我的坟墓……打开墓穴，或是盗走珠宝，我会向阴间的神灵祈求，在他死后让他的灵魂在灼热的太阳下无处可去。"

图 3.75　普阿比王后墓出土的金首饰。约公元前 2500 年。出自乌尔。现存英国伦敦大英博物馆。

普阿比王后的墓中出土了大量的金银珠宝首饰。这是其中的一部分，包括项链及垂坠，胸针、圆筒印章、金圈、金鱼和青金石鱼护身符、金羚羊护身符、金纽扣、头饰及金戒指等。还有其他的现存伊拉克国家博物馆和美国宾夕法尼亚大学博物馆。

第四节　文化与娱乐

尼采说："没有音乐，生活将会是一个错误。""甚至上帝也是唱歌的。"[1]音乐几乎是人类与生俱来的，是伴随人类生产、劳动始终的。从公元前第4千纪始，美索不达米亚各历史时期都保存有音乐表演的图像。公元前第3千纪初的乌尔"皇家军旗"的一面画板，刻画的是宴饮场面，表现了祭司、士兵、搬运工、仆人、乐师和歌手为国王举行庆功宴。在石柱和高大石板上也经常刻画音乐表演场面。在楔形文字中，有许多直接或间接与音乐有关的人名和事件，有许多乐器的名称。

图 3.76　扬琴弹奏者，石灰石雕像。约公元前2120年。拉伽什王古地亚统治时期。出自特罗，古代吉尔苏。现存法国巴黎卢浮宫博物馆。

一、乐器

在早王朝时期苏美尔城邦的神庙，音乐是祭神活动的基本组成部分。乐器被看成是神圣的祭器，人们以乐器献祭。在重要的节庆活动（如神庙或王宫奠基仪式和落成典礼、新年庆祝活动）中，在举行葬礼和哀悼仪式时，音乐也占有重要位置。苏美尔文献中的宗教歌词多数均由乐器伴奏进行念诵或吟唱。在宗教礼拜音乐中使用乐器和在神庙前庭安放膜鸣乐器都有规定。亚述时期，除了较小型的由四五名乐师组成的乐队之外，已经有了较大型的乐队。

美索不达米亚堪称大批乐器类型的发祥地，打击乐器、管乐器和弦乐器的种类都很多。打击乐器主要有青铜钟和鼓；管乐器主要包括长笛、排箫和小号；弦乐器则主要包括竖琴、七弦竖琴和琵琶。

在乌尔国王墓葬群中发掘出土了公元前第3千纪的最重要的乐器。有九架里拉琴的残余，其中五架可以修复。此外有竖琴、吹奏乐器和对击板。里拉琴和竖琴构造形式豪华瑰丽，制造工艺技能高超。里拉琴具有金、银和青铜的公牛头饰，具有马

1. 尼采《偶像的黄昏》，商务印书馆 2013 年版，第 8 页。

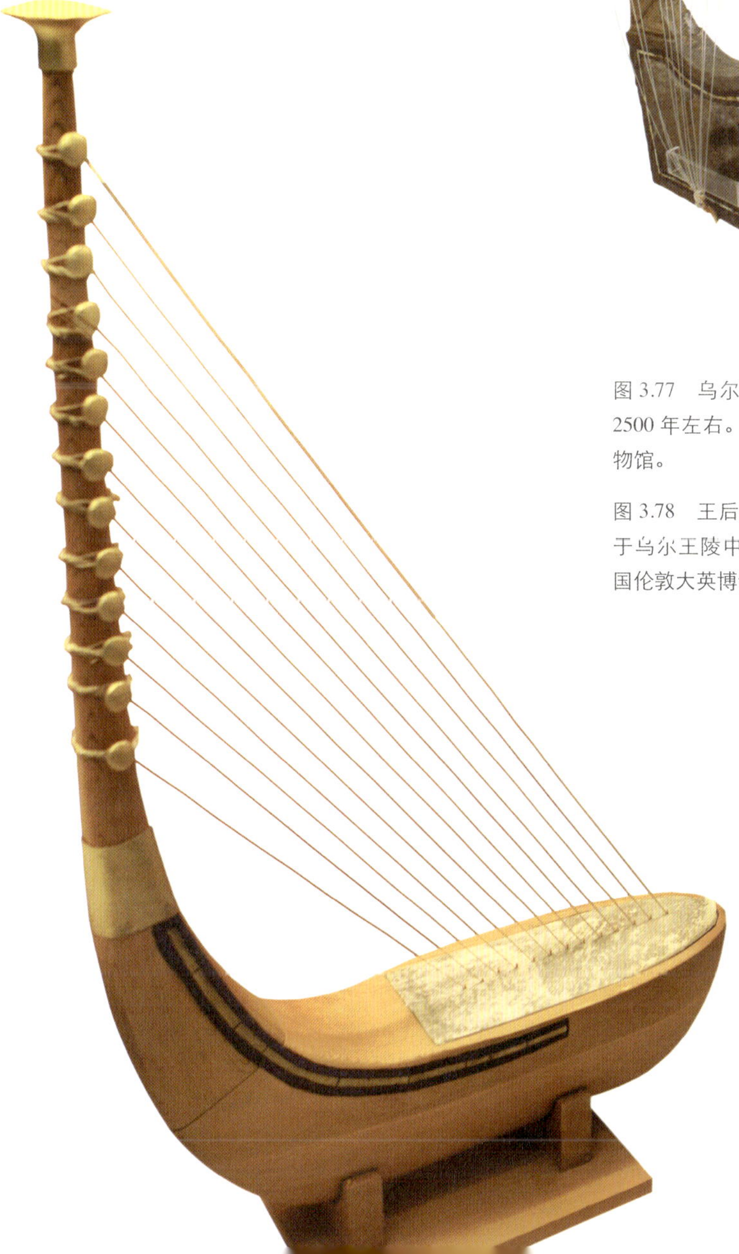

图 3.77　乌尔王陵出土的牛头竖琴。约公元前 2500 年左右。出自乌尔。现存英国伦敦大英博物馆。

图 3.78　王后的竖琴。约公元前 2500 年。发现于乌尔王陵中的普阿比王后的陵墓中。现存英国伦敦大英博物馆。

赛克彩石的镶边。竖琴琴架以牛头作为装饰，用天青石和金箔制成，琴身由黄杨木制成，正面在沥青上用贝壳镶嵌着人和动物，表现古代神话中的英雄吉尔伽美什与双头公牛以及一些神化的动物在活动的情景。

一篇献给乌尔第三王朝国王舒尔吉的颂文，称赞此王善奏“婉妙的三头琴……一种使人心旷神怡的三弦乐器”，并说他还能奏迄今尚未确知何物的其他10种乐器。乐器制造师掌握了木材、金属和宝石等方面的加工技艺，并具备艺术才能，掌握了有关音乐和声学方面的丰富知识。

在乌鲁克出土并源于乌鲁克IV期（约公元前3000年）的泥板文书上的符号中有象形文字，它对乐器的描述包括有弓形三弦琴和对击棒。自捷姆迭特·那色时期以后，在印章和圆筒印章所盖的印以及浮雕上都有里拉琴的图像。

图 3.79　一名妇女佩戴着一枚圆筒印章，正优雅地吹奏长笛。贝壳制作。约公元前 2600—前 2500 年，苏美尔早王朝时期。出自尼普尔。现存美国纽约大都会博物馆。

长笛也是苏美尔人的乐器。在乌尔国王墓葬群也出土了带有指孔的银质管状残件，有人认为这是一种双簧管类型的双管吹奏乐器。

苏美尔时期还出现了小号类型的乐器、框式鼓，以及对击棒、对击板、铙钹和哗啷器等。年代处于从捷姆迭特·那色时期至麦萨里姆时期之间的一件陶器上画有三名裸体舞蹈的女子，她们左手持乐器，保持与头部同等高度，并以棒敲击。在阿卡德人统治时期第一次出现具有棒状长颈和特小音箱的琉特琴，以及经过改进的新式里拉琴和陶制动物形哗啷器。在古巴比伦时期，出现了一种新的竖琴——三角竖琴。还出现了新样式的哗啷器和带脚与支板的锅状鼓（*lilissu*）。亚述时期，出现圆筒形鼓，以及漏斗状鼓或箭式状鼓。此外，还有笛、号和双管双簧管。亚述的琴有水平的三角竖琴和垂直的三角竖琴两种形制，并以坚固的构造、放大的形式和琴弦数增多为特征。垂直的竖琴有15至22根琴弦。水平式使用拨子弹拨的竖琴有8至12根琴弦。公元前1500年的一块泥板上刻有一系列数目字，就是与一个9弦乐器诸弦有关。那些顺序排列的数目字是表示此乐器之音调，而其他符号也似在指明音阶中的音程，这可以说是人类史上第一件关于音阶及连贯音乐系统的记录。

图 3.80（上图） 乌尔王陵出土的苏美尔人的竖琴。约公元前 2500 年。出自乌尔。现存英国伦敦大英博物馆。

图 3.81（下图） 乌尔王陵出土的苏美尔人的竖琴之牛头。

二、音乐家

职业乐师和半职业乐师的出现，则可以追溯到很早的公元前3000年代。从古巴比伦时期的泥板文书中可以看出，当时就存在了根据乐师不同的职责范围进行分类。

在较大城市的主要神庙中都有一名职位较高的乐师加拉曼，在他手下有若干名加拉祭司。在古苏美尔时代，拉伽什神庙里主管主要神祇的各有七名加拉祭司。妇女也可以担当某些种类的乐师。通常情况下，乐师拥有较高的收入。

图 3.82　一名亚述音乐家的头像。约公元前645—前635年。出自尼尼微。现存英国伦敦大英博物馆。

从美索不达米亚的城市及叙利亚的海滨城市乌加里特挖掘出的一系列楔形文字泥板中，就发现有“歌曲泥板”。乌加里特的“歌曲泥板”记载了一首颂歌的歌词和乐曲，其中的歌词是用胡里人的语言写成的。这首颂歌是献给月神的配偶尼卡尔女神的。

在美索不达米亚，还出土了记载类似音乐理论的泥板。泥板记述了制造音乐的机械原理，包括七弦竖琴各弦的名称，各弦之间的音乐间隔，以及将七弦竖琴各弦调到不同关键点的各种方法。古代美索不达米亚人很注意对乐师的培训。在学习期间由有经验的乐师对学生进行可能的实践教学，并由受业学生的父亲为三年课程筹付报酬。盲人也被培养成乐师。在那些世代相传操乐师职业的家庭里，父亲就是其子女的音乐教师。

图 3.83　亚述浮雕。公元前 865—前 860 年左右。出自尼姆鲁德。现存英国伦敦大英博物馆。

两名亚述乐师参加亚述国王阿淑尔那西尔帕二世狩猎归来的祭酒仪式。在仪式上，他们演奏着竖琴。他们把竖琴固定在自己的腰间，右手握着一根拨弦片，左手则用来弹琴。

三、体育

美索不达米亚的体育也有发展，苏美尔时期产生了供贵族子弟学习的学校，作为课余活动的游戏、游泳和家中奴仆所辅导的游戏活动即为体育的萌芽。

在著名的乌尔王陵中，出土了赌盘游戏器具，这肯定是乌尔的国王们为了在地下世界不甘寂寞而为自己准备的娱乐工具。乌尔王陵的赌盘游戏是木制品，上面镶嵌着白色的贝壳、深蓝色的天青石以及红色石灰石组成的图案，并把这些图案置于黑色的沥青水泥里。这个赌盘有4 1/4 × 10 5/8大小，表面由20个方格图案组成，有圆点图案，有花瓣图案，还有“眼睛”图案。这种由规则的正方形方格组成的“异形”游戏赌盘，在结构上分为三部分：12个方格的大区和6个方格的小区，中间有两个方格的连接区。

图 3.84　乌尔王陵中发现的游戏赌盘，并附有一套完整的游戏器具。遗憾的是，并没有记载游戏规则的泥板文字留存下来，所以无法知道游戏是怎么个玩法儿。约公元前 2500 年左右。出自乌尔。现存英国伦敦大英博物馆。

根据赌盘的形状和游戏的工具来判断，这应该是一个棋类的游戏，比赛的双方各拥有7枚棋子，双方各据一个区域，依据一定的规则把棋子越过方格，通过中间的连接带，安置在对方所占据的区域。因此，由两个方格构成的中间地带，便成为双方交战的核心区，一旦兵力越过核心区，便距离胜利不远了。

同样的赌盘或棋盘在亚述王宫中也发现了不止一个，现在在巴黎卢浮宫博物馆和伊拉克国家博物馆都有收藏。在亚述王宫出土的棋盘可能是供守卫城门的士兵们消遣时准备的，但无论如何，在苏美尔的王陵和亚述王宫中发现的这种棋类游戏，可能是王宫中常见的消遣和娱乐方式。

公元前19世纪后，出现祭神竞技，有为祭祀马尔都克神而举行的祭祀竞技，内容主要是赛跑，胜者以抓马缰把国王迎下战车为荣。节日期间进行的娱乐活动有抱腰式摔跤、战车赛、击球、拳击、击剑、战斗演习和舞蹈等内容。各种形式的摔跤是主要娱乐形式之一。在《吉尔伽美什史诗》中就记载吉尔伽美什和恩奇都进行摔跤比赛。

图 3.85　以两个摔跤手作为瓶托的花瓶。约公元前 2700—前 2600 年。苏美尔早王朝时期。出自哈法吉。现存伊拉克国家博物馆。

第四章 君颜

世间一切 尽写脸上

人类社会的发展与进步有赖于秩序，秩序则来自于法律和权威。在古代社会，君王既是立法者，又是最高的权威，所以他们对历史的发展轨迹产生了重要影响，当然，历史终究是由人民创造的。翻阅古代美索不达米亚历史的档案，我们不禁由衷地感到一份幸运，那就是关于那些影响历史的人们——虽然是距离我们最遥远的君王，我们不仅拥有零星的文字记载，还有他们的雕像保存下来。这些雕像与古代埃及的君王雕像一样，是两个古代民族给我们留下的独特的珍宝，是人类文明的无价之宝，因为就连后世的各国君王们也很少有石质雕像留存下来，最多的也只是一些画像。中国民间有句话，叫作“相由心生”。古罗马著名演说家、哲学家、政治家西塞罗说：“世间一切，尽写脸上。”在古代帝王的脸上，不仅写着他自己的心迹，他的威严或宽厚；还写着他所生活时代的国运盛衰，时局的苍桑与顺遂；更写着他那个时代的精气神。

第一节　城邦之王

苏美尔城邦的统治大体上可以划分为三个阶段，即苏美尔早王朝时期、古提人统治结束后的苏美尔复兴王朝时期，以及乌尔第三王朝灭亡后少数城邦的独立时期。

一、苏美尔早王朝的国王

乌鲁克之王吉尔伽美什

公元前第3千纪是苏美尔人城市国家形成和城邦争霸的重要历史时期，学术界通常将美索不达米亚历史上的这一时期称为苏美尔城邦时期，或苏美尔早王朝时期。

根据史料记载，位于北部的基什是美索不达米亚第一个强大的城市国家。根据《苏美尔王表》记载：“洪水冲过后，当王权自天而降，王权在基什。”位于南部的乌鲁克，在国王吉尔伽美什统治时期，表现出了强大的姿态，他也因此成为传说中的英雄人物，其事迹还以著名的《吉尔伽美什史诗》的形式流传下来。根据《吉尔伽美什和阿伽》史诗记载，基什王阿伽遣使要乌鲁克王吉尔伽美什派人为基什挖井修渠，并威胁说，若不从，即兵戎相见。吉尔伽美什召开城邦会议，以决定战与降。他首先召开长老会议，长老们主张投降；他又召开公民大会，公民大会主张拒绝基什的无理要求，宁战不降。最后，吉尔伽美什听从了公民大会的意见，并且率领乌鲁克人民战胜了基什。

在此后一个世纪的时间里（约公元前2660—前2560年），吉尔伽美什的七位继承者享受着对乌鲁克和基什的统治。这一点具有特别重要的意义，因为这是巴比伦尼亚第一次实现初步的南北统一。基什由于兼具苏美尔人的文化传统和塞姆人的地域特色，其霸权已经具有了“统一”的象征性意义，象征着两个民族和两种语言在同一统治下的“统一”，以至于有学者甚至认为，当时“基什王”的称号与后来频繁出现在美索不达米亚君王铭文中的“苏美尔和阿卡德之王”或“（整个）国家之王”等称号，几乎是同义词。因此，“基什王”的称号一直被其他城邦统治者所觊觎。乌鲁克的君王们不仅获取了“基什王”的称号，享有了具有象征意义的殊荣，而且由于自身所处的南方的地位，“乌鲁克和基什之王”的称号则更具有了“统一”的实际意义。

图 4.1　吉尔伽美什石雕像。苏美尔早王朝时期，约公元前 2700 年。现存法国巴黎卢浮宫博物馆。

拉伽什王安那吐姆

安那吐姆（E annatum，约公元前2455—前2425年）是苏美尔早王朝时期拉伽什城邦的统治者。安那吐姆是一个励精图治、雄心勃勃的君王。他大兴土木，修建神庙；开凿运河，发展经济；“保家卫国”，开疆拓土。他不仅把侵占苏美尔部分领土的埃兰人赶回老家去，还至少征服了一些位于边境上的埃兰人城镇。他推翻了乌尔和乌鲁克的统治，加强了自己的王权统治，与邻邦乌玛重开战火。战争源于对两个城邦边境的一块肥沃土地的争夺，这块土地名叫古伊丁（Gu-edin），双方都宣称对该块土地拥有所有权。乌玛率先采取了军事行动：

乌玛的恩西在其保护神的命令下，洗劫和吞噬了古伊丁——灌溉良好的土地，宁吉尔苏所宠爱的土地……他拔除了（麦萨里姆所竖立的）界碑，进入了拉伽什的平原。

图 4.2　拉伽什王安那吐姆石像。约公元前 2420 年。出自特罗，古代吉尔苏。现存英国伦敦大英博物馆。安那吐姆双手合十，作祈祷状。上面刻写的铭文中有安那吐姆的名字。

拉伽什的军队以长矛和盾牌迎战，安那吐姆最终获得了胜利：

根据恩利尔的指示，他向他们撒开了大网，在平原上堆积起他们的躯体……幸存者转向安那吐姆，他们跪在地上求生，他们哭泣……

战争以双方缔结和平条约而结束。安那吐姆与乌玛的恩西划定了边界，他恢复了两国原先竖立的界碑，向乌玛征收繁重的大麦作为赋税。安那吐姆的这次胜利被以苏美尔文雕刻的形式，记载了下来，并成为这类作品中的杰作，它就是著名的鹫碑。之所以称为“鹫碑”，是因为石碑上面刻有秃鹫蚕食敌人尸体的细节场面。遗憾的是，鹫碑的碑文只保留下来一些残片。

在安那吐姆统治的晚期，他与基什和马里联军展开了一场战争。虽然安那吐姆最终获得了胜利，但也使其国力消耗很大。约公元前2425年安那吐姆死后，巴比伦尼亚陷入了混乱之中。

阿达布之王卢伽尔达鲁

阿达布是苏美尔早期城邦，今比斯马亚。这尊卢伽尔达鲁王的雕像，肩头上刻有苏美尔文的铭文，铭文写道：“献给埃萨尔神庙。”卢伽尔达鲁，阿达布之王。

图 4.3　阿达布之王卢伽尔达鲁站立像。约公元前 2550—前 2250 年。苏美尔早王朝时期。出自阿达布，今比斯马亚。现存土耳其伊斯坦布尔近东博物馆。

图 4.4　拉伽什王古地亚半身石雕像。约公元前2120年。出自特罗，古代吉尔苏。现存英国伦敦大英博物馆。

二、拉伽什复兴王朝

拉伽什王古地亚及其王后

古地亚（Gudea，约公元前2141—前2122年）是拉伽什复兴王朝最著名的统治者。

在阿卡德帝国的晚期，帝国分崩离析之际，苏美尔城邦便开始纷纷独立。古提人乘机获得了统治权，其统治只留下了严酷和毁坏的印记，遭到破坏最严重的是北部的阿卡德地区，而南部诸城市虽然也遭受了破坏，但实际上还保持着自治的地位。相比之下，在众多的城市之中，南部的拉伽什遭受的破坏较轻。拉伽什城在苏美尔城邦争霸时期曾经遭到乌玛的卢伽尔扎吉西的严重毁坏，幸运的是在阿卡德帝国的繁荣时期得到了修复和重建。拉伽什作为旧时重要的港口城市其地位仍在，加之其在航海贸易方面最强大的竞争对手阿卡德已经毁灭，所以它有机会和能力重现其昔日的辉煌。

古地亚统治的年代相当于古提人末代诸王统治的年代，在古提人统治的末期，拉伽什城邦致力于独立和复兴的努力，终于在古地亚时代得以实现。

古地亚并没有像早王朝时期苏美尔城邦以及阿卡德帝国时期的君王们通常所做的那样，倾心于对外征战和开疆拓土，而是把主要精力放在发展经济和文化方面。尽管没有从事大规模的军事征战，古地亚的统治势力也不仅仅局限于拉伽什城邦，他还宣称对尼普尔和乌鲁克拥有统治权。

在经济建设方面，古地亚致力于开展对外贸易。从文献中可以得知，古地亚之

图 4.5　拉伽什王古地亚石雕像。约公元前 2120 年。出自特罗，古代吉尔苏。现存法国巴黎卢浮宫博物馆。

图 4.6　拉伽什王古地亚石雕像。约公元前 2150—前 2100 年。出自特罗，古代吉尔苏。现存美国纽约大都会博物馆。

所以在对外贸易方面表现出了浓厚的兴趣，与他的另一重要活动即修建神庙和开展宗教活动密切相关。据文献记载，“当他（古地亚）正在修建宁吉尔苏神庙之时，宁吉尔苏，他所宠爱之王，为他打开了从上海（地中海）到下海（波斯湾）的（所有）的（商）路”。在其统治时期，拉伽什城邦的对外贸易呈现出一派繁荣的景象。文献记载了他在美索不达米亚以外伐山开矿的景象：

图 4.7　拉伽什王古地亚王后绿石雕像。被称为“围披肩的妇女”。约公元前 2120 年。出自特罗，古代吉尔苏。现存法国巴黎卢浮宫博物馆。

> 古地亚，宁吉尔苏伟大的恩－祭司，开辟了通往雪松山之路，这条路以前未曾有人进入过；他用大斧头砍下雪松树，他用斧子把它们制作成“拉伽什的右臂”（SAR.UR），为他的国王制作抵御“暴风雨洪灾的武器”。像巨蛇一样，排排雪松顺着（河）水从雪松山漂流而下，排排松树从松山顺流而下。
>
> 在以前未曾有人进入过的采矿场，古地亚，宁吉尔苏伟大的恩－祭司，他开辟了通道，使石头得以大块大块地运送出去。船载着哈路那石头（haluna）、纳鲁石头（nalu），他们运送给古地亚，宁吉尔苏的恩－祭司。
>
> 从基马什（Kimash）铜山——（在）对土地进行（铜矿）勘探（之后），铜便得到了大批量的开采；金也从矿山中运送出来……他们在其山上为古地亚开发银矿，他们为古地亚从梅路哈（Meluhha）运送回来大量的红石。

古地亚统治时期的对外贸易范围已经比较广泛，除了马干、底尔蒙、哈胡（Hahu）和黎巴嫩外，还远达印度河流域。进口贸易的物品包括石材、木材、宝石、铜、金银等贵金属以及沥青与石膏等。

古地亚的另一项重大活动，就是大肆修建和修缮神庙。在其统治时期，他在拉伽什城邦至少修建和修缮了15座神庙，但这15座神庙的奢华程度没有一座及得上吉尔苏（Girsu）城的保护神宁吉尔苏神庙。在两块大的粘土圆筒印章和他自己雕像的

图 4.8 拉伽什王古地亚石雕像。题献给女神格什缇娜娜，被称为“喷涌的罐子”。约公元前 2120 年。出自特罗，古代吉尔苏。现存法国巴黎卢浮宫博物馆。

铭文中，详细地记载了他为什么以及怎样修建神庙的，其中包括复杂的奠基仪式。在典型的苏美尔人思维中，修建神庙的决定不是出于统治者的意志，而是为了完成神的心愿。神的心愿通常以托梦的方式，传达给统治者。古地亚就为我们留下了这样的证据。他就做了这样一个梦：

> 在梦的中心，这里有一个男人：他身高与天齐，体重与地比…在其右侧和左侧蹲伏着狮子…他告诉我为他修建一座神庙，但我并不能明白他的心…
>
> 这里有一位女人。她是谁？她不是谁？…她手中正握着一支燃烧着的金属笔；还握着一块天庭中书写完好的泥板；她正陷入沉思中…

图 4.9　拉伽什王古地亚石雕头像。约公元前 2150—前 2100 年。出自特罗，古代吉尔苏。现存美国纽约大都会博物馆。

古地亚并不能完全理解自己所做的梦的意义，他便向神灵询问。为此，他还特意乘船来到了南舍（Nanshe）女神的神庙解梦，因为南舍女神享有“解梦者”的美名。南舍给他讲解道，那个男人是宁吉尔苏，女人则是科学和智慧女神尼萨巴（Nisaba），她建议古地亚向宁吉尔苏奉献一辆战车，战车“以光芒四射的金属和天青石装饰”。

为把神庙建好，充分满足神的心愿，古地亚通过贸易手段从各地网罗建筑和装饰材料。不仅如此，他还不满足于拉伽什城邦的建筑和工艺水平，还从世界各地网络能工巧匠。

> “从埃兰来了埃兰人，从苏撒来了苏撒人。从马干和梅路哈的山里，他收集了木材…为了建造宁吉尔苏神庙，古地亚把所有这一切汇集到了他的城市吉尔苏。”

神庙竣工之后，举国上下，无人不怀尊敬之心；陌生之人，无人不生畏惧之意。

在古代美索不达米亚，文化尤其是文学和艺术的发展，是与宗教活动和宗教礼仪密切相关的。古地亚在修建神庙和丰富宗教活动和仪式的同时，也鼓励艺术和文学创作活动的开展。这一时期所流传下来的雕刻和雕像艺术作品，不仅成为古代美索不达米亚而且成为世界雕刻艺术的杰作。在这些作品中，一代君王古地亚的雕像最具代表性，它们或站或蹲，表情或庄重或平和，如今坐落在法国巴黎卢浮宫中，让人产生怀古之幽情。

古地亚所带来的复兴，是拉伽什作为独立的城邦最后的辉煌。

拉伽什王乌尔宁吉尔苏

乌尔宁吉尔苏是拉伽什复兴王朝的统治者，是古地亚的儿子和继承者。古地亚的儿孙们继承了他恩西的职位，但并未能续写他的辉煌。在其儿孙统治时代的后期，拉伽什实际上已经处于其他独立城邦的霸权之下，沦为其他独立城邦的附庸。

图 4.10　古地亚之子，拉伽什王乌尔宁吉尔苏雕像。约公元前 2110 年。出自特罗，古代吉尔苏。现存法国巴黎卢浮宫博物馆。

三、拉尔萨王朝和阿拉拉克国王

瓦拉德辛

瓦拉德辛是拉尔萨王朝的统治者。

乌尔第三王朝灭亡以后，苏美尔城邦再度活跃起来，整个美索不达米亚也变成了由众多王国组成的拼图，其中最重要的包括南方的伊新和拉尔萨，以及北方的马里、亚述和埃什努那，它们共存达两个世纪之久。在这一历史时期，有些苏美尔城邦开始了阿摩利人的统治，其中最强大者应该属于那波拉努姆创立的拉尔萨王朝。由于乌尔第三王朝灭亡之后的世纪是伊新和拉尔萨唱主角的时期，因此历史上称这一时期为伊新—拉尔萨时期。

图 4.11　拉尔萨王朝国王瓦拉德辛奠基铜像。约公元前 1834—前 1823 年。出自拉尔萨。现存英国伦敦大英博物馆。

图 4.12　拉尔萨王朝国王里姆辛奠基铜像。约公元前 1822—前 1763 年。出自拉尔萨。现存英国伦敦大英博物馆。

里姆辛

里姆辛是拉尔萨王朝的统治者。公元前1834年，拉尔萨王西里阿达德在与巴比伦的战争中被杀，拉尔萨的王位处于空缺状态。无时不在觊觎美索不达米亚的埃兰人自然不会放过这个机会，一位埃兰官员库都尔马布克占领了拉尔萨，并任命他的一个儿子为拉尔萨之王，他自己则满足于“阿姆鲁之父”的称号。库都尔马布克的两个儿子，先后接替其父统治拉尔萨的瓦拉德辛（其名字的意思是“月神辛之奴隶”）和里姆辛（其名字的意思是“月神辛之公牛”），都放弃了埃兰语的名字，而采用了塞姆语的名字。更重要的是，他们的言行举止在各个方面都更像真正美索不达米亚君主，而没有留下“外国人”的印记，他们仅在乌尔城就修建了九座神庙和十几座纪念碑。公元前1794年，里姆辛挫败了一个由巴比伦领导的联盟，并成功地占领了伊新，最终推翻了它的老对手。两年以后，汉谟拉比在巴比伦登基，成为巴比伦第一王朝的第六代国王。

图4.12这尊奠基铜像发现在神庙里，时间应该是在里姆辛统治初期，因为上面的铭文记载有其父亲库都尔马布克的名字，而且这时他父亲还活着。

阿拉拉克王伊德里米

乌尔第三王朝灭亡以后，美索不达米亚便出现了王国林立、列国争霸的局面，阿拉拉克便是其中的一个小王国。考古学家在阿拉拉克的发掘取得了不小的收获，下面这尊伊德里米王的雕像便是其中之一。相关的楔形文字铭文，讲述了有关这位国王的一个非常有趣的故事。在阿拉拉克国内爆发了一次人民起义，结果是国王伊德里米遭到了人民的驱逐，我们无法知道这是不是人类历史上第一次国王被放逐的事例。与伊德里米同时被放逐的还有其母亲的家庭成员，这可能意味着阿拉拉克曾经存在着外戚干政的情况，但这样的判断目前还没用材料证据。伊德里米首先逃到了埃马尔（位于幼发拉底河畔的麦斯凯尼），然后又逃到了迦南，在迦南他遇到了来自叙利亚的避难者们，于是他就与各种不同民族的无家可归或者遭受迫害的人们生活在了一起。7年以后，他开始了一次远征，并且收复了穆基什地区，在那里他又被拥立为阿拉拉克之王。伊德里米也果然不负众望，继续开疆扩土，并且大肆修建王宫，王宫最后由他的儿子建成。

图 4.13　阿拉拉克王伊德里米雕像。约公元前 1570—前 1500 年。出自阿拉拉克。现存英国伦敦大英博物馆。

图4.13的确是座与众不同的雕像。这尊伊德里米王雕像呈现的面部特征可以说就是他那坎坷的生命历程的绝对真实写照。因饱经苍桑而致下落的眼睑，承受多年磨砺但又不甘屈服的表情，凝固为坚毅、专断。他的一张脸，让我们看尽了他的时代，他的故事。

第二节　大国之尊

一、阿卡德王国的国王们

阿卡德王国（约公元前2334—前2154年）是古代美索不达米亚历史上第一个统一的帝国，对后世美索不达米亚文明乃至人类文明产生了重要影响。

萨尔贡大帝

萨尔贡是古代美索不达米亚第一位强有力的君主，是古代美索不达米亚历史上第一位真正的“统一者”，历史学家毫不吝惜地为他的名字加上了“大帝”的称号。他所开创的塞姆人王朝和建立的阿卡德王国，改变了美索不达米亚历史的轨迹。

萨尔贡自称沙鲁金，这是一个塞姆语的名字（意为“正义或合法之王”），因为萨尔贡本身来自一支操塞姆语的部落。对于塞姆人部落是何时来到美索不达米亚的，历史学家尚没有足够的证据。但在公元前第4千纪的史前时期，美索不达米亚已经有了塞姆人的踪迹。在苏美尔早王朝时期，塞姆人在巴比伦尼亚北部的基什地区已经非常活跃且很有势力，现存的苏美尔语文献中，在提到阿卡德人的时候，没有任何不恭敬的意思，更没有一处把他们称为敌人、入侵者，甚至没有把他们称为游牧人群。阿卡德语与苏美尔语的互用，阿卡德人对苏美尔人文化的吸收，以及对苏美尔人神灵的崇敬等等，都昭示着两个民族交流与融合的和谐。

图 4.14　萨尔贡大帝铜像。阿卡德时期，约公元前 2350—前 2250 年。出自尼尼微。现存伊拉克国家博物馆。

萨尔贡自己原本就在基什王宫服务，可以说具有苏美尔人和阿卡德人的双重性格。据文献记载，他是基什王乌尔-扎巴巴的持杯官，他利用接近王宫

图 4.15 萨尔贡胜利纪念碑。约公元前2335—前2279年。出自苏撒。现存法国巴黎卢浮宫博物馆。

和国王本人的便利机会，一举推翻了他的主人。萨尔贡旋即向都城乌鲁克进军，目标直指正在那里享受对全苏美尔进行统治的“苏美尔的主人”卢伽尔扎吉西。卢伽尔扎吉西本被俘获，萨尔贡用“牵狗的项圈把他带到位于尼普尔的恩利尔神庙前示众”。

萨尔贡继续率军挺进乌尔、拉伽什和温玛，所到之处，战无不胜，所进之城，“尽毁其城墙”。萨尔贡为了向世人显示他已经征服了整个苏美尔，并且已经掌握了通往波斯湾的钥匙——拉伽什的港口城市恩因基马尔，他在这里做出了一个具有重大象征性历史意义的举措——在“下海”（波斯湾）洗刷了自己的武器。这个最能表明胜利者姿态的举动，被后来的征服者在不同的海岸反复地模仿。

萨尔贡注定不会满足于“基什王”的称号，尽管先前的苏美尔城邦统治者们把获得这一象征“统一”和“权威”的称号作为自己梦寐以求的目标。他在幼发拉底河畔修建了一座都城，取名为“阿卡德”，意为“祖先之城”。他还为自己修建了王宫。阿卡德城是考古学家迄今唯一未探知其确切位置的古代美索不达米亚王家都城。“阿卡德”城的这一名称在美索不达米亚历史上发挥了特别重要的作用。最早进入到美索不达米亚的这支塞姆人，也就是萨尔贡家族所属的这支塞姆民族，因此被以“阿卡德人”的称呼载入史册；他们根据苏美尔语符号创造的“特殊塞姆语”，被称为“阿卡德语”。萨尔贡所开创的塞姆人统治的王朝，被称为“阿卡德王国”。

在萨尔贡统治时期，他取得了赫赫战功。根据史料记载，他总共取得了34场战争的胜利；[1]50个城市统治者成为他的阶下囚；[2]所有战利品从东方和西方源源不断地运往阿卡德城；萨尔贡所建立的帝国绵延1450公里，从地中海到扎格罗斯山脉；从安那托利亚中部到波斯湾的尽头，所征服的名城包括苏撒、阿凡和巴拉西等，还征服了苏巴尔图王国，占领了埃勃拉和巴勒斯坦。萨尔贡帝国的领土“从日出处”（即东部的埃兰）到“日落处”（即西部的叙利亚和巴勒斯坦）；从“上海”（地中海）到“下海”（波斯湾）。

萨尔贡的辉煌统治（约公元前2334—前2279年）持续了55年。他死后被尊奉为神。而关于他的出身，也具有了传奇甚至神话般的传说，他的这种传奇甚至神话般的传说又在历史上开了先河，为人类历史上其他民族的英雄们树立了楷模，为诸如犹太先人摩西和罗马城的创立者罗慕洛斯一样的英雄人物所模仿。

阿卡德王曼尼什图苏

曼尼什图苏（公元前2269—前2255年）是阿卡德王国的国王，萨尔贡大帝之子。萨尔贡死后，对阿卡德王国的反叛斗争在苏美尔和埃兰境内全面爆发。他的儿子和继任者里姆什（公元前2278—前2270年）强力镇压了各地的反叛。但外战胜利并未能使里姆什的统治持续长久，就在他镇压埃兰反叛并取得胜利的时候，却被来自他自己宫廷的仆人们刺杀身亡。他的孪生兄弟曼尼什图苏即位。

曼尼什图苏继续其父萨尔贡和其兄里姆什的事业，为维系统治和开疆拓土，率军远征，因为萨尔贡兵锋所到之处有些地区并未实际占领，而

图4.16　曼尼什图苏雕像残部，闪长岩。约公元前2270年。来自公元前12世纪战争的战利品，阿卡德城。出自苏撒。现存法国巴黎卢浮宫博物馆。

1　参见J.B.Pritchard, ed., Ancient Near Eastern Texts Relating to the Old Testament, Third Edition, Princeton, 1969, p.268.

2　参见H.W.F.Saggs，Babylonians，p.68.

所征服地区有一些已经重获自由。现存的历史文献留下了他远征波斯湾的记录：

> 曼尼什图苏，基什之王，当他征服安珊和什里库姆（位于伊朗西南部）之时，他率领舰队穿过了下海。海对岸的诸城市，有32位国王，联合起来抗击曼尼什图苏。他击败了他们，并征服了他们的城市；他推翻了各地的统治者，攫取了整个国家，并且远抵银矿所在地。下海以远的山脉——他运走了那里的石头，他制作了自己的雕像，他把它敬献给了恩利尔。

曼尼什图苏自称或被称为“基什之王”，可能一方面是因为基什代表了整个苏美尔和阿卡德国家，另一方面可能表明基什已成为王国的首都。

曼尼什图苏为我们留下了一份十分珍贵的历史文献，即著名的曼尼什图苏方尖碑，现存放在巴黎卢浮宫博物馆。方尖碑的碑文详细地记述了曼尼什图苏购买基什及其周边大片土地，以安置阿卡德公民。我们拥有一份87名头领的名单，他们无疑是曼尼什图苏任命的，现在被迁移到其他地方，而在他们原先任职的地方，曼尼什图苏任命了49名新官，他把他们称为“阿卡德公民”。随这些新官或“阿卡德公民”而来的后来者取代了由原先头领雇用的1564名劳动力的位置，这1564名劳动力同样被派遣到了其他地方。曼尼什图苏方尖碑的这部分内容向我们揭示了他审慎的“迁徙”政策。他把在阿卡德不安分的人群，通过向他们提供诱人的职位，把他们迁移到基什及其周边地区，以便实施更好的监控。

世界四方之王——纳拉姆辛

纳拉姆辛（其名字的意思是“月神辛所宠爱的”，公元前2254—前2218年）是萨尔贡大帝之孙、曼尼什图苏之子。

他把萨尔贡所创立的帝国带到了极盛，他统治时期所达到的疆域范围以及他强大的统治力，使阿卡德帝国比其爷爷创立之时更具帝国气质。

纳拉姆辛三十几年的长期统治几乎都是在戎马生涯中度过的，他的军事征服活动都发生在美索不达米亚的周围地区。在西部，奈尔加尔神“为强大的纳拉姆辛打开了通道，把阿尔曼和埃勃拉给予了他，还把阿玛努斯雪松山和上海赠给了他。强大的纳拉姆辛用达干神的‘武器’屠戮了阿尔曼和埃勃拉，达干神扩大了其王国……达干神第一次把所有这些地区的人民赠予了他”。沿途他还部分地摧毁了马里的王宫。在北部，他展开了对胡里人的战争。胡里人的皇城建在泰尔·布拉克，居于喀布尔河流域的心脏和交通要冲的位置。在最南端，马干发生暴动，纳拉姆辛亲自率军远征，亲手俘获了马干的国王曼丹努。纳拉姆辛最重要的战争是对当时十分

强大的卢路比王国的战争，这场战争为我们留下了古代美索不达米亚雕刻艺术史上的一部杰作，它就是纳拉姆辛为庆祝战争胜利而制作的庆功纪念碑。

纳拉姆辛的伟业通过他所获得的称号和封号就能体现出来。他肯定不满足于“阿卡德之王”的称号，为与他的伟业相匹配，他骄傲地自称“（世界）四方之王”，“宇宙之王”。不仅如此，作为阿卡德王朝最强大的国王，纳拉姆辛不仅向他祖父萨尔贡一样，被当作传奇英雄传诵，他还被尊奉为神。从文献记载中我们看到，阿卡德城的人民在自己的城中为纳拉姆辛修建了一座神庙，他的名字被刻进了神谱，人民可以永远朝拜他、祭祀他。阿卡德城的人民不断地为他树立纪念碑或记功碑，以庆祝他为帝国开疆拓土所取得的每一次胜利。

图 4.17　纳拉姆辛雕像。阿卡德时期。现存土耳其伊斯坦布尔近东博物馆。

图 4.18　纳拉姆辛雕像残部。闪长岩。约公元前 2250 年。出自苏撒。现存法国巴黎卢浮宫博物馆。

二、乌尔第三王朝的国王

乌尔纳木

乌尔纳木是乌尔第三王朝的创立者。乌尔第三王朝是古代美索不达米亚历史上最辉煌的时期之一，不仅因为乌尔纳木及其继承者们恢复了阿卡德帝国的疆域，还因为它为美索不达米亚提供了长达100年之久的相对和平与繁荣发展时期，为苏美尔文化在各方面的复兴创造了良好的条件。这一时期也被称为苏美尔复兴时期或新苏美尔帝国时期。乌尔城也因为乌尔第三王朝续写的辉煌，使其成为古代美索不达米亚最著名的城市之一。

图4.19描绘乌尔纳木头顶篮子修建神庙的情景。这样的塑像通常要埋在神庙的地基之中，目的是为了让神灵永远记住统治者修建神庙的善举。

在乌尔纳木统治的18年时间里，除了用于把古提人的残部驱逐出美索不达米亚以及与西南埃兰的冲突外，其他大部分时间都致力于经济建设和保持政治稳定。为此，他不惜采取政治联姻的外交手段，娶了一位马里总督的女儿为妻，以图扩大自己的势力范围。他还修建和加固城墙，以防止外来的入侵者，毕竟古提人的“恐怖统治”给苏美尔人和阿卡德人的心灵留下了太多的印记。

在经济建设方面，乌尔纳木采取诸多措施保证商路的畅通。这一点具有十分重要的意义，因为乌尔城的商业尤其是对外贸易十分发达，保证商路的畅通成为关键。他花费很大的精力开凿运河，并筑堰或堤坝来调节水位。运河的作用一半是用于农田灌溉，一半是用于内河航运。乌尔纳木开凿的运河使得船队可以从波斯湾最远端的马干抵达乌尔，就像从前在阿卡德帝国时期商船可以从马干直接到达阿卡德城一样。

经济的发展为乌尔纳木从事宗教和文化活动创造了条件。乌尔纳木像其他盛世时期的君王们一样，当然忘不了修建神庙这样的头等大事。在尼普尔城，他重修了国神恩利尔的庙宇伊库尔，因为他只有通过控制尼普尔，才能获得“苏美尔和阿卡德之王”的称号。拥有尼普尔之后的“苏美尔和阿卡德之王”称号，无疑意味着巴比伦尼亚的南北统一。他还在国内的许多城市修建了塔庙或阶梯塔庙，这些城市包括乌尔、乌鲁克、埃利都、尼普尔等大城市，还有其他许多城市，现在这些塔庙遗址仍然是其重要的风景。在这些塔庙之中，无疑以乌尔城的工程最大，最为壮观。

乌尔城的塔庙也是迄今保存下来最好的塔庙，堪称古代巴比伦塔庙的典型代表。乌尔纳木所建造的塔庙为后世所借鉴，它们无疑成为《圣经》的巴别塔、古埃

图 4.19　乌尔纳木铜像。约公元前 2254—前 2218 年。现存英国伦敦大英博物馆。

及人的金字塔甚至古希腊神庙建筑的创作的原型和灵感的源泉。

乌尔纳木的另一项功绩就是在国内建立正义秩序，他“把土地从窃贼、抢劫者和反叛者手中解放出来”，其标志就是长期以来被誉为迄今保存下来的人类第一部成文法典的《乌尔纳木法典》。但最新的材料，即最新发现的该法典前言遗失的部分表明，这部法典实际上是其子和继任者舒尔吉（Shulgi）编撰和颁布施行的。[1]

乌尔纳木在其死后被追认为神，这是人民对其业绩的认可。

“全能之王”舒尔吉

舒尔吉是乌尔纳木之子和继任者，他也确实不辱使命，通过他的文治武功，把乌尔第三王朝带到了极盛，不仅使乌尔第三王朝具有了以前阿卡德帝国应有的规模和气质，更使得社会经济和文化得到了巨大的发展，人民得享和平、安定与富庶。

根据历史文献和宗教文献记载，舒尔吉是个非凡之人。他是一个智商很高的人，一个有着非凡成就的人，一个很讲道德原则的人。在青年时代，他就在书吏学校里学习，并成为学生中的佼佼者，他对书写艺术和数学知识的掌握堪

图 4.20　舒尔吉青铜奠基雕像。尼普尔的伊南娜神庙。公元前 2100—前 2000 年。出自尼普尔。现存美国纽约大都会博物馆。

1　参见 H.W.F.Saggs, Babylonians, University of California Press, 2000, p.85; Georges Roux, Ancient Iraq, Penguin, 1992, p.162.

称完美。长大以后，他很快就成为优秀的战争指挥官，尤其是他熟知和善于运用各式各样的武器，是名副其实的武器专家，享受着胜利的喜悦。他还是狩猎能手，面对雄狮、野牛、野驴和野猪，他既不缺乏技术更不缺乏胆识。他拥有很强的运动天赋，他跑得奇快，能追赶上羚羊，而从不知疲倦。一份未经确实的宗教文献甚至记载，他曾从尼普尔跑到乌尔，然后又从乌尔跑回尼普尔，全程320公里。他还是一名技艺高超的宗教乐师，他能够演奏任何一种管弦乐器。他不仅指法精深，而且对各种不同类型的乐曲都有精到的理解。他不仅精于演奏，而且善于创作，既能作词又能作曲。他把自己创作的词曲作品捐赠给乌尔和尼普尔的书吏学校，希望通过学生的不断传抄而流芳百世。他还精通很多种外语，这在其宫廷之中无人能出其右。他还自称是热爱和平的人士，在他多年的征战生涯中，从未发生毁城行为，至少对巴比伦尼亚的城市是这样。他甚至与很多神灵有亲属关系，他宣称他的母亲是宁荪（Ninsun）女神，太阳神乌图（Utu，即阿卡德语的Shamash）是他的兄弟和伙伴。他是众王之中最伟大者。

在内政方面，舒尔吉进行了律法、行政、经济和宗教等各项改革，都取得了很好的成效。在对外政策方面，舒尔吉采取征伐与和亲并用的策略，以扩大帝国的影响和维持帝国的统治。对于长期给美索不达米亚造成威胁的埃兰人，舒尔吉则采取外交、和亲和军事并用的手段对待他们。他把自己的两个女儿分别嫁给了埃兰的两位统治者瓦拉赫舍和阿万；在苏撒设立了总督府，任命了苏美尔人总督；为埃兰的最高神因舒什那克修建了神庙；为了表达他对埃兰人的亲善，他宣称自己如通晓苏美尔语一样通晓埃兰语；对于在安珊发生的叛乱，他则出兵一举平定之；他还征募埃兰士兵组成“海外军团”，来防御苏美尔的东南边境。在北部地区，舒尔吉的统治到达了亚述城，从此再往东北方向，舒尔吉在其统治的晚年还征战了伊尔比尔。在西北部，虽然舒尔吉的直接统治并没有超越幼发拉底河中游的马里，但与这些保持独立地位的“行省”总督之间的友好关系，使得舒尔吉把自己的势力范围和影响扩大到了地中海沿岸。效仿其阿卡德帝国的前辈纳拉姆辛，舒尔吉也自称“(世界)四方之王”。

在舒尔吉长达48年的统治中，乌尔第三王朝达到了空前的繁荣，其疆域虽然比不上阿卡德帝国庞大，但其统治比阿卡德帝国更为稳定，至少在巴比伦尼亚，没有发生过反叛舒尔吉的军事行动。这一切都要归功于舒尔吉政通人和的开明政策，舒尔吉把所有旅行者能够在全帝国境内畅通无阻地平安旅行，当作自己的努力方向之一。

阿马尔辛和舒辛兄弟

阿马尔辛（其名字的意思是“月神辛的小牛”，公元前2047—前2038年）是乌尔第三王朝的统治者，著名君王舒尔吉之子。阿马尔辛的统治时间为九年。与他父亲一样，他的统治时期也可以分为修建神庙和从事战争两大部分。舒尔吉和阿马尔辛父子的统治时期，是乌尔第三王朝最辉煌的时期。这时期苏美尔帝国明显地分为三个层次：处于外围的独立的城邦、中间被征服的行省和苏美尔与阿卡德的核心地区。

阿马尔辛死后，他的弟弟舒辛继承了王位。舒辛是著名君王舒尔吉的另一个儿子（意思是“月神辛之人”，公元前2037/8—前2029/30年）。

图 4.21　阿马尔辛雕刻铜像。头顶建筑用的篮子。约公元前 2040 年。现存法国巴黎卢浮宫博物馆。

图 4.22　舒辛奠基铜像。约公元前 2037—前 2029 年。出自乌尔。现存英国伦敦大英博物馆。

三、埃什努那和马里统治者

乌尔宁吉什

乌尔宁吉什是埃什努那国王。埃什努那位于底格里斯河和扎格罗斯山脉之间，迪亚拉河以东60公里，处于四通八达的交通要道，地理位置重要，是从上美索不达米亚通往埃兰的必经中间“驿站”。交通的通达使得埃什努那受到多重文化的影响：首先，在其南方，受到强大的苏美尔—阿卡德文明的影响；其次，与其北方各地区保持长期密切的关系——其主神提什帕克；第三，与其东方的埃兰在经济、政治和文化诸多方面都保持着紧密纽带关系。

在乌尔第三王朝走向衰落之际，埃什努那率先脱离乌尔而独立。脱离乌尔第三王朝之后，埃什努那的国王们不再自称“乌尔王之仆从”，取而代之的是“提什帕克神之仆从”。在其都城，原先为被神化了的乌尔王舒辛修建的神庙，开始世俗化了，在其周围建起了大批的作为王权重要象征和标志的宫殿。阿卡德语取代了苏美尔语，而成为了官方语言，埃什努那的早期统治者多采用塞姆语或埃兰语名字。

独立而成为王国的埃什努那，迅速开始了对外扩张，其王国很快就超越了其原有的疆界。在阿摩利人部落的帮助下，他们占领了下迪亚拉河谷的整个地区，包括其重要的中心城市——图图勃（今海法吉）；向北则兵锋远至基尔库克地区。在埃什努那早期诸王中，最著名的应属于俾拉拉马王，他是与伊新王国第二代国王同时代的人物，他最值得引以为傲的业绩是颁布和实施了一部法典，即《埃什努那法典》。《埃什努那法典》的编纂时间，要比最为著名的《汉谟拉比法典》早约100年，其内容与《汉谟拉比法典》有很大的相似性。

图 4.23　埃什努那王乌尔宁吉什雕像残部。石灰石。公元前两千年初。出自苏撒。现存法国巴黎卢浮宫博物馆。

马里总督埃比二世

埃比二世是马里总督。马里（Mari）位于今叙利亚的东部，其遗址以泰尔·哈里里（Tell Hariri）为代表，它占据着沿幼发拉底河从波斯湾到地中海的商路要道。马里的遗址是法国考古学家于1933—1938年间发掘出来的，根据考古发掘资料判断，马里王国在公元前第2千纪的初期达到鼎盛。考古发掘的文物包括一些重要的雕刻、壁画和青铜器，还有更重要的宫殿和神庙建筑，这些都向世人昭示着马里王国物质的富庶。然而最重要的考古发掘文物，毫无疑问是被称为马里档案文书的文献资料。这些保存完好的文献资料由20，000余件楔形文字泥板组成，包括有书信、管理文书和经济文书等。马里档案文书成为我们了解公元前2千纪近东历史与文化的最珍贵史料。

根据马里档案文献的记载，马里王朝是在公元前第2千纪初期，乌尔第三王朝衰落，其他城邦如伊新、拉尔萨、巴比伦和亚述等纷纷独立的大背景下创立的。

图 4.24　马里总督埃比二世。石膏，天青石，贝壳。苏美尔早王朝时期，约公元前2400 年。出自马里。现存法国巴黎卢浮宫博物馆。

四、古巴比伦王国的统治者

汉谟拉比

汉谟拉比是巴比伦第一王朝的第六代君王，也是古代美索不达米亚历史上最伟大的君王之一。

在公元前第3千纪即将结束之际乌尔第三王朝的灭亡，是古代美索不达米亚历史上最重要的转折点之一。它不仅标志着一个王朝和一个帝国的终结，而且标志着苏美尔民族正式退出历史舞台，苏美尔人所创造的社会类型寿终正寝，当然其诸多要素被后继者阿摩利人所吸收。

图 4.25　被称为“汉谟拉比”的庄严头像。闪长岩。公元前 2000 年代初。出自苏撒。现存法国巴黎卢浮宫博物馆。

阿摩利人是西塞姆人的一支，在公元前第3千纪的下半叶开始从叙利亚及其西部沙漠地区向美索不达米亚大规模地迁徙，阿摩利人的入侵也是乌尔第三王朝走向灭亡的重要原因之一。乌尔第三王朝灭亡之后，埃兰人退去了，阿摩利人长久地居留了下来。伊新王国的前几位国王在其强势时期还能有效地控制阿摩利人的扩张，但在王国式微之后，阿摩利人便又大规模地穿过幼发拉底河，进入巴比伦尼亚，他们的首领们纷纷在基什、乌鲁克、西帕尔以及其他许多城市称王。公元前1894年，阿摩利人众多酋长之一的苏牧阿布姆选择了一座城市作为首都，这座城市位于幼发拉底河左岸，距离基什城以西几英里，占据着美索不达米亚的重要地理位置。这座城市的名字在苏美尔语中称*KA.DINGIR.RA*，在阿卡德语中称*Bab-ilani*，两者的意思是一样的——“众神之门”之意。巴比伦（Babylon）是希腊语。在乌尔第三王朝统

图 4.26　汉谟拉比献祭纪念碑的一部分。约公元前 1792—前 1750 年。汉谟拉比统治时期。出自西帕尔。现存英国伦敦大英博物馆。

治时期，巴比伦被恩西统治着，在政治生活中不起任何作用。苏牧阿布姆的定都之举，具有非凡的历史意义，它开创了在美索不达米亚历史上具有不可替代地位的巴比伦第一王朝。

巴比伦第一王朝的前五位国王既懂得韬光养晦的道理，更会审时度势；既会“动武”，又会利用“外交”来丰满羽翼、扩大势力。他们用了将近一个世纪的时间，通过一块地一块地的“收复”，才征服了整个阿卡德地区。他们在向尼普尔——苏美尔的钥匙——逼近时，遇到了拉尔萨的强烈抵抗。

公元前1792年，汉谟拉比继位成为古巴比伦王国第六代国王。正如汉谟拉比的名字所昭示的，他是阿摩利人的后代。在古代美索不达米亚，所有人的名字都由一个短句构成，都表达一个完整的意思。一般说来，绝大多数人的名字由一种语言构成，例如汉谟拉比的父亲辛穆巴里特的名字就完全是阿卡德语，意为“月神辛是我生命的给予者”。汉谟拉比的名字就是阿摩利语和阿卡德语的结合体，由阿摩利语的“家庭”（*hammu*）和阿卡德语的形容词“伟大”（*rabi*）组成。与此相一致的是，他通常自称“巴比伦之王”，有时也自称“阿摩利人国家之王”。

汉谟拉比即位之时，其前辈已经把古巴比伦王国从一个以巴比伦城为核心的区域小城邦发展成涵括诸多城邦在内的统一王国，其中有基什、西帕尔和波尔西帕等举足轻重的城市。这些城市控制着巴比伦尼亚北部地区，面积在60 × 160公里左右，在这一区域内幼发拉底河与底格里斯河相距最近。这时的古巴比伦王国就是近东地区众多王国中的一个，其地位远没有那么重要，周围可谓强敌林立。北有埃什努那和上美索不达米亚王国，西北有马里王国，南有伊新和拉尔萨王朝，东有埃兰王国。汉谟拉比采取军事和外交并用的手段，先后击败了埃兰，吞并了拉尔萨，推翻了埃什努那，最后攻陷了马里，实现了美索不达米亚空前的统一，带来了美索不达米亚空前的经济发展和文化繁荣，这种经济发展和文化繁荣对后世产生了重要的影响。

图4.26纪念碑上面的人物是汉谟拉比王。他右手高抬做祈祷状。根据纪念碑上的铭文记载，以汉谟拉比的名义向阿什拉图姆女神敬献一个保护人的雕像，雕像安放在女神的神庙里。在纪念碑上，女神的形象可能位于汉谟拉比的对面，但现在已经丢失。替汉谟拉比向女神敬献纪念碑的人是一位高级官员，他的名字叫伊图尔阿什都姆。他可能是马里国王兹姆里利姆统治时期的一个叙利亚城市的总督。汉谟拉比征服马里之后，他自然转向与巴比伦结盟。图4.27是一个名叫卢南那的人以汉谟拉比的名义敬献给神灵的青铜雕像，雕像的人物被认为是汉谟拉比本人。

图 4.27　汉谟拉比青铜雕像。约公元前 1750 年。出自拉尔萨。现存法国巴黎卢浮宫博物馆。

第三节　帝国威颜

一、亚述帝国勃兴时期的拓疆者

亚述国家的名称来源于其都城亚述城的名字。美索不达米亚北部的亚述地区最早称为苏巴尔图，其文化至少可以追溯到哈拉夫文化时期。哈拉夫文化曾经是美索不达米亚早期文化的中心之一，甚至可能是发源地。苏美尔文明最终传播到北部的亚述地区，可能是其在南部巴比伦尼亚地区兴起以后几个世纪的事情。亚述城具有重要的战略地位，它控制着由苏美尔或阿卡德沿底格里斯河河谷向上进入库尔迪斯坦或上扎子雅赫的要道。亚述城建在一座小山上，两面有水域作为防护屏障，一面是著名的底格里斯河，另一面则是一条运河，整个城市筑有坚强的堡垒。亚述城创建的具体时间很难考证。考古学家在亚述城发掘出了一座早王朝时期的神庙，所以至少在早王朝时期，亚述城就已经建立了。根据在霍尔萨巴德出土的《亚述王表》记载，在前萨尔贡时期（即公元前2370年以前），亚述存在过17位王，他们似乎都是游牧民族的酋长，因为他们被具体地描述为“居住在帐篷里的人”。这也说明他们实际上并没有过上真正的城市生活，甚至可能没有真正地统治过亚述城。从早期亚述国王的名字——例如，图地亚、乌什皮亚、苏里里或吉吉亚等——来看，他们既不是塞姆语也不是苏美尔语的名字，他们显然属于另外的民族，可能是胡里人。

在阿卡德的萨尔贡大帝统治时期，亚述成为阿卡德帝国的一部分。到乌尔第三王朝时期，它自然又成为新苏美尔帝国的一部分。乌尔第三王朝的灭亡为亚述和其他苏美尔城邦的自由与独立提供了机会和可能性。在此后的历史时期里，我们拥有大量的关于亚述与小亚细亚商业贸易的资料，这些原始资料包括3000余份泥板文书，构成一个丰富的档案。它们集中出自古代的卡尼什城（现在的库尔特佩，位于小亚细亚东部的核心地区），时间在公元前1950—前1800年间。

公元前1000年代，铁在亚述被广泛使用，亚述进入铁器时代。铁器的广泛流行，不仅为多山的亚述提供其开发所需要的先进的生产工具，更为军事征伐提供了锐利的武器。这一时期国际形势也发生了有利于亚述的变化，埃及新王国的衰亡、赫梯王国的瓦解和阿拉米人势力的消弱为亚述的重新崛起创造了良好的外部环境。公元前10世纪末，亚述开始复兴，进入其历史的第三个时期，也是其最辉煌的时期——新亚述时期，或称亚述帝国时期（公元前10世纪末—前612年）。

阿淑尔那西尔帕二世（公元前883—前859年）

阿淑尔那西尔帕二世是亚述帝国勃兴时期最著名的拓疆者之一。

他是一位伟大的国王，他把亚述的威权扩大到以前亚述未曾征服过的山民，把苏莱曼尼亚山谷的扎姆纳入亚述臣属国范围。在亚述的西北部，在喀什阿里山区有一个曾经属于亚述但长期拒绝承认亚述中央政府的地区，阿淑尔那西尔帕二世一举占领之，并创立了一个以土什罕（现在的卡尔克赫）为中心的新行政区，他还把亚述的移民安置在这里。在亚述的西部出现了另一个强大的阿拉米人国家——比特阿迪尼，其都城在提尔巴尔斯普（位于卡尔凯美什以南，现在的泰尔·阿赫马尔）。阿淑尔那西尔帕二世镇压了它所煽动的反叛，迫使阿拉米人臣服。他对俘虏施以叉死、活剥皮和长期面壁囚禁等酷刑。同时，阿拉米人诸国大量的财富从其神庙和宫殿中涌入亚述。

图 4.28　阿淑尔那西尔帕二世头像。约公元前 865—前 860 年。出自尼姆鲁德。现存英国伦敦大英博物馆。

图 4.29（左图） 阿淑尔那西尔帕二世雕像。约公元前 883—前 859 年。出自尼姆鲁德。现存英国伦敦大英博物馆。

图 4.30（右图） 阿淑尔那西尔帕二世雕像。约公元前 884—前 859 年。出自尼姆鲁德。现存英国伦敦大英博物馆。

图 4.31　国王阿淑尔那西尔帕二世和他的贴身侍从。约公元前 865—前 660 年。出自尼姆鲁德。现存英国伦敦大英博物馆。

阿淑尔那西尔帕二世对这一地区的征服为亚述打开了通向叙利亚海岸的通道，亚述军队随即取道卡尔凯美什和奥伦特斯，未遇任何抵抗就到达了地中海，途中收到沿岸城市国家——南部远至推罗——的进贡。在阿淑尔那西尔帕二世剩余的15年统治时间里，亚述帝国鲜有征伐，享受着太平、稳定的生活。

在国内政策方面，阿淑尔那西尔帕二世最主要的成就是在卡尔胡城（今尼姆鲁德）建设了自己新的首都，并在公元前879年举行了定都开城仪式。庆祝宴会更是盛况空前，有70，000人参加宴会，他们包括男女工人、政府官员以及前来道贺的臣属国代表等，庆祝活动持续了10天。阿淑尔那西尔帕二世把在历次战役中俘获和流放的居民，大量地安置在新都城定居；在新都城所在的地区大修水利灌溉工程；大肆修建和装饰神庙；把各国敬献的珍奇动植物集中起来，建成花园、植物园和动物园。

图 4.32　阿淑尔那西尔帕二世。约公元前 858—前 824 年。出自尼姆鲁德。现存英国伦敦大英博物馆。

图 4.33　阿淑尔那西尔帕二世宫廷情景。约公元前 865—前 860 年。出自尼姆鲁德。现存英国伦敦大英博物馆。阿淑尔那西尔帕王端坐在王位之上，周围有群臣和保护神。

沙尔马纳赛尔三世

沙尔马纳赛尔三世（Shalmaneser III，公元前858—前824年）是阿淑尔那西尔帕二世的儿子和继承者。他继续和巩固了其父创造的业绩。在其统治的第一年，他就未受阻碍地到达了地中海岸。他把向其父纳贡的阿拉米人国家比特阿迪尼纳入到自己直接统治之下，使其成为亚述的一个行省。这样，亚述便直接控制了沿幼发拉底河上游通往西里西亚（Cilicia）和小亚细亚的重要商路，从而对叙利亚地区富裕而强大的商贸国家形成了严重的威胁。这些国家以大马士革的阿达德伊德里（Adad-Idri）[1]为首，组成了反亚述联盟。亚述军队使这些叙利亚人遭受了毁灭性的打击，歼灭联军14000余人。

此后亚述的政策虽然发生过短暂的转移，即镇压南部巴比伦尼亚地区迦勒底酋长们的反叛，公元前849年，沙尔马纳赛尔三世又转向了西方，因为幼发拉底河上游还有最后一个名义上保持独立的国家——卡尔凯

图 4.34　沙尔马纳赛尔三世石雕像。约公元前853 年。出自库尔科赫。现存英国伦敦大英博物馆。
石碑上面刻写的铭文记载了沙尔马纳赛尔三世的年代记，特别以年代顺序记载了他的赫赫战功，对公元前 853 年的卡尔卡尔战役进行了较为详细的描述，那是一次镇压由大马士革和哈马斯王领导的反抗亚述的大联盟起义。

1　在《圣经》中称便哈达（Ben-hadad）。

图 4.35　沙尔马纳赛尔三世雕像。公元前 858—前 824 年。出自亚述城。现存土耳其伊斯坦布尔近东博物馆。

美什。卡尔凯美什已经是向亚述纳贡的国家，但沙尔马纳赛尔三世不满足于此，他要将其纳入亚述的直接统治之下。此外，沙尔马纳赛尔三世虽然打败过远西部叙利亚联盟，但它们依然存在，依然对亚述保持着威胁。沙尔马纳赛尔三世下决心展开最后一次战役，企图达到毕其功于一役的效果，投入了120000人的兵力与叙利亚联盟决战。但事与愿违，他并没有取得终结性的胜利。后来随着其主要领导者以色列的亚哈（Ahab）之死，以及大马士革的阿达德伊德里被刺身亡[1]，叙利亚联盟终告解体。沙尔马纳赛尔三世经过不懈努力，把西部地区平定下来，腓尼基城市推罗和西顿都向其纳贡，埃及也不断赠送礼物以保持友好的关系。

在沙尔马纳赛尔三世漫长统治的晚年，国内发生了叛乱，他的儿子阿淑尔丹宁阿普利（Ashur-Danin-Apli）成为叛乱的领导者。他选中了另一个儿子作为自己的继承人，史称沙马什阿达德五世（Shamshi-Adad V，公元前823—前811年）。

沙马什阿达德五世

沙马什阿达德五世（公元前823—前811年）是亚述国王。在沙尔马纳赛尔三世漫长统治的晚年，他的一个儿子在国内发动了叛乱，因为他选中了另一个儿子作为自己的继承人。这位继承人就是沙马什阿达德五世。沙马什阿达德五世在巴比伦人的帮助下稳固住了自己的王位后，便在北部和东北部地区发动了三场战役：一场是对实力日益增长的乌拉尔图；一场是对凡湖西南那伊里地区的酋长们；一场是对最东部的米底人，他们已经迁徙至乌尔米亚湖的东南部。随后，沙马什阿达德五世把注意力转向了南方，他穿过迪亚拉河进入巴比伦尼亚的东部，他对整个边境地区大肆蹂躏，抢劫、焚烧城镇、乱砍乱伐庄稼和植物，等等。巴比伦国王马尔都克巴拉苏伊克比组织起了巴比伦联盟进行抵抗，联盟包括埃兰、位于埃兰以北的纳姆里、巴比伦尼亚南部的迦勒底人部落，以及底格里斯河东部阿拉米人残留的部落，结果遭到了失败。公元前811年，沙马什阿达德五世进入了巴比伦城。在沙马什阿达德五世之子阿达德尼拉里三世（公元前810—前783年）统治时期，迦勒底部落最终向亚述俯首称臣，被迫向亚述缴纳贡物和赋税。阿达德尼拉里三世的铭文表明，在他统治的前5年，一直由他的母亲萨姆拉马特“垂帘听政”，她是亚述政治舞台上的重要人物，在亚述享有较高的声誉。她的声名和故事（希腊人称为萨米拉米斯）被后来的希腊人广为传播。

1 对此，《圣经·旧约》在《列王纪》中有详细记载。

图4.36这块石碑表明，沙马什阿达德五世正在诸神的标志前进行祈祷，其胸前的大十字花是太阳神的象征。他的衣着和胡须指明了他作为巴比伦王的角色，那是在公元前814年他击败了马尔都克巴拉苏伊克比而攫取了巴比伦的王位。碑上的铭文一直记载到他公元前814年的征战历程，文字采用的是1000年前的风格，目的是要给人一种伟大时代的权威性感觉。

图 4.36　沙马什阿达德五世雕像。公元前 814 年。出自尼姆鲁德。现存英国伦敦大英博物馆。

二、亚述帝国的奠基者和荣耀者

提格拉特帕拉沙尔三世

提格拉特帕拉沙尔三世（公元前744—前727年）是亚述国王，被称为亚述帝国的真正奠基者。

提格拉特帕拉沙尔三世不仅是伟大的军事家，还是伟大的谋略家和治国者，他把周围强敌环视的亚述帝国从低谷中带到了最巅峰的时刻。他不仅弘扬了亚述的军威，扩大了帝国的领土，还实施军事和行政改革，巩固和稳定了帝国的统治，从而奠定了亚述帝国文化繁荣的基础。“从各方面来说，他都是亚述帝国的真正缔造者”。

提格拉特帕拉沙尔三世是充满智慧和讲究方法的军事家。他首先安抚南部近

图 4.37　提格拉特帕拉沙尔三世半身雕像。约公元前 728 年。出自尼姆鲁德。现存英国伦敦大英博物馆。

邻。他对南部美索不达米亚的征伐远至乌克努河（Uknu），将巴比伦从阿拉米人的重压下解放出来，从而告诉巴比伦王，亚述王仍然是巴比伦的保护者。提格拉特帕拉沙尔三世依以往惯例，走遍了从西帕尔到乌鲁克的苏美尔和阿卡德诸多神圣的城市，向神庙敬献了“纯洁的牺牲”。然后，他远攻叙利亚，更确切地说，是进攻新赫梯和阿拉米人王公的联盟，领头的是阿尔帕德王国（Arpad），他们听命于乌拉尔图强大的国王萨尔都尔三世（Sardur III）。面对提格拉特帕拉沙尔三世对其盟国的进攻，萨尔都尔三世急速赶往驰援，但是在幼发拉底河畔的萨姆萨特（Samsat）附近遭到亚述人的痛击，连夜逃跑，再也不见踪影。提格拉特帕拉沙尔三世包围了阿尔帕德，阿尔帕德抵抗了三年之后，于公元前741年投降，变成了亚述一个行省的主要城镇。与此同时，提格拉特帕拉沙尔三世战胜了亚迪亚的国王阿兹里约及其叙利亚海岸的同盟国家，并于公元前742年最终把西北叙利亚可能还有腓尼基吞并入亚述帝国。临近的众多王公们闻风丧胆，纷纷向提格拉特帕拉沙尔三世敬献礼物和贡品，包括大马士革王拉素努（Rasunu）、以色列王麦纳西姆（Menahem）以及阿拉伯人女王扎比蓓（Zabibe）等。哈达图（Hadatu）很可能是提格拉特帕拉沙尔三世征服叙利亚的桥头堡，考古学家在哈达图发掘出了提格拉特帕拉沙尔三世的行宫（在行省为自己修建的宫殿），这是一座精美的建筑，在布置方面与阿淑尔那西尔帕二世在尼姆鲁德的宫殿惊人地相似，虽然在规模上稍小一点儿。在宫殿的附近还发现了一座献给女神伊什塔尔的神庙，在神庙中藏有许多有趣的雕刻品。

图 4.38　提格拉特帕拉沙尔三世雕像。约公元前 744—前 727 年。出自尼姆鲁德。现存法国巴黎卢浮宫博物馆。

在稳定了乌拉尔图的叙利亚臣国后，提格拉特帕拉沙尔三世把兵锋转向了东部。公元前737—前736年，亚述人发动了一系列战役。在把扎格罗斯山脉中部的大部分地区都被纳入到亚述的疆界之内后，提格拉特帕拉沙尔三世发动了穿越伊朗高原的远征，深入到强大的米底人占据的土地的核心区，远至比克尼丘（Bikni）和“盐漠”，抵达今德黑兰的西南部，此前从来没有任何一支亚述军队到达过这里。在尼哈文德（Nihavend）附近的泰普·吉沿（Tepe Giyan）发现了提格拉特帕拉沙尔三世的另一座行宫。公元前735年左右，亚述向乌拉尔图发起了直接的进攻，包围了萨尔都尔的首都土什帕，但最终未能攻克此城。公元前734年，提格拉特帕拉沙尔三世转回到了地中海岸，因为推罗和西顿出现了不安定的因素，这源自于亚述限制向菲利斯提亚（Philistia）和埃及出口木材。亚述军队的平叛取得了胜利，他们使反叛之人“恐惧地爬行”。但对于亚述而言，这里的事情远没有就此了结，还有更糟糕的情况发生：阿斯卡隆（Ascalon）和加扎（Gaza）的菲力斯丁统治者组织起了反亚述联盟，参加国包括所有巴勒斯坦的王国。提格拉特帕拉沙尔三世亲自粉碎了叛乱，阿斯卡隆王被杀；加扎王“像鸟一样逃往埃及”；阿蒙（Amon）、伊顿（Edom）、莫阿布（Moab）、犹大（Judah），以及另一位阿拉伯人女王沙马施（Shamshi）都向亚述纳贡。两年以后，犹大王阿哈兹（Ahaz）面对大马士革和以色列的重压，向亚述求救。提格拉特帕拉沙尔三世占领了大马士革，吞并了以色列一半的土地，在撒玛利亚立何细亚为王。

与此同时，公元前734年巴比伦尼亚的纳布那希尔死后，阿拉米人酋长乌金泽尔于公元前731年在巴比伦尼亚称王。提格拉特帕拉沙尔三世在采用外交策略失败后，只得兵戎相见，并杀死了篡权者和他的儿子。提格拉特帕拉沙尔三世决定亲自管理巴比伦尼亚，公元前728年，他在新年节庆期间牵起了马尔都克之手，被宣布为巴比伦之王。次年，提格拉特帕拉沙尔三世去世，用巴比伦术语表达，就是“他走向了他的命运”。

提格拉特帕拉沙尔三世的行政改革展示了其不凡的治国才能，他的行政改革措施在公元前738年后逐步实施。改革的宗旨是加强王室的权威，削弱大地主的势力。在亚述本土，旧有的地区被划分成更多、更小的单位。在亚述本土以外亚述国王们征服的地区，尽可能或在适当的时候剥夺当地统治者的权力，将其改组进入行省。每一个行省被当作亚述的一个区来对待，交给一位“区长”或总督来管理，他直接听命于国王。对于那些没有纳入帝国版图的地区和人民，则留给他们自治政府的余地，但该自治政府必须处于一位监督的监管之下。

提格拉特帕拉沙尔三世还在宫廷和行省之间建立起高效的信息传递系统，信使分一般信使和特快信使两种，他们不停地奔跑于宫廷和行省之间，双方向地传递着报告、书信和命令。在有些情况下，国王还拥有自己的私人代表。

提格拉特帕拉沙尔三世的另一项改革就是实行比以往任何时期都更大规模的流放政策。主要做法是把整个城市和整个地区的人口迁往遥远的地区，而他们留下的空城和地区则迁来其他“国家”和地区的人口。例如，公元前742和741年，有30，000叙利亚人从哈马地区被迁往扎格罗斯山区；而18，000阿拉米人从底格里斯河左岸被迁往北叙利亚；另一次涉及南部美索不达米亚人口的迁徙，则影响到不下于154，000人。提格拉特帕拉沙尔三世的后继者们继续了他的流放政策，据估计在3个世纪中，背井离乡的被迁移者达到4，500，000人。亚述国王所实施的流放政策，其目的是多重的：其一，为了惩罚叛乱份子和预防叛乱的再次发生；其二铲除“民族情绪”的根基，即铲除对地方神灵、地方王室以及传统忠诚的根基；其三，为边境征服地区和亚述本土的新城镇填满人口；其四，在被弃地区重新安置人口，以发展那里的农业；其五，不仅为亚述人提供士兵和劳动大军，让他们来修建城市、神庙和宫殿，而且还提供工匠、艺术家甚至书吏和学者。被迁徙的人口享有与原始的亚述人同样的权利和义务，他们在社会地位方面并没有特别之处，他们中的一些人根据需要在帝国的行政管理体系中担任要职。

萨尔贡二世

萨尔贡二世（公元前722年—前705年）是亚述帝国最强大的国王之一。

提格拉特帕拉沙尔三世死后，其子沙尔马纳赛尔五世（公元前726—前722年）的统治非常短暂，他曾经镇压以色列傀儡王何细亚的反叛，围攻撒玛利亚达3年之久。沙尔马纳赛尔五世的后继者是萨尔贡二世，根据目前的材料还无法得知他是如何获取王位的，也不知道

图 4.39　萨尔贡二世头像。约公元前 710—前 705 年。出自霍尔萨巴德。现存意大利都灵伊基济奥博物馆。

图 4.40　萨尔贡二世雕像。约公元前 721—前 705 年。出自霍尔萨巴德。现存法国巴黎卢浮宫博物馆。萨尔贡二世手握一根很长的权杖，他对面站立着一名高级官员，很可能是他的儿子辛那赫里布。

他是否提格拉特帕拉沙尔三世的另一个儿子。他像阿卡德的萨尔贡大帝一样，自称“沙鲁金”。在萨尔贡二世登基亚述王位之前，近东的国际舞台上发生了两个重要的变化，即埃及开始干预巴勒斯坦的事务以及埃兰干涉巴比伦尼亚的事务，这两个变化对未来长达一个世纪之久的亚述战略和外交走势，产生了重要影响。埃及人和埃兰人采取行动是因为亚述帝国的统治严重地限制了它们各自的发展，影响了它们各自在相关地区的利益。亚述人征服和吞并腓尼基，而腓尼基是埃及的主要臣国之一；亚述人战领伊朗高原则切断了通往埃兰的唯一商路。因此，埃及人和埃兰人加入乌拉尔图人反亚述的阵营中。由于亚述帝国正处于巅峰时期，埃及和埃兰无力与亚述展开正面冲突，它们只得采取迂回的策略，即在亚述的附属国中培育和煽动反亚述的情绪。萨尔贡二世统治的重要内容就是镇压臣属国和行省的反叛。

到公元前710年初，萨尔贡二世在四面八方取得了全面的胜利。整个叙利亚—巴勒斯坦（犹大除外）和扎格罗斯山脉的大部分地区都牢牢地掌握在亚述人手中；米底人已俯首称臣；乌拉尔图正遍体鳞伤；埃及人保持着友善的关系；埃兰人弗里吉亚人虽仍充满敌意，但也能和平相处。对于巴比伦，萨尔贡二世发动了他统治期间的第二次征伐，巴比伦抵抗了两年之后，最终未能摆脱失败的命运，其国王很狼狈地逃到埃兰避难。萨尔贡二世挺进巴比伦城，像提格拉特帕拉沙尔三世一样，“握住了马尔都克神之手”。萨尔贡二世的胜利威震四方：弗里吉亚人主动示好，建立友谊；底尔蒙（巴林）王“，风闻了亚述的伟业后，向他敬献了礼物”；伊亚特那那（塞浦路斯）的七个王，“其遥远的住所位于需要7天旅行才能到达的海上日落处”，送来了礼物，并宣誓效忠于亚述伟大的君主。到萨尔贡二世统治末，亚述帝国的疆域似乎比以往任何时期都更庞大，其实力似乎比以往任何时期都更强大。

作为战争领袖，萨尔贡二世很喜欢居住在亚述帝国的军事首都卡尔胡。他在这里不仅修复和装饰了其先辈留下的旧宫殿，还为自己修建了新宫殿。公元前717年，“萨尔贡堡”（位于尼尼微东北24公里，靠近现在的村庄霍尔萨巴德）奠基，整个城堡设计成方形，城墙上有7个防御城门，修建和装饰用了10年时间。宫殿建在16米高的平台之上，有200多间房屋和30多个庭院，还有神殿和塔庙等附属建筑。萨尔贡二世在一份铭文中这样写道：“对于我，萨尔贡，居住在这座宫殿之人，愿他（阿淑尔神）保佑我万寿无疆，身体健康，心情愉快，灵魂明亮。”但阿淑尔神并没有满足萨尔贡二世的祈祷，在其城堡杜尔—沙鲁金正式落成一年以后，即公元前705年，他就在征伐塔巴尔的战争中身亡。他的后继者们不像他那样钟爱卡尔胡城，而是更爱尼尼微。

辛那赫里布

辛那赫里布（公元前704—前681年）是亚述帝国著名统治者。

辛那赫里布（其名字的意思是“月神辛补偿了兄长们之死）”如其名字所昭示的，他并不是萨尔贡二世的长子，萨尔贡选他接替王位的原因根据目前的材料无法探知。辛那赫里布的征服和对亚述疆域的扩展，又取得了前所未有的成就。在他统治期间，北部和东部边疆平稳，萨尔贡对库尔迪斯坦、亚美尼亚和陶鲁斯山脉的胜利使得乌拉尔图和弗里吉亚不再成为威胁。但另一支来自南俄罗斯的好战民族西米莱人不仅频繁地进攻乌拉尔图人和弗里吉亚人，也构成了对亚述人的威胁，他们于公元前8世纪末穿过高加索进入西亚。他们当中的一部进入伊朗的西北角，并于米底人和曼耐人结盟。不过辛那赫里布现在无暇顾及这相对遥远之事，因为迫在眉睫的问题是来自帝国内部的反叛。

图4.41　辛那赫里布未完成的头像。公元前8世纪。出自尼尼微。现存英国伦敦大英博物馆。

萨尔贡二世去世的消息一传出，地中海地区和巴比伦尼亚就发生了一连串的反叛。公元前701年，辛那赫里布发兵腓尼基和巴勒斯坦。西顿王逃往塞浦路斯，阿斯卡隆王被掳回亚述，埃及军队赶往驰援伊科戎遭到失败，辛那赫里布把在当地亲亚述的人员扶上了王位。然后，辛那赫里布兵锋直指犹大，攻取了壁垒森严的拉齐什城，随后派兵包围了圣城耶路撒冷。关于此事件，《圣经·旧约》中有记载。犹大国在付出了巨额赔款外加公主、宫女和和乐师之后，与亚述人媾和。据说，辛那赫里布曾二次进兵巴勒斯坦，还计划侵入埃及。

公元前703年，即他即位一年后，在埃兰避难的巴比伦的马尔都克·阿帕尔·伊丁那即墨洛达赫-巴拉丹在埃兰人的支持下起兵，进入南部巴比伦尼亚，占领都城，自称为“巴比伦之王”。仅几周之后，辛那赫里布便率军前往镇压。在基什城墙之下，迦勒底人被击败，马尔都克·阿帕尔·伊丁那落荒而逃，隐藏在“沼泽和湿地之中”。辛那赫里布洗劫了其宫殿、俘获了无数的俘虏，并把208，000人发配往亚述。

公元前694年，他发动了水陆联合军事行动，穿过波斯湾，进入埃兰领土。构成其庞大舰队的船只都是由叙利亚工匠在尼尼微建造的，水手和海员则来自腓尼基人。辛那赫里布洗劫了埃兰南部的一些城市，出乎预料地没有遇到任何抵抗。因为埃兰人采取了让亚述人始料不及的“以攻对攻”的策略，他们放弃了在自己领土

图 4.42　辛那赫里布攻占拉齐什城巨型浮雕的片段。描绘他战胜后，接收俘虏和其他财物的盛况。约公元前 700—前 692 年。出自尼尼微。现存英国伦敦大英博物馆。

的抵抗，而是穿过底格里斯河进入巴比伦尼亚北部，对处于亚述帝国控制的巴比伦城市进行反洗劫。这个策略一时间收到了奇效，埃兰人切断了亚述人的交通和信息，抓获了辛那赫里布的儿子、巴比伦王阿舒尔·那丁·舒米，安置了自己的傀儡王。辛那赫里布迅速返回，埃兰人也不敢在巴比伦尼亚久留，很快撤了回来。公元前693年，辛那赫里布又一次发动了对埃兰的进攻，公元前691年，辛那赫里布与埃兰及其盟军在底格里斯河巴比伦以北的地区展开战斗。对于这次激烈的战役，辛那赫里布宣布自己获得了胜利，而巴比伦编年史则记载了他的败退。公元前690年夏，亚述军队重返巴比伦尼亚，这一次他们采取了围城的策略，使巴比伦城陷入了灾难之中，根据文献记载：

> 巴比伦城遭到了严密的封锁和围困，灾荒、饥饿，短缺……
>
> 2卡大麦可以卖到1舍客勒银子。所有的城门都被严密封锁，没有一个人能够出得去……由于没人掩埋，尸骨堆满了巴比伦城的各个广场。

15个月过后，巴比伦城终于落入辛那赫里布的军队手里，巴比伦自己的国王被处死。巴比伦这座梦幻般的圣城、“天地之间的结合点”，惨遭辛那赫里布的破坏。据辛那赫里布自己说：

> 像飓风掠过，我攻占了巴比伦城。我推翻它，有如狂风暴雨……它的居民，年长的年幼的，我都不放过，我把他们的尸体堆满街道……整座城市和房屋，从根基到屋顶，我任意蹂躏，任意毁坏，我还用大火焚烧之……
>
> 为的是在将来即便是神庙的土地也会被人遗忘。我用水冲毁巴比伦城，我把它变成牧场。

在毁坏圣城巴比伦8年后，辛那赫里布在尼尼微被杀身亡。据说他被杀时正在神庙里作祈祷，谋杀他的是他的两个儿子（《圣经·列王记》下19：37）。

辛那赫里布以残忍著称，尤其是他对巴比伦城的暴行，以至于人们相信他之死是被冒犯了的巴比伦神灵对他的惩罚。但他在亚述境内却做了许多建设性的工作。他修建了许多神庙和公共建筑，他使许多城市焕然一新。他还在亚述境内修建和修复了许多大型的水利工程，从而促进了农业经济的发展。其最重要的功绩之一是对尼尼微古都的扩建，尼尼微原只是“皇家居所”，经过辛那赫里布的扩建、修筑堡垒以及美化装饰，变成了一座与庞大的亚述帝国相匹配的都城。仅几年时间，尼尼微城的周长就由3公里扩大到12公里，包括两座独立的城镇，其遗址就是现在位于底格里斯河左岸、摩苏尔城对面的两座土堆库云吉克和内比·尤努斯。

埃塞尔哈顿

埃塞尔哈顿（其名字的意思是“阿淑尔神带给他一个兄弟”，公元前681—前669年）是亚述帝国著名统治者。辛那赫里布被谋杀后，亚述立即陷入了王位之争的混乱之中。王位合法继承人埃塞尔哈顿是辛那赫里布最小的儿子，为辛那赫里布的第二位妻子、非常有影响的娜琪雅/扎库缇王后所生。他被选为王位继承人，自然引起其兄长们的嫉恨，在辛那赫里布被杀之时，他正率军在西部征战。面对国内的政变和王位之争，他选择了到境外（可能是西里西亚或塔巴尔）避难。亚述王子们的王位之争，使他们失去了公众的支持，埃塞尔哈顿抓住时机，率军杀回尼尼微，亚述人民迎纳他们的合法之王，并亲吻他的脚。公元前681年3月，埃塞尔哈顿“快乐地坐在了其父留下的王位之上”。

图 4.43 埃塞尔哈顿头像。约公元前 681—前 669 年。出自尼尼微。现存英国伦敦大英博物馆。

埃塞尔哈顿即位后的第一件事就是替其父赎罪，重建巴比伦城，而且这项工作贯穿其整个统治期。他对巴比伦城的重建不仅停留在扩建的层面上，还提升其地位，使其更加宏伟、雄壮。埃塞尔哈顿还重修巴比伦的神庙，并把掳往亚述的包括马尔都克在内的巴比伦诸神的神像请回他们各自在巴比伦的神庙中。埃塞尔哈顿还修缮巴比伦的河道，修筑巴比伦城墙，他自己甚至像一个普通劳动者那样亲自提着篮子制作砖坯。他还使逃亡的居民重新返回巴比伦的家园，他给巴比伦人公民以优惠政策和免除赋税。埃塞尔哈顿的“正义之举”收到了应有的效果，使其赢得了许多巴比伦尼亚臣邦的友谊，在他统治时期，巴比伦尼亚没有发生大的动荡。

公元前677年，平定了腓尼基城市西顿的反叛，并将其“被撕成碎片，抛入大海之中”，为埃塞尔哈顿赢得了地中海地区的安定，一时之间，整个地中海地区咸来朝贡，包括推罗、犹大、伊顿、莫阿布、加扎、阿斯科隆、伊科戎、毕布洛斯、阿蒙、阿什多德，以及“位于大海之中的亚德那那”等。随后，他又平定了北部和东部边界。

在安定了四方尤其是稳住了北部和东部长达2000公里的边界线后，埃塞尔哈顿开始了其更为宏伟的计划——征服埃及。在阿拉伯人的帮助下，埃塞尔哈顿征服埃及的军事行动，其困难减少了很多。对埃及的进攻始于公元前675年，一份铭文记载了公元前671年的最终胜利。文献记载了亚述军队如何克服沙漠缺水的困难，依靠阿拉伯人提供的骆驼作为运输工具，成功进入埃及的情况。一进入埃及，埃塞尔哈顿就大败法老塔尔卡的军队，然后包围了埃及的首都孟菲斯（位于现在开罗以南20英里处），并最终攻克之。埃塞尔哈顿的胜利使得下埃及大大小小的王公们纷纷赶来，表示愿意臣服于亚述的威权统治。亚述的官员们被任命在埃及当地的公国任职，埃塞尔哈顿自己宣称为上下埃及和埃塞俄比亚之王。但亚述对埃及的统治更多地具有象征意义而缺乏实际效果，亚述主力军队一撤，法老塔尔卡立即重新夺回了首都孟菲斯。公元前669年，埃塞尔哈顿发动了又一次对埃及的远征，但因病死于途中。

亚述巴尼拔

亚述巴尼拔（其名字的意思是“阿淑尔神是该子的创造者”，公元前668—前627年）是亚述帝国最后一位有影响的国王，也是亚述帝国最伟大的国王之一。

根据埃塞尔哈顿生前的安排，他死后，其子亚述巴尼拔继承了亚述王位，另一子沙马什舒姆乌金则获得了巴比伦的王位，并享有在巴比伦尼亚王国内的绝对权威。亚述巴尼拔继续其父未竟的事业，派遣司令官远征埃及，以期镇压和平定叛乱。亚述军队与埃及法老的军队在孟菲斯以南的平原上遭遇，亚述军队获得胜利，并重新占领了孟菲斯。亚述巴尼拔下令，组成由亚述人、腓尼基人、叙利亚人、塞浦路斯人以及在尼罗河三角洲地区征募的埃及士兵构成的庞大军队，继续向埃及古都底比斯进军。但远征军被迫中途停止前进的脚步，因为他们惊悉下埃及的王公们正密谋造反。亚述军队回师镇压了密谋中的反叛，处死了一些密谋者，另一

些密谋者包括著名的塞伊斯王尼科被送往尼尼微。鉴于远征给身后留下的“空虚”，又考虑到亚述与埃及2000余公里的距离，以及语言、习惯和宗教不同，官员和军队不足等因素带来的统治困难，亚述巴尼拔迅即调整了对埃及的策略。他把塞伊斯王尼科派回埃及统治，委任尼科的儿子以重要的行政职位，并给予其必要的军事支持。公元前664年，在流放中死去的法老塔尔卡的儿子塔努塔蒙进入了底比斯，并沿尼罗河航行至孟菲斯，尼科战败身亡。就在此时，亚述庞大的军队正驻守在孟菲斯以南的某个地方，他们闻讯后开始向底比斯进军。亚述军队攻入了底比斯这座伟大而美丽的埃及古都，像洪水暴风般对其进行破坏、摧毁，大肆洗劫，抢走不计其数的战利品，包括两座高大的方尖碑，每座方尖碑重达38吨。古埃及的这座大都市陷入了万劫不复的灾难之中。此后，亚述巴尼拔又镇压了腓尼基人的反叛。公元前665—前655年间，亚述巴尼

图 4.44　亚述巴尼拔雕像。约公元前 668—前 631 年。出自波尔西帕。现存英国伦敦大英博物馆。

拔的主要精力放在了北部和东部边境。约公元前655年，萨美提库斯——可能是尼科的儿子——在尼罗河三角洲竖起独立的大旗，把亚述人驱逐出埃及。此时的亚述巴尼拔正陷入与埃兰人激烈的交锋中，只得放弃埃及来解救美索不达米亚。与埃兰人的斗争刚一结束，巴比伦尼亚的反叛又开始了。沙马什舒姆乌金作了16年忠实的兄弟后，终于忍不住要像尼尼微那样统治世界了。公元前652年，他关闭了西帕尔、巴比伦和波尔西帕的城门，不让亚述人进来，并且组建了包括腓尼基、菲力斯丁、犹大、叙利亚沙漠的阿拉伯人、南部美索不达米亚的迦勒底人、埃兰人，甚至吕底亚和埃及在内的庞大的联盟。幸好亚述巴尼拔及时发现了正在形成的反亚述联盟，未等他们采取一致行动，他就发起了进攻，结果沙马什舒姆乌金战败身亡。随后，亚述巴尼拔发动了向其他反叛及其支持者的惩罚性战争，其中对阿拉伯人的战争虽然很艰苦但仍然取得了胜利。对埃兰人的战争持续的时间更长一些，公元前639年，亚述人取得了最终的胜利。埃兰首都苏撒以及整个领土惨遭蹂躏，大量的财富被抢夺，苏撒的塔庙被摧毁，神殿被践踏，神像被掳走。亚述人对埃兰人意欲赶尽杀绝，他们追逐战败的埃兰人直至坟墓里；他们把埃兰具有象征意义地从地图上抹掉。

攻陷苏撒后，亚述巴尼拔为自己举行了凯旋庆典。在尼尼微其奢华的宫殿前，“整个世界都匍匐在他的脚下”。三位埃兰国王和一位阿拉伯国王被拴在他的战车上；骄傲的推罗和阿尔瓦德商人、脖子笔直的犹太人和焦躁不安的阿拉米人一一臣服；塔巴尔和西里西亚统治者把他们的女儿送到亚述王宫；帮助萨米提库斯的吕底亚被放火焚烧，其王吉吉斯丧命；尼尼微充满了来自孟菲斯、底比斯、苏撒以及其他数不胜数城市的战利品；“亚述这个伟大的名字”，受到广泛的尊重，威震四方，从爱琴海绿色的海岸，到阿拉伯燃烧的沙漠。其边界从尼罗河到死海，从阿拉拉特山到陶鲁斯山谷，从里海到扎格罗斯山脉。亚述帝国达到顶峰。

亚述帝国是依靠强大的军事力量建立起来的，一旦军事失利，帝国便面临瓦解。亚述历代统治者都相信亚述的军队是战无不胜的，因此一味地征战。然而当亚述人最终把大片土地踏在脚下，而成为世界主人的时候，他们自己的实力也已经消耗殆尽了。所以，当扎格罗斯山后面的米底人和在波斯湾附近聚集力量的迦勒底人的袭击形成南北夹攻之势时，这个已被战争耗尽力量的泥足巨人，没有经过任何有力的反抗便倒下了。公元前614年，千年古都亚述城沦陷；公元前612年，有“狮穴”之称的尼尼微最终被踏平。公元前605年，当米底人和迦勒底人的联军最终攻克亚述军队所坚守的最后一个据点——卡尔赫米什时，这个经过几个世纪的征服建立起来的大帝国便走完了自己的全部历程。

三、新巴比伦王国

纳波尼德

纳波尼德（公元前555—前539年）是新巴比伦王国的末代国王。在亚述帝国岌岌可危之时，居住在两河流域南部的塞姆族迦勒底人首领纳波帕拉沙尔趁机逐渐控制了巴比伦尼亚。公元前626年，他自立为巴比伦王（公元前626—前605年），建立了新巴比伦王国（公元前626—前539年），亦称迦勒底王国。

迦勒底人部落大约在公元前1000年代初进入两河流域南部，曾长期与亚述人进行斗争，他们在语言上与巴比伦人同属塞姆语系，因此很快与他们融合在一起。迦勒底王国在纳波帕拉沙尔之子尼布甲尼撒二世统治时期（公元前604—前562年），其政治、经济和文化发展进入全盛期。公元前586年，尼布甲尼撒二世灭亡犹太王国，将其国王、王公贵族及民众掳至巴比伦，巴比伦城成为当时近东地区的重要经济和文化中心。他所建立的“空中花园”被誉为古代世界七大奇迹之一。但迦勒底人统治的强盛期很短，因为没有强大的军队作为支柱。公元前539年，波斯王居鲁士二世攻入巴比伦尼亚，巴比伦城不战而降，末代国王纳波尼德被俘，新巴比伦王国灭亡。从此，两河流域长期沦为外族统治，其人民独立的历史不复存在。

但两河流域的文明与文化并未因此被中断，它们还在不同程度上继续发展。在塞琉古时期（公元前312—前64年），巴比伦数学和天文学的发展达到了一个新阶段。

图 4.45　纳波尼德雕像。约公元前 555—前 539 年。现存英国伦敦大英博物馆。这座纳波尼达的雕像佩戴的头饰以及手中握着的权杖，是典型的新巴比伦王室风格。

第五章

信仰

生命的依托

人是精神动物，是靠精神生活的，如果没有精神作为支撑，没有精神追求，那就形同于行尸走兽了。精神附属于灵魂，信仰是灵魂的寄托或安放之处。人是要有信仰的，这是人性的本质。人如果没有信仰，生活便没有目标，生命便没有方向。因此，从某种意义上说，信仰是人生命的意义和价值所在。人是因为信仰而活着，并为信仰而奋斗，有时甚至献出生命也在所不惜。信仰可以让灵魂在纷乱的世界里守住安静，可以面对种种诱惑保持笃定。无论是造福人类、造福社会、造福家庭甚至造福自我的目标大与小，也无论是当领袖、当名家还是就当好普通老百姓的理想高与低，有目标有理想就好。当目标实现、理想达成之时，灵魂便获得了慰藉。

古代美索不达米亚人的信仰在其宗教中得到了充分的体现，他们的宗教具有自然崇拜、多神崇拜和功利主义三大特点。这三大特点反映出古代美索不达米亚人以自我为核心的价值观，在他们的心中，所有神灵都是为他们解决各种困难和问题的，或者说，他们崇拜各种神灵的根本性理由是他们对自己有各种用途。也许这就是人类最早的人本观念的思想渊源，美索不达米亚人的这种自然崇拜和多神崇拜的特点被古希腊人和古罗马人所继承。

第一节　神与信徒

古代美索不达米亚宗教的自然崇拜特点，自始至终贯穿于从苏美尔文明、阿卡德文明、古巴比伦文明，到新巴比伦文明，以及亚述文明的各个发展阶段，在这一点上，后来的古希腊宗教和古罗马宗教也如出一辙，甚至在很多方面有明显的传承关系。

一、自然崇拜

美索不达米亚人的自然崇拜，包括对天、地、山、水和日、月、星、辰，以及风、雨、雷、电等宇宙存在和自然现象的崇拜，以至于他们甚至认为，“空气中到处充满了鬼神”，包括对各种人力难敌的奇异怪兽的崇拜，还包括对人类广受其惠的各种植物的崇拜。这种自然崇拜的原因，源于人类对宇宙认识的无知，与自然力抗争的无奈，与野兽搏斗的无力，以及对赋予人类以生活资料的各种植物的

图 5.1　狮首鹰神伊姆杜古德镶嵌雕塑。苏美尔早王朝时期。约公元前 2600—前 2300 年。出自泰尔 · 欧贝德。现存英国伦敦大英博物馆。

感激与敬畏。对于古代美索不达米亚的居民而言，每逢到了底格里斯河和幼发拉底河泛滥的季节，滔滔的洪水淹没了田园，冲毁了庄稼，他们除了恐惧便是显得那样的无助；面对经常出没的凶猛野兽对他们生命的威胁，也只能敬而远之。“他们认为自然界中各种森严可畏的现象是某些至高的有强大威力的和超自然的存在物的活动，于是他们就把自然界的不同形式和表现化为神灵。”

对神鸟的崇拜是苏美尔最古老的传统之一。神话传说中的伊姆杜古德神鸟是一只长着狮头、鹰身的大鸟，也称安祖或祖鸟。它巨大的翅膀可以煽起巨大的风暴。根据古代美索不达米亚的神话传说，它具有善恶两面性，这也是其他神灵所具有的特性。它的行为举止具有仁慈性，比如它奖励英雄的善举；它也有邪恶的举止，例如盗取“命运泥板”，使其所有者失去对整个世界的控制等。它盗取“命运泥板”的行为遭到其他英雄神灵的阻挠，尼努尔塔和马尔都克神就曾与它发生过激烈的战斗。

图 5.2 献给宁吉尔苏神的权标头。狮头鹰是宁吉尔苏神的标志，名叫“伊姆杜古德”。约公元前 2400 年。出自特罗，古代吉尔苏。现存英国伦敦大英博物馆。

太阳神崇拜从苏美尔文明开始，贯穿整个美索不达米亚历史。苏美尔人称太阳神为乌图，巴比伦人称太阳神为沙马什。图5.3石碑上的图描绘的是，巴比伦王纳布阿普拉伊丁那在一位男神和一位女神的引见下，正在向太阳神沙马什走近。太阳神沙马什手握象征权威的权杖和圆环，端坐在宝座之上，他的宝座由两名“公牛人”支撑着，他们打开了天空破晓的大门。在太阳神沙马什的上方，刻有日、月和星的标志。它们与另一个在祭坛上的太阳神标志相比，就显得非常的渺小。在这一幅图景的最下方，有星星映衬在水流之下，它代表着天庭中的海洋。

图 5.3 太阳神沙马什石碑。约公元前 860—前 850 年。出自西帕尔。现存英国伦敦大英博物馆。

图 5.4　太阳神沙马什石碑（局部）。约公元前 860—前 850 年。出自西帕尔。现存英国伦敦大英博物馆。

石碑上的铭文记载了位于西帕尔城的沙马什神庙的历史。铭文表明，对太阳神沙马什的祭拜典礼时不时地被中断，太阳神的标志也已经丢失了，这可能反映出了亚述帝国统治下的巴比伦的处境。在巴比伦王纳布阿普拉伊丁那统治时期，发现了一个保护石碑的黏土模子，并被交给了这位国王。国王下令，用金和宝石再造一个新碑。这个新碑被纳布阿普拉伊丁那埋了起来，在250年以后被那波帕拉沙尔发现。它与刻有纳布阿普拉伊丁那名字的一份铭文一起，保存在一个陶盒里。

随着王权的逐渐加强，古代的自然崇拜改变了外貌，而奇幻地反映了国家和王权的存在。古代的自然神逐渐变成了政权与统治之神、国家和国王政权的保护者。以前体现着自然力的众神，变成了抽象概念、正义和力量的化身，例如，太阳神沙马什成了正义和公平审判之神以及地上君王的上天保护者。汉谟拉比国王在自己的法典中曾召唤这个神，“为了使他的法律照耀在国土上”，因为是沙马什神自己把法律赐给巴比伦王的。

图 5.5　铜龙。这是巴比伦主神马尔都克的神圣动物，是马尔都克神的化身。约公元前 700—前 500 年。现存英国伦敦大英博物馆。

巴比伦城的主神马尔都克，其名字似乎读作“摩罗大克”更准确。在《圣经》中他起初是暴风雨之神。他的名字是“暴风雨之子”的意思。在巴比伦《创世史诗》中，马尔都克大胆地迎战代表混沌的恶魔，原始女神提亚马特。众神授予马尔都克至高的权威和决定人类命运的特权。马尔都克战胜提亚马特后，众神为感谢他，封他50个头衔，每个头衔都附一个神圣的标志。在马尔都克身上，各种神性完美地结合在一起。实际上，马尔都克随巴比伦城地位的提升，在公元前2千纪和1千纪一跃成为众神之首。

爱之女神和战争女神，苏美尔人称之为伊南娜，巴比伦人称之为伊什塔尔，她也具有两面性，她是丰饶富庶的化身，同时也有邪恶的一面。下面这尊夜晚女神雕像，被认为最有可能是爱之女神和战争女神伊什塔尔。女神三角形的头饰代表了典型的古代美索不达米亚神的特征，她手中的权杖和正义之环也是古代美索不达米亚两件神圣的权威标志，在著名的《汉谟拉比法典》石碑的上半部分，就雕刻着正义之神沙马什手握权杖和正义之环的情景。她的两个翅膀五彩斑斓、向下而垂，表明她可能更像是一位主宰冥府的女神。女神的双足呈猎鹰的爪形，与她美丽的双翅形成了呼应。

图 5.6　夜晚女神赤陶雕像。可能是爱神和战争女神伊什塔尔，也可能是她的姐姐和对头阴间女神埃里什基加尔，还有学者认为她是恶魔丽丽图（《圣经》中的莉莉丝 Lilith）。约公元前 1850—前 1750 年。古巴比伦时期。可能出自巴比伦或乌尔。现存英国伦敦大英博物馆。

图 5.7　著名的伊什塔尔彩色绘画陶罐。伊什塔尔女神以裸体形象居于陶罐的中间。公元前第 2 千纪初。出自拉尔萨。现存法国巴黎卢浮宫博物馆。

二、多神崇拜

多神崇拜是古代美索不达米亚宗教的重要特征之一，这个特征也同样贯穿整个美索不达米亚文明的各个阶段和各个地区。早在20世纪初，就有学者们列出了在古代美索不达米亚受到崇拜的诸神的名单，数目之巨，令人吃惊。1914年，有学者给出了一份诸神名单，列出了3300位神灵的名字;1938年，另一位学者以严格的尺度编撰了一份美索不达米亚众神表，列出的神灵名字也多达2400名。

苏美尔和巴比伦人的宗教传统一直得到继承和发展，在亚述帝国时期，亚述人在保持自己宗教传统的同时，仍然遵奉巴比伦诸神。亚述人的最高神是亚述城和亚述国家的主神阿淑尔，其形象是一位开弓放箭的武士。亚述其他保护神的形象则有所不同，他们不像巴比伦神始终保持着与人一致的形象，他们集人的智慧（头脑），鸟的轻灵（翅膀），狮之威武（身躯）和公牛之雄壮（腿）于一身，有的保护神甚至换上了鹰首或狮头。

拉马是苏美尔人供奉的一位女神，保护其苏美尔人崇拜者。在亚述，拉马苏这个术语用于指代守候在宫殿入口处的有翼公牛或者雄狮雕像。

图 5.8　拉马女神铜像。公元前 2000—前 1600 年。古巴比伦时期。出自乌尔。现存英国伦敦大英博物馆。

纳布是掌书写和智慧之神，是巴比伦城附近的波尔西帕城的保护神。他是马尔都克神的儿子，马尔都克的主神。雕像上面刻写的铭文提到了亚述王阿达德尼拉里三世和他的强有力的母亲萨姆拉马特，后来的希腊人记载了这位亚述王后的传奇业绩，希腊人给她的名字是萨米拉米斯。在铭文的结尾，告诫读者要崇拜纳布神，不要相信其他任何神。

多神崇拜与自然崇拜是密切相关的，原因很简单，宇宙天体是数量繁多的，自然现象是变化多端的，自然力是举不胜举的，人类的恐惧和需求是无止境的，所有这一切都需要特定神灵的保佑，如天神安努、风神恩利尔、暴风雨和雷电之神马尔都克、太阳神沙马什、月神辛，以及自然、生命与生育女神伊什塔尔等都是各司其职，没有一个万能之神可以主宰一切。

图 5.9　纳布神庙的守护神。约公元前 810—前 800 年。出自尼姆鲁德。现存英国伦敦大英博物馆。

图 5.10　亚述的保护神。约公元前 865—前 860 年。出自尼姆鲁德。现存英国伦敦大英博物馆。

图 5.11 亚述的鹰首保护神。约公元前 865—前 860 年。出自尼姆鲁德。现存英国伦敦大英博物馆。

三、神性与人性

古代美索不达米亚的诸神是通人性的。首先，神的长相与人一样或者相似，就连对人起保护作用的神兽也具有人的相貌或体貌特征。在相对较久远的历史时期，还有以动物形象出现的神，例如伊姆杜古德之神鹰。在巴比伦和亚述众神殿中，多数神的相貌都与人一样或相似，神的标志通常体现在他们的头饰上，即他们通常佩戴着三角形的帽子。他们还有其他重要标志，例如像太阳神沙马什这么重要的神，手中可以握着权杖和象征公平与正义的圆环。从艺术作品和王宫建筑的雕塑中我们看到，亚述专门司职国王或王宫守护之神可以分为三大类，其一是与人长相一样的神，不同之处只在于他们通常长着一双翅膀；其二是人体鹰头或狮头的保护神；其三是守护在王宫大门口的神兽，这类神兽集中了各种动物的优点于一身，通常是人头而且是长满胡须的人，象征着

图 5.12　巨狮“乌加鲁”，亚述的保护神。约公元前 700—前 692 年。出自尼尼微。现存英国伦敦大英博物馆。

智慧；公牛或狮子的身躯，奇特之处还在于他们通常有五条腿，象征着强壮和坚固；还有鹰的翅膀，表示可以自由飞翔，飞得很高、很快。前两类保护神通常跟随在国王的左右，尤其是在战争或其他灾难降临的时候。他们手中要么握有武器，帮助国王勇杀敌人；要么握有水桶，帮助国王率领人民度过干旱。

其次，没有“至高、至大、至全”之神，没有万能之神，所有的神灵与人一样，其能力都是有限的。即便是天神安或安努，虽然是众神的“父王”，是至尊之神，住在天国的最高一层，但也有其致命的弱点，有时也只能在“安努之路”上行走。当大洪水冲来的时候，神灵也都害怕得要命，“蜷缩着瑟瑟发抖”。也没有“至善、至美”之神，所有的神也都与人一样，有优点和缺点。例如，深受美索不达米亚人喜爱的伊什塔尔女神，作为爱神、母亲之神和战神，她能让人类繁殖、大地繁荣，她具有母亲的能力和慈爱，她勇敢善战，但同时她还有贪婪、残暴和淫荡的一面。

第三，天国中的神的社会与人类社会的生活状况是十分相似的，是很难区分开的。人分男女，神亦分男神和女神；在人类社会男女结婚，生育子女以繁衍后代，上天的神也同样结婚生育子女。人分好人和坏人，神也有造福人类的保护神与毁坏人类的恶魔之分。根据古代美索不达米亚的神话传说，人也是神生或创造的，在古代美索不达米亚人的宗教崇拜中，还存在着另一个奇特的现象和特征，即人可以上升为神，就是有的人可以因为“功绩”或对人类的杰出贡献，而被奉为神，并且像神灵一样，甚至与神灵并列在一起，得到供奉，古代美索不达米亚有很多这样的统治者。神也可能被贬到人间降为人。人和神还可以相爱，甚至结合在一起而繁衍后代。

因此神性和人性是一致的。人性怕死，追求长生不老，神也是一样的，神也畏惧死亡，因此把“永恒”留给了自己，而把死亡留给了人类。所以，在古代美索不达米亚人的观念中，仅从这一点出发来判断，神是自私的。

帕祖祖是受到巴比伦人和亚述人同时供奉的保护神，他是居住冥府之神，相貌丑陋无比。他虽然有恶魔之名，但也常做善事，尤其是他保护孕妇免受伤害，特别是受爱偷吃未出生幼儿的女魔头拉马什图的侵害。他的魔法效力得以实施，是让孕妇佩戴一件他的面具护身符。帕祖祖的另一个好名声来自于他对环境的保护，他把污染城市的污浊空气通过转变风向，而吹到远离城市的地方，并逐渐飘散。帕祖祖还成为好莱坞的明星，为现代文化做出了自己的贡献，他是目前美索不达米亚众多神灵中唯一成为电影明星的，他成为电影《驱魔人》中的重要角色。

图 5.13　恶魔帕祖祖石刻头像。公元前900—前612年。可能出自尼姆鲁德。亨利·莱亚德爵士捐赠。现存英国伦敦大英博物馆。

图 5.14　两具恶魔帕祖祖铜头像。公元前900—前612年。出自尼姆鲁德。现存英国伦敦大英博物馆。

图 5.15　恶魔洪巴巴头像。出自西帕尔。现存英国伦敦大英博物馆。

洪巴巴是森林里的怪兽，他是深山森林尤其神圣雪松树的保护者。在著名的《吉尔伽美什史诗》中，他中了大英雄吉尔伽美什的计，用自己神奇的力量去换取小件饰物和空洞的承诺，一旦他的魔法失效，他便被吉尔伽美什砍下头颅。在巴比伦尼亚，洪巴巴丑陋的像卷曲的肠子的脸常被做成黏土模型，悬挂在墙上用于辟邪。他还被用于占卜活动中，如果占卜家在检验动物内脏的过程中，说自己看到了洪巴巴的脸，那就标志着这个国家将降临灾难，必须采取措施应对。

四、人神关系

古代美索不达米亚人，上到君王下到百姓，其宗教崇拜完全是出于恐惧和求助于神的功利目的，而非出于纯粹的精神信仰。

“美索不达米亚国王与埃及的法老不同，他们不认为自己是神，而是被诸神选定的在世上代表诸神的伟大人物。”因此，把王权神化，是古代美索不达米亚君主利用神灵来维护自己统治的普遍手段，几乎所有统治者都为自己披上神圣的外衣，宣称王权自天而降，王权来自神授，自己只是上天主神在人间的代表，自称神之“牧者”，代表天国的神灵牧养人间的黎民百姓。

图 5.16　站立的男性祈祷者。约公元前 2750—前 2600 年。出自阿斯玛尔，古代埃什努那。现存美国纽约大都会博物馆。

图 5.17　站立的女性祈祷者。约公元前 2600—前 2500 年。苏美尔早王朝时期。出自尼普尔。现存美国纽约大都会博物馆。

一座古巴比伦时期的祈祷者雕像（图5.18）呈跪姿，雕像上面没有任何文字可以判断其身份。根据衣着打扮来看，他无疑是一名贵族，长袍装饰有传统的流苏且遮住全身，左肩处加厚，右肩则赤裸外露，这也是古代美索不达米亚人的衣着时尚。他非同一般的头巾头饰以及脖颈上粗壮的项链配以大吊坠，更显示其不俗的身份。

如果说在人类早期文明中，宗教崇拜的功利性目的比较普遍的话，主要体现在人敬神的功利性目的方面，而神灵对人类献祭的功利性态度，在古代美索不达米亚宗教中，则表现得较为突出，也算是一个比较突出的有趣的现象。

神对祭祀的贡品十分在意，对其他就不怎么在意了，甚至不在意贡品是怎么和从哪里来的。有学者这样描述：

> 一般而言，巴比伦的宗教，不在教人为善，教人过一种合理的生活，而是一大堆不可更改不容差错的繁文缛节。人对神，只要贡品丰富，只要祷告词念得不错，就算尽到了他的本分，至于其他，神是不过问的。因此在战争中，挖出敌人的眼睛，剁去俘虏的手足，喝敌人的血，吃敌人的肉，一点也不会受到神灵的谴责。[1]

图 5.18 祈祷者黏土雕像。公元前 2000—前 1600 年。古巴比伦时期。现存英国伦敦大英博物馆。

1. 参见威尔·杜兰《东方的遗产》，东方出版社 2002 年版，第 144 页。

古代美索不达米亚人宗教的功利主义特点，其实质体现出的是一种人本主义的思想，即世俗主义、现实主义和个人主义。虽然他们的宗教也表现为敬神、拜神和信神，但总体说来，仍然没有突破人事俗尘的范围，没有出现超越世俗的精神崇拜。在古代美索不达米亚人的宗教观念中，神无论从形象、性情到他们生活的天国世界，也没有超越人间世俗的特点，与人的形象、人的性情和人类社会，形成了明显的对应关系。另一方面，人类无论从其起源开始，还是到最终归宿，都具有神性的一面。因此可以说，在古代美索不达米亚，人神关系体现出的更多是统一性与和谐性，而且是趋于人类与人性的统一与和谐。

在古代美索不达米亚人的宗教观念中，神灵并没有超越人的世俗的特征，而显现出其“神圣”的凌驾于人类之上的超凡脱俗的神性。因此，与其说古代美索不达米亚人信神，不如说他们信自己。他们所敬、所信之神，都是在他们看来对自己有利和有用之神，而对其他神则态度不一。比如古代美索不达米亚人的每座城市都有属于自己的特有的保护神，他们对自己城市保护神的崇敬、祭拜和信任就往往胜过其他城市的保护神。更有甚者，古代美索不达米亚城邦和国家的统治者，在征服其他城邦和国家之时，往往对其保护神不但没有表现出足够的敬畏，反而肆意践踏其神庙、侮辱其神灵。

在他们看来，神或多或少是有些自私的，“因为在诸神创造人类的时候，他们也为人类预留了死亡，却为他们自己保留了永生”。因此巴比伦人也不相信灵魂不朽，虽然“他们也祈祷，但他们所祈求的是现世福祉而非永生。神在他们看来并不比坟墓可靠，因此死后，最大的幸福，就是修建一座很好的坟墓”。但是，古代美索不达米亚人为了使自己死后能够不朽，还真想出了一个好办法，那就是用石头甚至玉石做成雕像，石雕像或玉雕像可以帮助他们实现死后不朽的梦想。因此，石雕和玉雕像的发达，包括神像和人像，便成为了古代美索不达米亚文明的一大特色和文化长廊中的一道风景。

古代美索不达米亚人绝对不会为“来世”而活，绝对不会为“来世”的信仰而活，他们只会为眼前的现实生活而活。在他们的精神世界中，根本不存在对天堂的幻想，因此他们也不必为此受到神灵或其人间代表过度的物质束缚和精神奴役。

纵观古代美索不达米亚的宗教发展史，可以明显看出苏美尔人和巴比伦人宗教在功利主义和现实主义方面的两大重要表现——“城市—国家性”和“私人性”，即城市—国家祈求神灵保护的国家宗教和个人祈求神灵帮助的个人宗教。而后者即个人宗教具有特别的意义，这种特别意义正与人本主义思想的主旨之一——个人主义相吻合。

图 5.19　一位祈祷者的铜像。公元前 1974—前 1954 年。出自西帕尔。现存英国伦敦大英博物馆。

第二节　祭司与宗教仪式

在人类文明史上，祭司可以说是最早的知识分子，他们掌握着社会的话语权，古代美索不达米亚的祭司就是最好的例证。他们掌握着知识和文化，掌握着与天神沟通、传达天神旨意的权利，因此就连国王对他们也畏惧三分。他们通过各种宗教活动，控制着国家，控制着老百姓的社会生活。

一、祭司阶层

图 5.20　大理石雕像。可能是祭司。约公元前 2400 年。苏美尔早王朝时期。现存法国巴黎卢浮宫博物馆。

图 5.21　大理石雕像。可能是祭司。约公元前 2400 年。苏美尔早王朝时期。出自特罗，古代吉尔苏。现存法国巴黎卢浮宫博物馆。

宗教的产生甚至早于国家和国王，祭司阶层通过与天国诸神的沟通而统治着人类。在古代美索不达米亚，城邦和王出现之初，王的势力还不够强大，不足以对抗神庙势力之时，王首先自称祭司，即恩，王权强大之后，才放弃祭司即恩的称号，改成卢伽尔，即真正的王。在美索不达米亚，神庙创立了美索不达米亚最早的学校，培养祭司和书吏，在社会文化方面居于统治地位，祭司最早是专门从事和主持宗教活动的专业人员，享有特殊的权利和地位。在经济方面，祭司阶层也是非常富有的，他们不仅通过自身的祭祀活动获取收入，他们还直接从事经济活动，例如纳第图女祭司就既从事高利贷业务，又直接从事土地的买卖和地产经营业务。

祭司集团还参与许多重大政治事件，有时他们凭借宗教上的地位，与国王争权夺利。君主们也利用宗教来巩固王权。亚述国王辛那赫里布曾与巴比伦祭司们发生过一次激烈的争吵和冲突。公元前691年，他摧毁巴比伦城的圣地，把马尔都克的神像迁到了亚述，以此来打击巴比伦祭司集团的势力。他后来被他的一个儿子所杀。他的另一个儿子埃塞尔哈东继位以后，可能震慑于巴比伦祭司的报复，终于决定把马尔都克神像送回巴比伦，并重建神庙，国王与祭司重修旧好。新巴比伦王国时，国王

图 5.22　乌尔第三王朝时期的一名祭司雕像。约公元前 2100—前 2000 年。出自乌尔。现存英国伦敦大英博物馆。

纳波尼德曾发动过一次企图统一全国宗教信仰的宗教改革运动，可能是因为事情进行得过于仓促，遭到祭司贵族的反对，于是他们与波斯人勾结，使纳波尼德成了阶下之囚。

在美索不达米亚，祭司分成30多个种类，有些念咒祈祷，有些唱圣歌，有些主持祭祀，有些司职占卜；等等。除男祭司外，还有女祭司。此外，也有阉人充任祭司、侍奉伊什塔尔女神，他们身着女装，献女舞以娱神。

祭司们的职业是世袭的，其称号也世代相传。只有国王才有权不经过最高祭司同意而执行某些祭祀的职能。祭司多出于名门望族，拟充任祭司者，要符合种种典章律例，如要求不得有生理缺陷等。

二、祭祀活动

美索不达米亚人有很多事情都有求于神。要博得神的青睐，主要手段是保证神有优越的生活条件，为他们建造神庙，经常地、按时地在衣、食、住、用方面侍奉他们。巴比伦人的祭祀有着相当繁复的程序或仪式，仅就奉献牺牲仪式，“一举手，一投足，一言，一语，均有规定”，因为他们相信，“这类规定稍有差错，再好的东西神也不会领受”。换句话说，神灵对祭祀的程序和仪式很在意。

图 5.23　著名的乌鲁克花瓶。乌鲁克文化晚期。约公元前 3300—前 3000 年。出自乌鲁克。现存伊拉克国家博物馆。

图 5.24　著名的乌鲁克花瓶上描绘祭祀活动的场面。裸体的祭司们把贡品送给伊南娜即伊什塔尔女神。

祭祀活动仪式主要分为国家祭祀和个人祭祀两种。国家祭祀仪式由祭司主持，主要是在献祭和重大节日中举行，献祭时，官吏们按官阶排列，住在神庙内或神庙周围。献祭（*nike; zibê*）可分为二种：一种是日常进行，一种是每周、每月或每年进行。在前一种情况下，国王以人民的名义向神进贡，但国王个人的贡品也要加上。在后一种情况下，主要是举行节日庆祝活动，也包括在特殊的重要场合为国家的幸福和繁荣举行献祭。在圆筒印章中常常可以见到对这两种献祭活动的描绘。诸神得到的贡物主要是食物、饮料、牲畜以及油等。阿卡德王国第二个国王里姆什（公元前2278—前2270年）时的一个铭文为我们提供了有关每天进行献祭活动的资料：规定每天向西帕尔的太阳神沙马什进贡，供品包括20头羊、4头牛、6古耳谷物、3古耳面粉以及等量的椰枣、油、猪油、牛奶、蜂蜜。在汉谟拉比以及后来的尼布甲尼撒统治时期，规定对马尔都克神的贡品虽然没有像里姆什那样多，但在巴比伦晚期，乌鲁克城安努神庙的日常贡品也是相当大的，包括：50头品种不同的羊、2头牛、1头奶牛、8头盖羊、30只玛拉图（*Marratu*）鸟、30只斑鸠、3只家禽、7只鸭、4头公猪，再加上6个鸡蛋。每逢盛大节日，向神庙进贡的牲畜的数量更是惊人的。例如，在尼普尔的恩利尔神庙发现的一份贡品单中列出了3569头牲畜。新巴比伦国王尼布甲尼撒二世曾夸耀，在阿基图节（*Akitu*）上：

“我带来金、银、贵重石料、多彩的服饰、山中和海里的宝藏，成熟的肥公牛、干净的牲畜、小羊羔、小山羊、清洁水中的鱼、天空中的鸟、家禽、公鸡、玛拉图鸟、鸽子、洋葱、麝香、丰饶的植物、黄金床的装饰物、黄金战利品、枣、来自底尔蒙的梨、白色的无花果、啤酒、蜂蜜、黄油、奶油、牛奶、精制油、专用于宗教仪式的油，所有这一切都是丰富的。……我每年都以高质量和丰盛的礼物进贡”。

图 5.25　献祭场面浮雕。约公元前 2500 年。苏美尔早王朝时期。出自特罗，古代吉尔苏。现存法国巴黎卢浮宫博物馆。

图 5.26 描绘祭祀场面的浮雕。约公元前 2500 年。出自乌尔。现存英国伦敦大英博物馆。

在古代美索不达米亚，这类中间带孔的方石浮雕（图5.26）很常见，中间的孔可能是为了悬挂之用。这件浮雕出自乌尔城的月神南纳之高级女祭司的居所，描绘的是祭酒仪式。浮雕分上下两栏，上面一栏的人物包括一名裸体的祭司和三名信徒，端坐着的就是月神南纳。祭司正在把祭酒从一个带嘴儿的容器中倒入一个盘子中，盘子还带有手柄。月神南纳戴着很庄重的帽子，坐着接受信徒的献酒。在下面一栏，同样有三名信徒，其中的一名信徒向神敬奉一只动物，另一名拥有正面形象的妇女可能是一名女祭司，也可能是这块石碑的敬献者。祭司的祭酒仪式正在神庙前举行。

宴会场面是苏美尔早王朝时期艺术作品中比较常见的主题，它可能是一种庆祝丰收的仪式，由国王主持的庆丰收仪式主要是要向母亲和丰产女神伊南娜以及她的高级女祭司表达感激之情。在浮雕（图5.27）的上半部分，端坐着的可能就是伊南娜女神或者代表她的高级女祭司。祭祀活动是绝对离不开音乐的，苏美尔人音乐家是世界上最早的竖琴演奏家，图5.28是一座音乐石碑，石碑的下半部分表现的就是祭祀时演奏竖琴的场面。

图 5.27（右图） 描绘祭祀宴会场面的石雕。苏美尔早王朝时期。公元前 2600—前 2500 年。现存纽约大都会博物馆。

图 5.28（左图） 音乐石碑。描绘祭祀时乐师们正在演奏。拉伽什王古地亚统治时期。约 2120 年。出自特罗，古代吉尔苏。现存法国巴黎卢浮宫博物馆。

献祭在神庙顶上特定的祭坛进行。牺牲或者被屠宰、或者被烧死，同时，进行奠酒和焚香。香炉是神庙仪式中最常见的设备，人们认为，燃烧芳香的树木既可以用来作为涤罪的仪式，还可以作为对神的供奉，因为神是喜欢芳香的气味的。图 5.29是一件敬献牺牲的雕像。

为数众多的祭司负责主持日常以及定期的献祭仪式，他们有明确的分工和职责。有奠酒仪式，祭司要裸体，酒或其他液体通过祭坛或其他动植物倒在地上；有清扫和涂油仪式。在祭祀仪式开始前，由祭祀先主持驱魔仪式来纯净神庙。负责占卜仪式的祭司，则专门从事预兆的解释。巫术、占卜和占星术虽然不是巴比伦所特有，然而在这里却比在其他地方更为发达。

图 5.29　赤陶雕塑，一只公牛在一棵树前。上面刻写的铭文指明，这是献给巴比伦的治病女神和医生的庇护神谷拉的，敬献者是一名叫辛埃里巴的男子。约公元前 1100—前 900 年。现存英国伦敦大英博物馆。

按照传统的宗教观念，神住在神庙中，与人保持着密切联系，但人不可能确知神的意愿和自己的吉凶祸福，人们便通过各种巫术性的活动如占卜来寻求神的启示。神也可能通过托梦、创造神迹和显示预兆来传达神的意志。人们还认为，魔鬼经常危害人类，招致各种疾病，于是也出现了专门进行巫术仪式，诵念符咒以赶鬼驱邪的巫术师。

古代美索不达米亚巫术的仪式，种类繁多，尤以去病、祛厄、征战等巫术为最著名，而且去病法术与民间医术往往混在一起，难以区分。例如，亚述时期去除眼疾的法术“单方”，上称“黑毛、白毛捻成线；黑毛线、白毛线，各打七个结，念诵咒语；黑毛线结系在病眼上，白毛线系在好眼上……”还有有关征战法术仪式的记载片段：敌人来犯，扰我国王，侵我疆土。……国王应行于队右。（献祭时）“以油脂制作敌人之像，复以乌林努（？）将众像之面转向后方（以预示败逃）”。事后，敌像通常由巫术师焚烧或置于水中或予以掩埋或固定于某处。

这类的盒子（图5.30）通常用作巫术或宗教目的，最早出现于阿卡德时期。就如同蛇不断地脱去旧皮而更换新皮一样，它与治病有关。蛇还由于它们的毒液而受到尊重。

图 5.30　刻有蛇形图案的陶盒。约公元前 2000—前 1750 年。古巴比伦时期。出自乌尔。现存英国伦敦大英博物馆。

巴比伦的占卜体系已很发达，男女术士和预言家十分活跃，问卜者不仅有平民百姓，也有王公贵族。祭司中有专事占卜者。

占卜形式多种多样。最常用的有“梦占”、“肝脏占”、“星占”。所谓“梦占”，即求卜者睡在神庙里，希望神在梦中给予启示。一般认为梦见狗、羊、鹿是凶兆，梦见狮、狐、鱼是吉兆。所谓“肝脏占”，是看献祭牺牲的内脏，特别是肝脏而卜。肝的每一部分，都赋以固定名称，并绘有种种图形，以泥土制作肝脏模型，上面标有占卜符记。人们认为肝脏是心、智活动所寄托的地方，当动物作为牺牲贡献给神时，神拿着它，神的思想进入动物的肝脏，所以占卜者能够从动物的肝脏形式和它的变化中解释神的神秘思想和行为。在马里发现了一个不规则形的羊肝模型（图5.31），上面刻着这样的铭文：“预言埃兰的附庸伊什比伊拉将占领埃兰。这类著名的预言，依国王之命搜集起来。”

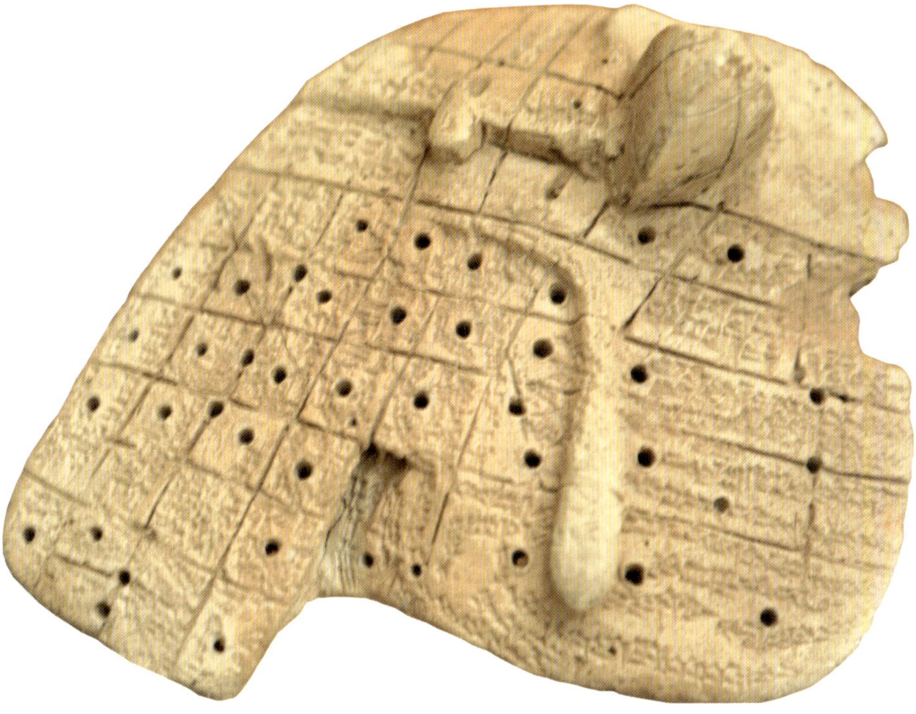

图 5.31　用于占卜的羊肝脏模型。古巴比伦时期。可能出自西帕尔。现存英国伦敦大英博物馆。

巴比伦的“星占”最负盛名，是古代世界最早发展起来的占星术。巴比伦人认为，地球上所发生的一切事务都不过是天上事务的反映：在他们的想象中，天穹是一部大书，其文字是星辰。太阳、月亮、各大行星的运行和出现预兆着国家和个人的命运。据认为，如7月1日是阴天，必定起战争；若阴天是13日和19日，国王必死，若在30日，国王必定长寿。又如，日月食的阴影运行的方向，预兆一定的吉凶等等。在王宫里设有专职的天象预测官，负责观察天象征兆并作出解释，向帝王提供明智行动的神圣根据和消灾免祸的宗教办法。巴比伦占星术还根据一个人出生时的星宿位置预言此人的性格和命运。公元前1千纪后期，占星术士创立了算命天宫图。占星术从巴比伦尼亚通过埃及、希腊和罗马，传到西方。

第三节　祭祀礼器

古代美索不达米亚人留下了一些宗教祭祀礼器之类的东西，这些礼器不仅为我们展示了最早的礼仪之邦的星星点点，而且由于年代久远，显得异常珍贵。遗憾的是，由于缺乏充足的文字资料记载，关于多数礼器的具体用途无法得知。

图5.32是古代美索不达米亚传统宗教艺术最早的代表作之一。它出自迄今发现的南部美索不达米亚最大的城市乌鲁克，可能是伊南娜或伊什塔尔神庙的器物，伊南娜或伊什塔尔是乌鲁克至高之女神。这件物品上面雕刻的图案显示，一群羊正从两边靠近一个芦苇屋，小羊羔正从芦苇屋的两侧门里走出来。这个图景的寓意可能是，在爱神和丰产女神伊南娜的保护下，羊群得到快速的繁殖。芦苇屋两边斜插着的两根杆子顶端的圆环标志，正是后来楔形文字中代表伊南娜女神的符号。水槽底部的玫瑰花装饰似乎也与伊南娜女神有关，它们代表了苏美尔人艺术的突出特征。

图 5.32　乌鲁克饮水槽，应该是宗教祭祀时所使用的器物。约公元前 3300—前 3000 年。乌鲁克文化晚期。出自乌鲁克。现存英国伦敦大英博物馆。

图5.33堪称苏美尔艺术的杰作。确切地说，这是一只山羊，它的两只后腿站立着，两只前腿伏在一个开花植物的枝杈上，它好像是在寻找食物。这是乌尔王陵中出土的一对山羊中的一只，另一只现存美国费城宾夕法尼亚大学考古学与人类学博物馆。植物、玫瑰花和蓓蕾，以及山羊的脸和腿都是用金片做成的。山羊的双耳、两只弯曲的犄角以及肩膀上的毛皮用天青石制作。山羊身上的毛皮则是用白色的贝壳制作的。长方形的底座是用贝壳、红宝石和天青石拼镶的马赛克图案作装饰的，它本来是木制的，镶嵌的碎片是用沥青黏在木板之上的。金色的圆柱从山羊背后的脖颈处升起，表明它是一件起支撑作用的物件，可能是支撑供桌或其他架子的。山羊的肖像和植物的生命象征着自然、繁殖与富庶，这对苏美尔人来说至关重要，这类的主题也因此成为苏美尔人宗教和艺术的重要表现特征。

图 5.33　乌尔王陵中出土的一件物品，命名为“树丛中的公羊”。可能是供祭品的架子。约公元前 2500 年。出自乌尔。现存英国伦敦大英博物馆。

图 5.34　以巨角羊作为支撑的容器架。以铜、贝壳和天青石等制成。苏美尔早王朝时期。约公元前 2650—前 2250 年。现存纽约大都会博物馆。

图5.34应该是在宗教祭祀仪式场合使用的支架，巨角羊上面的圆环是用于固定灯具或贡碗的。巨角羊的头和身体应该是中空的铸模，模具可能是用脱蜡法制作的。巨角羊是依靠一个长方形底座来支撑的，底座的四个腿上面由四个向上翻起的支柱辅以一块铜板与巨角羊进行连接。巨角羊镶嵌的左眼睛已经用蜡进行了替换，但右眼睛还保持原样，以贝壳镶嵌，两只眼睛还保有天青石镶嵌的瞳孔。由于这个支架不是在可控的考古挖掘现场出土的，所以关于它的建造地点目前便无从知晓。然而，根据其风格尤其是底座的设计风格以及巨角羊光滑的身体轮廓和细长的身段来判断，它与这一时期出现的一些金属人物雕像应该出自同一地区。它们共同体现了苏美尔早王朝时期金属冶炼、铸造和设计的高超水平。

图5.35是一个祭祀器物，它呈塔形结构，在双层塔的上面，一个人双手抓着两头狮子的后腿。在靠近顶端的部位，有叙利亚风格的圆筒印的印记。

图 5.35　宗教祭祀器物。陶制。古巴比伦时期。公元前 19 世纪。出自叙利亚。现存美国纽约大都会博物馆。

图5.36是巴比伦贵金属祭祀礼器的代表作之一。器具以铜、金和银制成，整体用铜，上面山羊的头部包金，下面女神的面部包银。三只山羊背靠背紧贴在一起，形成三角状，前蹄蜷曲，后蹄直立，站立在一个基座之上。每只羊头都包着由一片金叶子做成的面具，遮住了面部和胡须。基座装饰有两位女神，女神身穿拖曳到脚的袍子，头戴代表神灵的三角帽。女神手捧着浅口盘，用于接收贡品。底座上的铭文几乎无法辨认，据判断应该是拉尔萨神庙的用具。直立山羊的主题可以追溯到苏美尔早王朝时期，在乌尔王陵中就出土有一对“伏在树丛中的山羊”。在古巴比伦时期的马里壁画上，这类的主题也很常见。这些野山羊是与大山之子、山麓之主宰阿姆鲁神联系在一起的。在铸造技术上，显然是采用了脱蜡铸造法，另外采用的黄金和白银的纯度都极高。山羊的眼睛则采用古代美索不达米亚从很早的历史时期就很流行的镶嵌技术，通常用天青石或贝壳作为镶嵌材料。

图 5.36　宗教祭祀用具。名为“女神托举的三只山羊”。公元前第 2 千纪初。古巴比伦时期。出自拉尔萨。现存法国巴黎卢浮宫博物馆。

尼尼西娜是苏美尔人所崇拜的一位治病女神，她还是伊新城的保护神。她拥有“黔首（即人类）的伟大医生”之美誉。她的父亲是至尊的天神安，母亲是土地女神乌拉什。她的丈夫是帕比萨格，他们的儿子达姆也是医神，专门驱赶邪恶妖怪，而且还有“修复撕坏了的肌肉”之本领。巴比伦人的治病女神是谷拉，她也是医生的保护神，她的主要神庙也位于伊新。古代美索不达米亚医神的神圣动物是狗，所以人们便制作狗的模型敬献给尼尼西娜和谷拉，放在供奉她们的神庙里。下面这尊岫玉狗（图5.37）是拉伽什的医生尼尼西娜女神的，目的是祈求女神拯救拉尔萨国王苏穆埃尔的生命。

图 5.37 敬献给尼尼西娜女神的岫玉狗雕像。公元前 1894—前 1866 年。出自特罗，古代吉尔苏。现存法国巴黎卢浮宫博物馆。

第六章

两性

人之根　物之本

人类的文明是由男人和女人共同创造的，在文明发展的不同阶段，男人和女人发挥的作用曾经略有差别，这主要是男人和女人不同的生理特征决定的。虽然在现代的文明社会，男女平等早已成为人类精神进步的重要标志，但男女由于生理差异而各自具有的不同的美，显然是无法抹平的，这可能也是男人需要女人、女人需要男人的重要原因吧。

在人类历史上，具体地说，是在欧洲文艺复兴时期，人们曾经把发现男人的个性美和女人的个性美，并通过艺术作品展现这种美，视作人本主义兴起的重要现象。其实这种现象在人类的早期文明，尤其是在美索不达米亚文明中，就已经非常普遍。男人和女人的裸体艺术最晚在公元前第6千纪就已经出现了，而且一直贯穿着古代美索不达米亚艺术史的始终。至于人本主义，无论就思想还是现象而言，其出现也不可能晚至人类文明诞生四五千年后的文艺复兴时期，其实，自人类社会形成之始，整个世界就进入了以人为核心和出发点的时期，这个世界的一切价值判断都是依对人所产生的效果和结果来做出的，甚至宇宙万物的命名都是人类自身认识能力和认知水平的时代体现。可以说，人本主义思想从一开始就深深地根植于人类的早期文明之中。美索不达米亚文明的艺术作品中所展现出的男性之美、女性之美和描写男欢女爱的两性之美，一方面可能是有宗教寓意，另一方面也为人本主义观念提供了最鲜明的例证。

第一节　女性之美

女性之美是古往今来任何国家和民族的文学、艺术创作都离不开的内容。其中所包含的理由虽简单却很难说完道尽，可谓见仁见智。从历史发展的轨迹着眼，妇女在人类社会发展的最早阶段曾发挥着决定性的作用，这就是母系氏族社会阶段，几乎所有民族都曾经历这一社会发展阶段；从社会分工的角度看，女性所具有的生理优势有效地弥补了男性的不足，使社会变成一个完整的社会；从人类自身的完整性方面来看，女人和男人合起来构成一个生物种属，离开任何一方，人类都不存在，这就如同世界

图 6.1　哈拉夫文化时期的妇女陶像。公元前第7千纪晚期至公元前第6千纪早期。现存美国纽约大都会博物馆。

万物都有阴阳一样，阴与阳构成一个完整的物种，没有阴就没有阳，没有阳就没有阴，缺一物质就不存在。在古代美索不达米亚的文明发展进程中，女性之美占据突出的位置。

一、苏美尔阿卡德时期

在古代美索不达米亚的新石器时代，包括石像、石膏像和黏土陶像等各种材料的妇女雕像十分普遍，学者们认为，这些妇女雕像具有重大的象征意义，在农业社会，她们代表着土地的肥沃、丰产和丰收。因为这些妇女雕像具有两个共同特征：其一，多数为裸体雕像；其二，象征着哺育作用的乳房在艺术家的手下给予了突出的表现；其三，描绘妇女哺育孩子的题材占据相当重要的位置。

哈拉夫文化是美索不达米亚早期文明继哈苏那文化和萨马拉文化之后的第三个发展阶段（约公元前5500—前4500年），它得名于泰尔·哈拉夫（Tell Halaf）——一个大土堆遗迹。泰尔·哈拉夫遗迹俯瞰喀

图 6.2　哈拉夫文化时期的裸体妇女陶像。公元前 5600—前 5200 年。分别出自泰尔 · 阿尔帕契亚和泰尔 · 卡加尔 · 巴扎尔。现存英国伦敦大英博物馆。

图 6.3　两尊黏土妇女雕像。公元前 5200—前 4200 年。哈拉夫文化时期。运用了彩陶和珠宝作为装饰。出自乌尔。现存英国伦敦大英博物馆。

图 6.4　阿卡德妇女雕像。乌尔第三王朝时期。约公元前 2190—前 2004 年。

布尔河，位于土耳其和叙利亚边界。在第一次世界大战前夕，一名德国考古学家在公元前10世纪阿拉米人统治者的宫殿下面，发现了厚厚的土层，出土了一批漂亮的彩陶，从而拉开了哈拉夫文化的序幕。在随后的时间里，英国人在尼尼微、泰尔·阿尔帕契亚和泰尔·卡加尔·巴扎尔的发掘，以及美国人在高拉丘的发掘使哈拉夫文化具有了年代上的确定性，因为这些遗址的文化类型具有相似性甚至完全的一致性。

与以前的文化时期相比，哈拉夫文化具有很多截然分明的新特征。居住区无论是根据形式还是根据规模判断都依然是村庄性质，但鹅卵石铺成的街道表明村庄已经具有了一些行政管理的色彩。压泥砖或泥土砖仍然是标准的建筑材料，但长方形的房屋有比以前变小的趋势，而圆形房屋成为主要的建筑形式。在哈拉夫文化期发现的唯一神庙性质的建筑，来自于巴里科河（the Balikh River）畔的泰尔·阿斯瓦德（Tell Aswad）。那是一座圣堂，很小的方形建筑，有泥筑的基座，在过道的门槛处发现有一个公牛的头骨。

与圆形建筑同样有趣的，是在阿尔帕契亚和其他遗址发现的小物件，包括护身符和赤陶土雕像。护身符的形状非常多姿多彩，有房屋形状的，有牛头形状的，还有双斧形状的；赤陶土雕像则主要是鸽子雕像和妇女雕像。尤其是妇女雕像展现出了新姿，她们通常蹲在或坐在圆凳子上，双臂托着沉重的双乳。虽然人物的头部变成了无固定形状的模糊形象，但躯体却具有现实主义特征，在妇女雕像的身上涂有彩条和斑点，它们可能代表某种禁忌；妇女还佩戴有珠宝首饰。

特别值得一提的是，哈拉夫人中已经形成了“层级社会”，具体地说，不是经济分层，而是社会分层，社会形成了阶级或阶层。在陶器的生产和制作中心，居住着本地的族长或首领；农民和牧民则居住在相对较小的村庄。他们种植大麦和小麦、亚麻，以及扁豆等蔬菜；放牧和养殖羊、猪、牛和家犬等。

根据哈拉夫陶器的分布状况判断，在哈拉夫文化传播的鼎盛期，其中心区域占据了宽阔的新月地区，它们都属于气候干燥的农业区。这个区域从阿勒颇（Aleppo）地区一直到迪亚拉河（the Diyala）谷，覆盖着加兹拉赫和未来亚述的整个区域。在这一庞大区域的边缘，哈拉夫陶器也广泛地被模仿，包括东安那托利亚的中心区、西里西亚和北叙利亚地区，一直到地中海沿岸等地。

二、巴比伦妇女

公元前第2千纪的古巴比伦时期是古代美索不达米亚文明最辉煌的历史时期之

一，相比较而言，留下来的史料更多一些，至少一部著名的《汉谟拉比法典》内容就非常丰富。《汉谟拉比法典》所反映出的古巴比伦社会的婚姻和财产继承关系有着两个基本特征。其中一个突出的特征，就是妇女在古巴比伦社会中可有相对而言较高的社会地位。首先，在婚姻方面，没有缔结契约的婚姻是不被法律认可和承认的，是无效的。《汉谟拉比法典》第128条明确规定："如果一个人娶妻而没有立文约，那么那女人还不是一个妻子。"虽然缔结的婚姻对男女双方都具有法律的约束和保护作用，但在男权社会对于妇女而言，更具有意义，因为它在某种程度上限制了男人的恣意妄为。其次，妇女在经济活动中占有重要地位。在古巴比伦社会，可

图 6.5　母亲与孩子黏土雕像。约公元前 2000—前 1600 年。古巴比伦时期。出自乌尔。现存英国伦敦大英博物馆。

图 6.6　抱着孩子的妇女赤陶雕像。约公元前 700—前 500 年。出自乌尔。现存英国伦敦大英博物馆。

图 6.7　两座裸体妇女铜像。公元前 2100—前 1800 年。古巴比伦时期。现存英国伦敦大英博物馆。

这两座裸体妇女铜像（图 6.7）应该是祈祷者，其中的一名妇女手里捧着一只碗。

谓是全民皆商，古巴比伦王国各个阶层和各种职业的人，都可以从事商业活动，女祭司和其他妇女都可以自由地参加商业活动，[1]纳第图女祭司在地产经营和新人农业经济活动中非常活跃。[2]第三，由于妇女拥有较高的社会地位，她们也拥有较高的法律地位，象征着权利与地位的圆筒印章，也不是男人的专属，妇女同样有权享有。关于这一点在本书第8章中有专门论述。

这座妇女彩陶雕像（图6.8）的主人公可能是一名神庙的高级女祭司。她的身体涂成红色，胸部以上裸露。她脖子上佩戴着四串项链，两个手腕上佩戴着很宽的手镯，与夜晚女神手腕上佩戴的手镯十分相似，她的发饰也显得很优雅。

图 6.8　裸体妇女半身像。公元前 2000—前 1600 年。古巴比伦时期。现存英国伦敦大英博物馆。

1　参见于殿利《巴比伦与亚述文明》，北京师范大学出版社 2013 年版，第 373 页。

2　参见于殿利《巴比伦与亚述文明》，第 384-402 页。

三、亚述女性

亚述人的文明分为古亚述、中亚述和新亚述或亚述帝国三个时期。古亚述时期从公元前3000年代末至前2000年代初，是亚述国家的形成时期。在这一历史时期，亚述人在小亚细亚地区的商业殖民是重要的历史事件。

在古亚述时期，公元前第2千纪初期，亚述商人在安那托利亚的卡尼什城建立的商业殖民地对早期亚述的经济和社会发展起到了极大的促进作用。20世纪20年代，捷克东方学家贝德里奇·赫罗兹尼对库尔泰普青铜时代的土堆进行挖掘，出土了许多用古亚述方言书写的泥板文书，从而揭开了古亚述与安那托利亚商业贸易的面纱。学者们根据材料分析，实际上早在阿卡德王朝时期，安那托利亚高原、叙利亚和美索不达米亚之间就建立起了商业贸易关系，而且是独立的商人家庭建立起来的私人商贸往来。亚述与安那托利亚的商业贸易同样属于私人商贸性质，但是在双方国家的统一管理下进行的。所有的商贸活动都是在具有半官方性质的商会的组织、管理、指导和保护下展开的。亚述商人既要向亚述国家纳税，还要向安那托利亚当地政府机构交税，甚至还要向商会缴纳管理费，以保证商会组织的正常运转。在亚述城，每一批货物一离开亚述城，商人就要交税。同样，对于进口的

图 6.9 亚述人在小亚细亚商业殖民时期的象牙妇女雕像。约公元前 1800—前 1700 年。出自亚述的商业殖民城市卡尼什城，今土耳其库尔泰普。现存土耳其安卡拉安那托利亚文明博物馆。

货物，他们还要交进口税。

亚述的商队是由设在亚述城的商会组织起来的，商队的主要运输工具是驴子，行走的商路是穿过美索不达米亚北部的平原，然后翻越陶鲁斯山，进入安那托利亚高原。他们在安那托利亚建有自己的贸易殖民地，通常是具有当地风格的房屋建筑，位于主要城市城堡的下方。他们出口的商品是锡和纺织品，换回的商品是金和银。大量的金银财物通过贸易的方式涌入亚述，大大地促进了亚述城的发展与繁荣。

图 6.10　亚述妇女石像。公元前 1073—前 1056 年。出自尼尼微。现存英国伦敦大英博物馆。

这座妇女石雕像（图6.10）是保存下来的唯一的亚述裸体妇女雕像，属于亚述国王阿淑尔贝尔卡拉统治时期。雕像出土于尼尼微的伊什塔尔神庙，因此，雕像的主人公可能是爱神伊什塔尔女神的祀奉者。最有趣的是，在这座裸体妇女雕像的背后刻写着楔形铭文，铭文指出，国王树立这样一座雕像是为了取悦人民。

图 6.11 裸体妇女形状的容器的残片。公元前 8—前 7 世纪。新埃兰时期。出自西南埃兰。现存美国纽约大都会博物馆。

图6.11、图6.12和图6.13则展现了亚述帝国时期行省、附属国或纳贡国妇女雕像的不同特征，雕像的头饰和首饰具有明显的地区特征，但雕像的共同特征还是具有母性生殖崇拜的意义。其中图6.13，根据其佩戴的优雅的王冠和项链来判断，她可能是一位女王或王后。

图 6.12 赤陶妇女雕像。公元前 8—前 7 世纪。出自利凡特。现存美国纽约大都会博物馆。

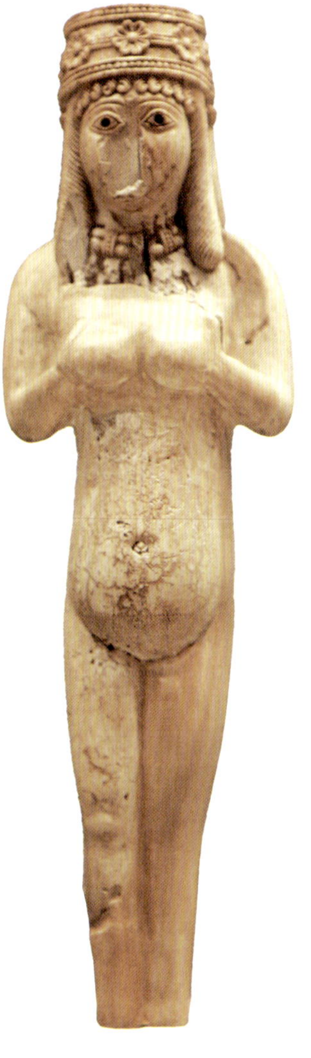

图 6.13 象牙妇女雕像。公元前 8—前 7 世纪。出自乌拉尔图。现存英国伦敦大英博物馆。

第二节　男性之美

世界是一个矛盾体，也是一个统一体，男性与女性正如阴和阳，体现出的就是一种既对立又统一的和谐。

一、男性的原始美

男性之美应该是随着男性社会地位的逐渐提升而不断得到发现和表现的，最可能的发生时间应在母系社会向父系社会过渡的过程中，并随父权制社会最终建立而确立的。在这方面，古代美索不达米亚文明可以提供一些物证。迄今发现最早的具有一定规模的裸体男性艺术作品，确切地说就是男性裸体雕像，其创作时间约在公元前4000年至前3000年代。这段时间正是苏美尔人从原始社会向阶级社会过渡，苏美尔城市国家形成并最终建立，以及城邦争霸的历史时期。

图 6.14　男性裸体石雕像。可能是国王或祭司。乌鲁克文化时期。约公元前 3300 年。现存法国巴黎卢浮宫博物馆。

图 6.15　行走中的男子铜像。约公元前 3000 年。苏美尔早王朝时期。现存美国纽约大都会博物馆。

这两座坚硬的金属铸造人物像（图6.15）是一对男性裸体铜像，这两座男性裸体铜像几乎一模一样。雕像的主人公应该是一名英雄，他头戴羊角帽，肩披猛兽皮，脚穿上翘靴，展现出强健和力量之美，裸露着的下身昭示着男性的阳刚之美。雕像的创作年代是在古代苏美尔城邦诞生的时候，新的城市精神和新的世界观在人物雕像等艺术品之中，得到了充分的反映，现实主义精神就是其中的一个方面。从雕像中我们可以看到，人体的各个部分都得到了精到的描绘，而且形成了较高水准的模式或范式。

图 6.16　头顶盒子的男子铜像。约公元前 2900—前 2600 年。苏美尔早王朝时期。现存美国纽约大都会博物馆。

下面这座男性雕像（图6.17）的特别之处在于，其一它是由贝壳雕刻而成的；其二雕像中的人物是一名祭司，他正在履行祭酒仪式。根据苏美尔人的宗教传统，祭司在主持祭酒活动时都必须裸体。

图 6.17　一名祭司的贝壳雕像。约公元前 2550—前 2250 年。苏美尔早王朝时期。出自乌尔。现存英国伦敦大英博物馆。

二、另一种男性

古代美索不达米亚文明不仅表达了男性的一种美，即阳刚之美，还表达了男性的一种另类之美，即具有女性风格的柔美，这部分男人属于特殊的人群，即服务于王宫中的宦官或阉人。由于他们失去了男人的生理特征，他们的面部特征也发生了变化，他们不仅没有了男性体征的胡须，面容更具女性特征，甚至气质也更具阴柔之美。宦官或阉人在亚述帝国的宫廷中非常多，他们不仅服务于宫内，担任高级行政官员，还充当国王的扈从，随国王狩猎和远征，不仅帮国王抬扛武器，还亲自参与狩猎和战斗。

图 6.18　亚述国王提格拉特帕拉沙尔三世的抬武器者。约公元前 728 年。出自尼姆鲁德。现存英国伦敦大英博物馆。

图 6.19　亚述宫廷侍从。公元前 8 世纪中后期。出自尼姆鲁德。现存法国巴黎卢浮宫博物馆。

图 6.20　亚述国王萨尔贡二世的宫廷侍从。约公元前 721—前 705 年。出自霍尔萨巴德。现存美国纽约大都会博物馆。

图 6.21　手持蝇甩的亚述宫廷侍从。约公元前 865—前 860 年。出自尼姆鲁德。现存英国伦敦大英博物馆。

第三节　两性之美及其异化

根据宇宙万物的法则，阴阳的平衡是一种美，是一种创造生命和保持旺盛生命力的美。这种宇宙万物的平衡之美，在人类社会被称为和谐。阴阳的平衡转化成男女之间的和谐。和谐并不像通常所理解的那样，没有矛盾，没有冲突，没有原则，一团和气。简单的一团和气，不是和谐，而是一种病态。男女之间或两性之间同样如此。

一、爱情与婚姻

爱情是人类特有的精神活动，情爱不是。情爱是人和动物所共有的，情爱包括情绪、激情与冲动等内容，正如黑格尔所说："直观与冲动一样，是个别的东西，是感性的东西，不管其内容怎样，而这是人与动物共同具存的。"[1]不同的是，人是"完全具有意识者"，"动物是无意志的，它不能阻止它的冲动"。[2]人的意识特性在很大程度上，决定了爱情的发生。

在现代文明社会，爱情肯定是婚姻的基础，但在古代社会，情况就不完全如此。事实上，对于苏美尔人、巴比伦人和亚述人而言，虽然不能排除婚姻中的感情因素，而且可能也会有些浪漫情怀，正如文学作品中的爱情诗所表现出的那样，但他们的婚姻，"从根本上说，是一种生意性的安排，旨在保证和维持社会的秩序。尽管婚姻不可避免地存在着感情因素，但在国家眼里，婚姻的主要目的不是建立伴侣关系，而是为了生育人口；不是为了个人现时的欢愉，而是为了未来的种族延续"[3]。每一桩婚姻都开始于一份法律契约，正如《汉谟拉比法典》所规定的那样，如果一个男人结婚没有事先签订并执行一份婚姻契约的话，与他"结婚"的女子就不能算是他的妻子。尽管这样一对男女可能同居在一起，如果没有契约的形式，他们或他们的子孙后代都得不到国家和法律的保护。

女子在结婚前由其父亲保护监管，其父可以自由决定其婚姻；如果父亲不在，则由其兄长做主。如果一个女子因其父欠债而作为抵押品到债主家做工，其婚

1　黑格尔《世界史哲学讲演录》，商务印书馆 2014 年版，第 31 页。

2　同上书，第 32 页。

3　Stephen Bertman, Handbook to Life in Ancient Mesopotamia,Facts On File,Inc.,New York, 2003, p.275.

图 6.22　一对情侣陶土雕塑。公元前 2000—前 1600 年。古巴比伦时期。出自乌尔。现存英国伦敦大英博物馆。

图 6.23　一对坐着的情侣石像。约公元前 2550—前 2250 年。苏美尔早王朝时期。出自马里。现存叙利亚阿勒颇国家博物馆。

姻仍由其父或兄长决定；如果其父或兄长都不在，其婚姻就由债权人决定。女子在婚姻上毫无发言权，这是由妇女在当时社会的地位造成的。

男方通常交给他未来的岳父一笔当作女方身价的费用，此外，男方还需向女方送聘礼。女方从她的父亲处取得嫁妆，嫁妆后来就转归男方。《汉谟拉比法典》中对聘礼及身份有明文规定。第159条规定："倘自由民将聘礼送至其岳家，交付聘金之后，见其他妇女，而谓其岳父云：'我不娶你之女'，则女子之父得占有其送来的一切财物。"第160条规定："倘自由民将聘礼送至其岳家，交付聘金，而后女子之父云：'我不将吾女给你'，则女方应加倍归还一切致送与彼的财物。"第161条规定："倘自由民将聘礼送至其岳家，交付聘金，而后其友诽谤之，于是岳父告诉新郎云：'你勿娶吾女'，则女方应加倍退还一切致送与彼之物；而其友亦不得娶此妻。"这里，我们可以看到，聘礼类似预约金，目的在于证明双方签订婚约的严肃态度，也是作为保证履行婚约的一种手段。如男方破坏婚约，拒绝聘娶新娘，那么他便丧失先前所交纳的身份费和聘礼。假如女方的父亲不履行婚约，不准女儿出嫁，那么他应加倍偿还自己所得到的一切。

结婚前要举行订婚仪式，由女子未来的丈夫在女子头上洒香水并献上礼物。这以后，女子就成为其未来丈夫家中的一员。如果男方死了，她将嫁给他的兄弟；如果男方没有兄弟，她就嫁给他的近亲。相反，如果女方死了，男方又不想娶她的姐妹，那么男方就要收回所有的聘礼（除粮食以外）。如果订婚时年龄还小，尽管订了婚，女子还要继续与自家人生活在一起，直至适婚年龄。到了婚期，女方家长将新娘交给新郎，新郎在证人面前，揭掉新娘的面纱，并郑重宣布：她是吾妻。实际上，在正式的婚礼之前，男女双方可能并未见过面，根本不认识对方。结婚要有正式婚约，这样妇女才能获得“妻子”称号。如果没有契约，那么就认为该婚姻无效。《汉谟拉比法典》第128条规定：“倘自由民娶妻而未订契约，则此妇非其妻。”假如契约已经签订，纵使女方还留在娘家，她也是妻子，不能再嫁给别人。只要契约没有解除，男方就是丈夫；假如契约解除了，那么就产生违背婚约的后果，破坏契约的人，男方或岳父应付破坏契约的补偿金。

结婚以后，夫妻可以住在女方家中，也可以到男方家中住。如果是住在女方家中，那么丈夫就要给妻子一笔钱，称为“*dumaki*”。丈夫死后，除非死者既没有儿子也没有兄弟，不然这笔钱就不会成为寡妇的财产。当然，也可能“*dumaki*”被全部或大部分花掉了。中亚述法典第25条规定：“如果某女人还住在自己父亲的家里，而她的丈夫死去，她的丈夫的兄弟们尚未分居，而她又没有儿子，那么她丈夫的未分居的兄弟们可以拿走她丈夫给她戴上的和不曾遗失的一切装饰品……”第26条规定：“如果某女人还居住在自己父亲的家里，而她的丈夫死了，那么丈夫给她戴上的一切装饰品，如果她的丈夫有儿子，就可以由他们拿走。如果她的丈夫没有儿子，就可以由她自己拿走。”另一方面，如果年轻夫妇要住丈夫家中，那么妻子要带去嫁妆（*shirqu*）。嫁妆以及新娘收到的礼物是其子女不可剥夺的财产，其丈夫的兄弟无权得到。

一夫一妻制是美索不达米亚名义上实行的婚姻制度，家庭主要成员是丈夫、妻子和子女。但实际上，丈夫可以有妻子，也可以有妾（*esirtu*）。妾与妻子相比，地位较低，往往来自女奴。妾必须尊重并服侍法定妻子，即便为主人生有子女的女奴，如自视与女主人平等，也可能受到惩罚。当妾与法定妻子一齐上街时，才有权戴面纱。“妻子”（*hīrtum*或*aššatum*）这一称号只属于丈夫的法定妻子，在丈夫把面纱戴到她头上那一刻起，她就是他的妻子了。在《汉谟拉比法典》中就有有关规定。第137条规定："倘自由民意图离弃曾为之生子之妾，或曾使之有子之不育妇女，则应将此妇女之嫁妆归还，并应给她一部分田园及动产，使她能抚养子女。至她已将子女抚养成人，则应就给予其子女的全部财产中，以相等于一继承人之一份给她，而后她得嫁与她所喜爱之夫。"第145条规定："倘自由民娶不育之妇，她未使彼有子，而彼欲纳妾，则此自由民得纳妾，并带之进入其家；此妾不应与不育之妇平等。"第146条规定："倘自由民娶不育之妇，她给其夫以女奴，女奴生有子女，而后此女奴自视与其女主人平等，则因她生有子女，其女主人不得将她出卖；女主人得将她加以奴隶标记，而列之于其余女奴之中。"第147条规定："倘她未曾生子，则其女主人得将她出卖。"如果丈夫死在妻子前面，并且没有留下遗嘱，那么寡妇要继续住在丈夫的家中，由其子女奉养。如果是二婚，并与前夫有子女，那么，第二次结婚后生的子女要把她送回到第一次生的子女那里。寡妇如有幼龄子女，非经法院许可，不得再嫁。如丈夫被俘，妻只有在无法继续维持生活的条件下，方可再嫁。如果丈夫被释回家，她就应离开后夫，仍回到前夫处。

图 6.24　一张有夫妻在床上做爱的床的模型。公元前第 2 千纪初。古巴比伦时期。现存英国伦敦大英博物馆。

图6.24是一张床的模型，是用黏土烧制而成的，重点在于描绘夫妻过性生活的情景。学者们普遍认为，这类描绘夫妻性生活题材的作品，除了是对日常生活的真实再现之外，还有宗教祈祷的意义，即象征着能确保土地肥沃的宗教圣婚仪式。

二、夫妻生活

图6.28这块浮雕与图6.25和图6.27惊人地相似。它是德国考古学家罗伯特·科尔德威在巴比伦区域内的幼发拉底河干涸的水道内发现的，有13×7.7cm大小。黏土板由铸模制造而成，表明这类作品可以成批生产，也说明了为什么在古巴比伦时期留下了很多类似题材和画面的作品。这件雕塑表现的是一名只系腰带的男子和一名全裸的妇女做爱的场面，有趣的是，男人戴着高檐帽，在妇女的身后紧紧地抱住她的腰，采用的做爱方式是后入位，女子则屈身向前，用芦苇管喝着放在她前面的罐子里的酒或其他饮品。这件雕塑不是孤立的，与其几乎一模一样的作品在其他博物馆还有收藏，女子在做爱过程中所喝的饮品最可能是酒类的东西，因为酒在美索不达米亚人的生活中占据着非常重要的位置，就连神灵也喜欢喝酒，祭酒礼也是宗教祭祀场合的重要仪式，最重要的是酒能够对人身体产生兴奋的刺激作用，她们所喝的酒甚至有可能是有专门功效的酒。古代美索不达米亚人在很早的历史时期就发明了酒，酿酒的技术已经很高明。描绘这类场面的浮雕在古巴比伦时期非常常见，它们不仅出现在酒馆和妓院里，还出现在“神圣婚礼仪式”（节日期间由国王和女神举行的结婚仪式，女神通常由高级女祭司代替其履行仪式）上。在私人住宅、墓碑和寺庙里，也有发现。

据生活在公元前5世纪的古希腊历史学家希罗多德记载，巴比伦人有拍卖新娘的习俗，并且认为这种习俗是非常聪明的做法：

> 每年在每个村落里都有一次，所有到达结婚年龄的女孩子都被集合到一处；男子则在她们的外面站成一个圆圈。然后一个拍卖人一个个地把这些女孩子叫出来，再把她们出卖。他是从最美丽的那个女孩子开始的。当他把这个女孩子

图 6.25 描绘男女性爱场面的黏土浮雕。古巴比伦时期。公元前第 2 千纪初。出自巴比伦。现存土耳其伊斯坦布尔近东博物馆。

图 6.26 两座描绘男女性爱场面的黏土浮雕。古巴比伦时期。公元前第 2 千纪初。出自巴比伦。现存土耳其伊斯坦布尔近东博物馆。

图 6.27　描绘性爱场面的黏土浮雕。约公元前 1700 年。古巴比伦时期。可能出自巴比伦。现存英国伦敦大英博物馆。

卖了不小的一笔款子之后，他便出卖那第二美丽的女孩子。所有这些女孩子都出卖为正式的妻子。巴比伦人当中有钱而想结婚的，便相互竞争以求得到最美丽的姑娘，但是一般的平民想求偶的，他们不大在乎美丽，便娶那些长得不漂亮可是带着钱的姑娘。因为习惯上是当拍卖人把所有最美丽的姑娘卖完之后，他便把那最丑的姑娘叫出来，或是把其中也许会有的一个跛腿的姑娘叫出来，把她向男子们介绍，问他们之中谁肯为了最小额的奁金而娶她。而那甘愿取得最小额奁金的人便娶了这个姑娘，出售美丽的姑娘的钱用来偿付丑姑娘的这笔奁金。

这样一来，美丽的姑娘便负担了丑姑娘或是跛姑娘的奁金。谁也不允许把自己的女儿许给他所喜欢的男子，任何人如果他不真正保证把他买到的姑娘当作自己的妻子，他是不能把她带走的。然而，如果发现他们二人不同意的话，则规定要把付出去的钱退回。如果愿意的话，人们甚至可以从别的村落到这里来买姑娘。这乃是他们的风俗中最好的。[1]

从希罗多德的记载中可以得出这样的结论：被希罗多德所称赞的巴比伦人最好的风俗，体现的是买卖双方的公平与诚信，而与爱情或两情相悦无关。巴比伦人还有一个风俗，是被希罗多德所认为丑陋的，那就是妇女的神圣卖身习俗。据希罗多德说：

巴比伦人有一个最丑恶可耻的习惯，这就是生在那里的每一个妇女在她的一生之中必须有一次到阿普洛狄铁[2]的神殿的圣域内去坐在那里，并在那里与一

1　希罗多德《历史》上册，《汉译世界学术名著丛书》（分科本），商务印书馆 2011 年版，第 116 页。

2　即古希腊的爱情女神（亦译作阿芙洛狄蒂），相当于苏美尔人的伊南娜和阿卡德的伊什塔尔女神。

图 6.28 描绘性爱场面的黏土浮雕。古巴比伦时期。公元前第 2 千纪初。出自巴比伦。现存德国柏林国家博物馆。

> 个不相识的男子交媾。许多有钱的妇女，她们自视身份高贵而不屑于和其他妇女混在一起，便乘坐着双马拉的带围帘的马车到神殿去，她们身后还要跟着一大群仆从。但是大多数的妇女是坐在神殿的域内，头上戴着纽帽；这里总是有大群来来往往的妇女。在妇女中间，四面八方都有用绳子拦出来的通路，而不相识的人们便沿着这些通路行走来作他们的选择。一经选好了位子的妇女在一个不相识的人把一只银币抛向她的膝头并和她在神殿外面交媾之前，她是不能离开自己位子的。但是当他抛钱的时候，他要说这样的话："我以米利塔女神的名字来为你祝福"，因为亚述人是把阿普洛狄铁叫做米利塔的。银币的大小多少并无关系。妇女对这件事是不能拒绝的，否则便违反了神的律条，因为一旦用这样的方式抛出去的钱币便是神圣的了。当她和他交媾完毕，因而在女神面前完成了任务以后，她便回家去；从这个时候开始，不拘你再出多少钱，便再也不能得到她了。因此，那些颀长的美貌妇女很快便可以回去，但是那些丑陋的必须要等很长的一个时候才能够履行神圣的规定。有些人不得不在神殿的圣域内等上三四年。在塞浦路斯的某些地方也可以看到和这相似的风俗。[1]

除了希罗多德记载的以上两种婚姻习俗之外，在古代美索不达米亚，从苏美尔人开始就有一种非常奇特的婚姻形式，即所谓的"圣婚"。在每年的新年伊始，国王会与性爱和生育女神伊南娜或伊什塔尔结婚，都要举行盛大的婚宴庆典，代替伊南娜或伊什塔尔女神出席庆典并与国王结婚的是作为其化身的女祭司。美索不达米亚人相信，国王与情爱和生育女神或作为其化身的女祭司的结合，他们举行的盛大的神圣婚礼可以保证人口繁衍，人丁兴旺；保证土地肥沃，丰产丰收，果实累累。在这种结婚

1 希罗多德《历史》上册，《汉译世界学术名著丛书》（分科本），第 117-118 页。

仪式上和婚姻里，国王扮演的角色是情爱和生育女神伊南娜或伊什塔尔在仙境里的爱人——牧羊人杜木兹或塔木兹。同时，这样的婚礼仪式还具有另外的象征意义，即国王与女神的结合实际上是从上天领到了人间男女结合、结婚的神圣权利，正如一位学者所云："当成群的夫妇聚集在神庙周围参加这种典礼时，他们或许都接到了作为男人和女人、丈夫和妻子结合在一起的宇宙权利在精神上的许诺。"[1]

三、妓女与妓院

色情业可以说是人类文明与生俱来的东西，古代美索不达米亚文明为此也提供了一点儿很少但很有价值的材料。

美索不达米亚出现了妓院和妓女。妓院称为*ašar melulti*，意为"快乐的地方"，或称*bit aikreti*，意为"生殖器房"，妓女住在这里。汉谟拉比时代的书信中提到，妓女称为*harimtu*或*harmata šamhatu*或*šamuhtu kizreti*，她们之间有什么区别目前尚不清楚。妓女们出没在大街上、广场上、啤酒店或坐在妓院门口。尤其啤酒店更是妓女经常光顾的地方。没有资料表

图 6.29　亚述帝国时期的象牙镂刻妇女雕像。公元前 9—前 8 世纪。出自尼姆鲁德。现存英国伦敦大英博物馆。

1　Stephen Bertman，Handbook to Life in Ancient Mesopotamia，p.280.

明，她们被事先付钱，但这种职业收入是可观的。在神话《伊什塔尔降至冥府》中描写女神伊什塔尔不在，大地上所有生物都陷入休眠状态，“男人没有能躺在街上年轻女人的怀中”。在亚述法典中可看到，公共广场被描绘成卖淫的地方。例如中亚述法典第三表第七条规定：“如果某女人向男人做某种手势（从上下文可以看出是卖淫），有人以誓言揭发她，那么她应交出50明那铅，并应受20杖责。”其他文献也提到田野和公园以及*cul—de—sac*也是卖淫的地方。在《吉尔伽美什史诗》中就描绘了恩奇都怎样占有妓女（*šamhatu*）：“妓女露出她的乳房，伸开双腿，他被她的美丽所迷住，她不感到羞耻，拿起他的生殖器（*na—pis—su*），脱掉衣服，他躺

图 6.30　亚述帝国时期的象牙妇女雕像。公元前 900—前 612 年。出自尼姆鲁德。现存英国伦敦大英博物馆。

在她身上，她做了一个女人该做的事，使他感到满足。他的肌肉强壮，靠在她的身上（*eli sêri—ša*）。”

自由人妇女要戴面纱，这是其地位、身份的标志。奴隶或妓女若被发现戴面纱，则会遭到惩罚。如中亚述法典第40条就规定：“不论是某人之妻，不论是［……］妇女上街时，她们头部不应没有掩盖。某人之女［……］或是用面纱，或是用衣服，或是［……］应罩住。……妓女不应罩住，头部应露着。谁看到罩住的妓女，应把她抓着，提供证人，并把她带到宫廷的大门前。她的珍贵饰物则不许取走，抓到她的人可以取去她的衣服，她应受五十杖责，并在她的头上灌以松

图 6.31　亚述帝国时期的象牙镂刻妇女雕像。公元前 8 世纪。出自尼姆鲁德。现存美国纽约大都会博物馆。

脂。……女奴不应罩住；谁看到罩住的女奴，则应把她抓着，并送到宫廷的大门前。她应割掉耳，抓着她的人可取走其衣服……”

图6.29、图6.30、图6.31和图6.32这类题材的妇女雕像在古代亚述、叙利亚和以色列等地都有很多的发现，学者们给它们冠名为“窗户里的妇女”。这类作品多数都是象牙制品，与其他象牙制品一样具有腓尼基等非洲的渊源。在亚述帝国古都卡尔胡（今尼姆鲁德）发现一批这类象牙镂刻妇女雕像，它们与其他铜碗、家具部件和配件等一道形成了别致的异域风情。至于“窗户里的妇女”这类题材的象牙制品，具有典型的腓尼基特色。腓尼基人的象牙制作工艺在古代近东传播的范围较广，因此很难判断尼姆鲁德的这些“窗户里的妇女”的确切产地，可能是贡品或战利品产自腓尼基，也可能产自亚述帝国控制下的其他地区如叙利亚和以色列等，还有可能是腓尼基工匠在亚述本土制造的。对于这类象牙妇女雕像的确切意义，还不很清楚，有学者认为这类妇女通常是神圣的妓女。如果这个判断正确的话，她们就是人类历史上最早的“橱窗女郎”。

图 6.32　象牙镂刻妇女雕像。公元前 8 世纪。出自阿尔斯兰 · 塔什，古代哈达图，位于叙利亚北部。现存法国巴黎卢浮宫博物馆。

第七章

战争

人性的弱点

从某种意义上可以说，迄今为止的一部人类文明史就是一部战争史，因为自有史以来直至现在，人类在地球上所进行的战争几乎没有一天中断过。如果把人类作为一个整体来看待的话，和平反倒是连绵不断的战争期间的点缀，也正因为如此，人类各民族对和平都表现出了强烈的愿望和期盼。但这实在是个矛盾，因为争战是人类与生俱来的天性和弱点。这一点儿都不难理解，只要人类生活在地球这个有限的空间中，靠地球资源的滋养生存，就一定存在着竞争和争夺资源的情况，乃至兵戎相见。为生存而争夺空间和资源，就这一点而言，人类与其他生活在地球上的动物相比，并无本质的区别。所以说，战争是人类的天性，是人类与生俱来的弱点。所谓人类文明的发展，都是在努力挖掘和发现新资源、新能源，努力提高生产率，努力降低资源和能源损耗，从而提高人类自身的生存能力，减低发生战争的几率。然而正是在这个层面上，人类又展开了新的竞争，甚至又升级了新的战争，这种新的战争把以往战争给人类造成的灾难，以及唤起的对生命的敬重一扫而空。这种新的战争往往被发动者披上合理或合法的外衣，使得人性的这个弱点被令人迷惑的薄纱所掩盖而不易看清。因此，可以说，文明每前进一步，都是人类通过自身的努力在克服自己与生俱来的这个最大的弱点，而每一次努力都进一步放大了这个弱点。这个弱点是无法掩饰更无法克服的弱点，甚至将会成为人类自毁长城的致命缺陷。

战争越往古代追寻，人性的弱点就会暴露得越清晰，因为它较少掩饰，往往表现得更赤裸裸。一部古代美索不达米亚文明史同样是一部战争史，它向我们展示的是人类文明最初、最真实的人性的状态。

第一节　王冠、权标与武器

武器往往让人感受到更多的是科学技术的进步、人类聪明才智的提升，以及生存能力的加强，而它作为人类自相残杀的手段的特性，却容易被忽略。在现代人的意识里王冠是国王或皇帝权利及威严的象征，但实际上，在文明初期，王冠同时也是战争中有效的防御性武器。而权标则可以做为一种特定的武器，去击打敌人。由于文明初期的人们更多的依赖争夺资源生存，他们对武器的依赖程度更高，甚至达到了拜物的程度。最高的科技、最好的材料被用于武器的制造。同时对武器的装饰也成为人们的热衷，持有设计精美、制作精良的武器，是那个时期人地位尊贵、权势显赫、武力强大的文化符号和标志。

一、苏美尔阿卡德时期的王冠与权标头

古提人是一个神秘的民族，迄今没有人知道其来历和民族属性。但就是这样一个来历不明的民族摧毁了强大的阿卡德帝国，并且占据了古代美索不达米亚历史中长达一个世纪的统治。古提人的统治（约从公元前2250年开始，至公元前2120年结束）。遗憾的是古提人没有任何文献留传下来，我们甚至无法知道他们是怎样击败曾经不可战胜的阿卡德帝国的。这件古提人国王的权标头（图7.2）也是古提人留下的极少数文物之一，所以显得异常珍贵。

图 7.1（上图） 苏美尔城邦基什王麦萨里姆的权标头或武器锤。苏美尔早王朝时期。约公元前 2550 年。出自特罗，古代吉尔苏。现存法国巴黎卢浮宫博物馆。

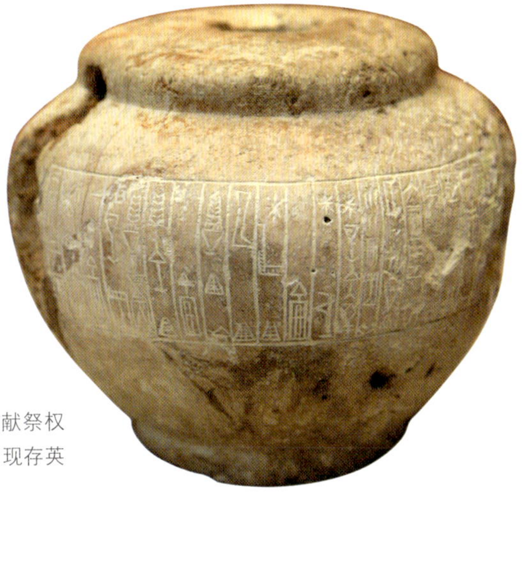

图 7.2（下图） 古提人国王拉阿拉伯的献祭权标头。约公元前 2150 年。出自西帕尔。现存英国伦敦大英博物馆。

在苏美尔和阿卡德时期流传下来的权标头和王冠之中，最著名的要数乌尔王陵出土的金王冠，它可以说是古代文明中的艺术瑰宝。关于这顶金王冠的主人，或者国王的身份，有学者认为是苏美尔早王朝时期乌尔第一王朝的国王麦斯卡拉都克，也有学者认为可能是他的儿子。另一个石狮权标头也显得很特别，在狮子的身上长出两个狮子头。遗憾的是，这个石狮权标头的主人不详。

图 7.3　乌尔王陵出土的金王冠。约公元前2650—前 2550 年。出自乌尔。现存伊拉克国家博物馆。复制品现存英国伦敦大英博物馆。

图 7.4　石狮权标头。具体属于哪一位国王不详。约公元前 2500 年。苏美尔早王朝时期。出自西帕尔。现存英国伦敦大英博物馆。

二、苏美尔阿卡德时期的武器

现在发现的苏美尔阿卡德时期的武器，以短剑、长矛和标枪居多。下面这件乌尔王陵出土的金短剑和剑鞘，格外令人瞩目。金剑和剑鞘设计精美，制作工艺精良，冶炼技术高超，在公元前3000年代尤其难能可贵。

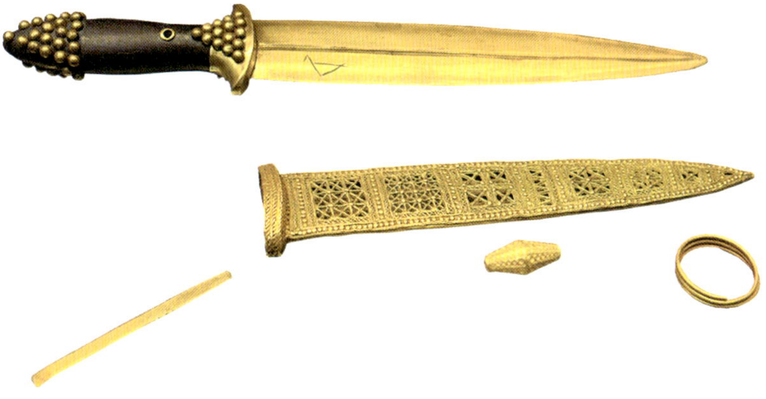

图 7.5　乌尔王陵出土的金短剑和剑鞘。约公元前 2600—前 2100 年。出自乌尔。现存伊拉克国家博物馆。复制品现存英国伦敦大英博物馆。

基什王的长标枪上不仅刻有花纹式图案，还刻有国王的名字。值得一提的是，“基什王”这个称号本身就是“强大之王”或“统一之王”的代名词。基什不仅是古代美索布达米亚第一个强大的城市国家，由于地处苏美尔北部，靠近阿卡德，它把苏美尔和阿卡德连接起来，使苏美尔的文化与阿卡德人的塞姆文化相互影响，创立阿卡德王国的萨尔贡大帝就曾服务于基什王宫。基什王具有统领苏美尔和阿卡德的象征意义，许多城邦之王都渴望拥有“基什王”的称号。因此，基什王的这件铜标枪也具有非凡的意义，是强权的标志。

图 7.6　标有基什国王名字的铜标枪。约公元前 2600 年。出自特罗，古代吉尔苏。现存法国巴黎卢浮宫博物馆。

长矛是古代美索不达米亚人常用的武器。根据乌尔军旗上所刻的画面显示，这种长矛通常带有木柄，战车兵用于战车之上。长矛无疑是步兵的随身武器，也用于骑兵和战车兵作战中，还用于狩猎活动中。

图 7.7　乌尔王陵中出土的金矛和银矛或标枪。约公元前 2600—前 2100 年。出自乌尔。现存英国伦敦大英博物馆。

乌尔王陵出土的一把铜合金短剑（图7.8），上面带有四个铆钉。下方是一个磨刀石，磨刀石上带一金环。可能是国王的随身防身武器，旁边是国王的战车。

在下面苏美尔和阿卡德时期的两件武器（图7.9）中，上面一件是长矛的头，在其下面的一件也是长矛的头，刻有狮子图案；出自乌尔王陵，苏美尔早王朝时期。

图 7.8　乌尔王陵出土的铜合金短剑。约公元前 2500 年。出自乌尔。现存英国伦敦大英博物馆。

图 7.9　苏美尔和阿卡德时期的武器。公元前 2300—前 2100 年。出白乌尔。现存英国伦敦大英博物馆。

三、亚述人的武器

亚述人的攻城术在古代世界是赫赫有名的，他们攻城所采用的攻城锤或攻城车也是非常独特的。攻城车分为四轮攻城车和六轮攻城车两种，四轮更轻巧，六轮力更大。另外，战车也是古代美索不达米亚最重要的武器之一，关于这一点，我们在下面的内容将予以阐述。

图 7.10　亚述王宫铜门上的浮雕。亚述四轮攻城车。约公元前 858—前 824 年。出自尼姆鲁德。现存英国伦敦大英博物馆。

图 7.11　亚述王宫铜门上的浮雕。亚述军队利用六轮攻城车攻打城堡。约公元前 858—前 824 年。出自尼姆鲁德。现存英国伦敦大英博物馆。

图 7.12　刻有亚述国王阿达德尼拉里一世之名的铜斧。公元前 1307—前 1275 年。现存法国巴黎卢浮宫博物馆。

图 7.13　亚述浮雕：战车及战车兵。约公元前 728 年。出自尼姆鲁德。现存英国伦敦大英博物馆。

第二节　兵种

兵种的丰富体现的更是战争方法的多样，这一点取决于战争尤其是具体战役或战斗所开展的条件，其中地理条件和人口条件又是最为关键的。

在古代世界，地理环境成为影响战争的重要因素，地理环境影响着战争的发生，影响着主要战略战术的制定，影响着武器的发明和使用，还影响着军队主要兵种的形成。对于美索不达米亚而言，还算优越的地理环境所造成的相对富庶，以及内部和周边民族为此展开的争夺成为战争的主要动因。开阔的平原以及发达的内河和海上交通，又为战争的展开提供了便利的条件。地理环境在很大程度上还决定着战略战术的制定，地理条件所提供的物质资料和战略战术一道共同影响着武器的发展与主要兵种的形成。构成主要兵种的士兵，他们的来源多半与他们的生产与生活环境，以及在生产和生活中培养起来的技能密切相关。换句话说，“每一个兵种都穿自己特色的服装，极大地显示出士兵的社区身份，每一支军队都出自不同的社会背景，他们都穿着不同的服装，使用不同的武器”[1]，“很明显，不同的部队使用不同的武器，这多半源于他们的家庭环境”[2]。

诚如一位亚述学家所云：“对于美索不达米亚人的生活而言，战争是一种自然状况。”[3]所以，美索不达米亚人在战争艺术方面所达到的高度——兵种的齐全、武器的精良，以及战略战术的发达等等，在人类战争史的发端处就奠定了较高的基础。

图 7.14　站立的武士铜像。公元前 3 千纪中期。出自利凡特。现存美国纽约大都会博物馆。

1　J.N.Postgate，Early Mesopotamia，Society and Economy at the Dawn of History, Routlege, 1995, p.245.

2　J.N.Postgate，Early Mesopotamia，p.245.

3　斯蒂芬·伯特曼《探寻美索不达米亚文明》，第 401 页。

一、战车兵

平原地区无疑是最适合用战车来进行作战的了，无论是古代的马拉战车，还是现代的汽车、坦克和装甲车等莫不如此。无论古代的还是现代的哪一种车，轮子都是至关重要的。轮子的发明是古代美索不达米亚人对人类文明最重要的贡献之一，马的驯养在美索不达米亚文明中也是较早发生的事，所以依靠马来拉动的战车的发明便是很自然的事情。遗憾的是，有关战车方面的文字资料，至今湮灭不彰，但幸运的是，保存下来了零星的模型和浮雕等资料。

根据现代军事史学家的评价，“战车的发明与发展是公元前第3千纪时对战争艺术的最大贡献”[1]，而这个贡献属于美索不达米亚最古老的民族之一苏美尔人。苏美尔人在最初发明战车之时，由于没有马匹，他们是使用野驴作为动力的。

战车在当时的美索不达米亚南部地区，属于最精良、高端的武器。苏美尔人的战车分为两轮的通讯车和四轮用于作战的重型战车。两轮车的优点是快速和灵活，缺点是控制性差，所以主要作通讯之用，用于运载传递军事情报和军事命令的信使。苏美尔人的四轮车是一种用于两人作战的重型战车，它能装载一名驾车手和一名手持长矛的士兵，它由四匹野驴拉动。苏美尔人的四轮战车在著名的《乌尔皇家军旗》中的军事场面中得到了充分的展示。在战车的前面有一个类似箭箱的装置，是用于装载长矛或标枪之类的武器的，长矛或标枪的箭头是用铜金属制作的。

苏美尔人的这种四轮战车虽然坚固、稳重，可以用于作战，但弱点同样突出，即在运动战中显得笨重，不够灵便，推进的速度缓慢，因为结实的车轮安装在轴心上，且前轴在转弯时不能旋转。这种战车的用途主要是配合步兵，去冲击敌方队形的，也可用来直接攻击敌军的统帅。

苏美尔人的四轮战车部队主要由有钱的贵族提供，因为战车的制作和装备非常昂贵，非寻常百姓所能够负担。与此相适应，战车和战车手也是社会地位的标志。在国王、王公大臣和有钱的贵族的陵墓中，战车通常是最耀眼的陪葬品。在阿卡德王国时期，战车失去了它至高无上的地位，因为阿卡德人的军队没有苏美尔人那样的城市文明生活背景，他们的战争通常都是远征，跨越的地域非常广泛，地形变化复杂，不同于苏美尔和阿卡德广阔的平原，适于战车的应用。到古巴比伦时

1　参见斯蒂芬·伯特曼《探寻美索不达米亚文明》，第406页。

图 7.15 亚述浮雕：战车兵。约公元前 728 年。出自尼姆鲁德。现存英国伦敦大英博物馆。

图 7.16　亚述王宫铜门上的浮雕。两轮战车。约公元前 858 – 前 824 年。出自尼姆鲁德。现存英国伦敦大英博物馆。

图 7.17　亚述浮雕：战车及战车兵。约公元前 728 年。出自尼姆鲁德。现存英国伦敦大英博物馆。

图 7.18　亚述浮雕：国王阿淑尔那西尔帕二世驾战车得胜回营。公元前 865—前 860 年。出自尼姆鲁德。现存英国伦敦大英博物馆。

期，尽管重型四轮车还发挥着重要的作用，但战车似乎主要用于一些仪式场合或宗教场合，作为祭神之用。

到公元前第2千纪，美索不达米亚的战车技术得到了发展，战车兵的作战能力得到了大大的改善，其中有一个非常重要的原因，是优良的马匹从中亚引进到美索不达米亚，且得到广泛的应用。两轮战车得到了改善和发展，成为主要的作战车型。这主要体现在亚述的军队中。新型的两轮战车在保持传统的苏美尔人四轮战车的稳固性的同时，又与两轮战车快速、灵活的优点结合在了一起，使其既稳固又不笨拙，既快速、灵活又可以控制。这种新型两轮战车在战场上的用途也发生了变化，它主要的功能不在于冲击敌方的阵型，而在于它的先锋突击队作用，因为这种战车实际上已经成为一个快速移动的发射台，战车上装配有三个人：一个是驾车手，负责操控战车；一个是弓箭手，负责向敌人实施射击；一个是盾牌手，负责用盾牌保护弓箭手和驾车手。亚述军队使用战车的技术十分娴熟，他们除了把战车用于战场，还用于皇家狩猎活动中。

二、步兵

在美索不达米亚历史的任何时期，在任何战争场合下，由平民和外邦人组成的步兵都是最主要和最基本的兵种和战斗力量。因此，步兵也是规模最大的。例如在亚述帝国时期，一次投入战斗的步兵就达十几万人。沙尔马纳赛尔三世就曾提到他的部队一次就有120000人向西穿过幼发拉底河（公元前845年）。辛那赫里布在一次对埃兰人的战役结束后，也曾炫耀自己消灭埃兰军150000人。如果他不是全歼敌军的话，埃兰军队的总人数肯定超过损失之数，那么亚述军队投入战斗的兵力也不会少于这个数，除非他们是以少胜多。

苏美尔早王朝时期的步兵，使用的武器多种多样。例如，在拉伽什王安那吐姆为纪念自己对邻邦乌玛的胜利所立的鹫碑上，就至少展示了三类重装武器。其一，拉伽什的一支部队肩扛着战斧。其二，另一支部队手持着扁斧，这种扁斧可以两用，即和平时期可以用作农具。典型的扁斧的斧头是用坚硬的铜金属制作的，重量超过1.25公斤。其三，另一支部队则是盾牌方阵和长矛方阵，他们手持硕大的盾牌——盾牌是用皮革制成的，皮面上配有金属铆钉，还有长矛。在这三类武器中，长矛可能是最为有效的武器，因为长矛队在乌尔第三王朝时期也特别受重用，舒尔吉就曾特别提到长矛队。

图 7.19　亚述浮雕：步兵手持弓箭、长矛和盾牌。公元前 640—前 620 年。出自尼尼微。现存英国伦敦大英博物馆。

图 7.20　亚述浮雕：弓箭兵在战斗中。公元前 865—前 860 年。出自尼姆鲁德。现存英国伦敦大英博物馆。

虽然弓箭在战车兵和骑兵等兵种中也有所使用，但弓箭在步兵中应用最广泛，弓箭兵是步兵队伍中最重要的兵种之一。弓箭的发明无疑与投石器的发明一样，拥有久远的历史，它也是古代最有效的远程武器之一。早在乌鲁克文化时期，就有统治者用弓箭猎狮的图画。[1]弓箭用于战争的最好例证，来自早王朝时期的马里，画面中还有许多盾牌。在纳拉姆辛的"胜利纪念碑"（图8.19）上，这位自称"世界四方之王"的阿卡德君主就手握一张弓。实际上，阿卡德人使用弓箭远不是从纳拉姆辛开始的，军事史家愿意相信，阿卡德人就是凭借弓箭征服装备精良的苏美尔人的。阿卡德人使用的弓箭不是原始的弓箭，而是发明于公元前第3千纪下半叶的一种合成弓。军事史家认为，"具有更长射程的合成弓的发明是革命性的，堪与几千年后黑色火药的发明相媲美"[2]。这种"具有革命性"的武器与普通的简单

图 7.21　亚述浮雕：投掷兵。约公元前 700—前 692 年。出自尼尼微。现存英国伦敦大英博物馆。

1　J.N.Postgate，Early Mesopotamia，p.249.

2　参见斯蒂芬·伯特曼《探寻美索不达米亚文明》，第 404 页。

弓不同，它不是用单一的木料制成的，合成弓由多种材料制成，木料、骨头，还有其他一些加强物，粘合在一起。合成弓最大的优点在于其牵拉强度的增大使得弓箭的射程大大增加，最大射程达600至800英尺。与此同时，弓箭发射的速度也大大提高。这些优点往往使得在把敌人放入有效射程范围之内的同时，自己还可以远远地置身于安全距离中。弓箭在亚述帝国的征服过程中也发挥了重要的作用。这从保存下来的亚述战争浮雕以及其他艺术作品中都得到了充分的表现。

除了弓箭、长矛、标枪、战斧和刀剑等最主要的进攻性武器，还有防守型武器，主要包括盾牌、头盔和铠甲。头盔最初使用的原料是毛毡和皮革，后来发展成为金属。铠甲也经历了一个发展过程。最初在苏美尔时代，是在用亚麻或皮革制成的斗篷上缝制金属片，以抵御敌人的进攻。到亚述帝国时期，出现了用重叠的金属鳞片缝制的专门的铠甲，这种专门的铠甲用于武装亚述精良的部队。这种专业的铠甲可以自由屈曲折弯，因此在战斗中反应灵活，应对自如。进攻性武器和防御型武器的“竞赛”，促进了古代美索不达米亚兵器的发展。

三、骑兵

骑兵可以称得上是古代美索不达米亚最精良的部队，但是它在公元前第1千纪以前发挥的作用很小，因为虽然马早已经被驯化，但马鞍和马镫还没有发明，所以人们无法骑在马上自由地使用兵器，无论是挥舞长矛、短剑，还是开弓放箭都是极其困难的。它的威力直到亚述帝国时期才真正显示出来。根据现有的材料判断，亚述骑兵队伍的规模应该是非常可观的。例如，一名地方官在一次征兵中就提到了1500名骑兵和20000名弓箭手。[1]由此判断，整个亚述帝国骑兵队伍的规模应达过万甚至过十万之巨。

图 7.22　亚述骑兵铜像。可能是阿淑尔那西尔帕二世统治时期（公元前 883—前 859 年）。出自美索不达米亚。现存美国纽约大都会博物馆。

1　H.W.F.Saggs，The Might That Was Assyria，Sidywick & Jackson, 1984, p.253.

亚述军队的最强战斗力表现在行军速度快，进攻速度快，追击退却的敌人速度快，这在很大程度上归功于骑兵的快速作战能力。亚述骑兵的马匹供应主要来源于被征服的北部和东北部臣属国，而武装起来的亚述骑兵又在亚述帝国镇压包括北部和东北部臣属国在内的各地反叛活动中发挥了重要作用。亚述骑兵的马匹有的是臣属国的纳贡物品，有的则是通过劫掠获得的。位于伊朗西北部乌尔米亚湖以南的地区是以盛产优良马匹著称的，所以亚述与其北部邻国乌拉尔图为争夺对这一地区的控制，连年不断地发生战争，他们争夺的是骑兵队和战车兵队所需要的马匹资源。萨尔贡二世对此曾如此炫耀：

> 对于那些居住在乌拉尔图那片土地上的人们来说，……他们对掌握骑兵马匹技术的喜好不复存在了。那些小马驹，……是为皇家军队喂养的，我们每年收集一次，然后把它们送到苏比（训练）基地（the Land of Subi）。我们看到它们所拥有的本领，它们不让任何人骑在它们的背上，它们不需要接受前进、旋转、撤退或者一切战斗训练。[1]

图 7.23　亚述浮雕：骑兵。约公元前 700—前 692 年。出自尼尼微。现存英国伦敦大英博物馆。

1　H.W.F.Saggs，The Might That Was Assyria，p.169.

图 7.24　亚述浮雕：骑兵征战中。公元前 865—前 860 年。出自尼姆鲁德。现存英国伦敦大英博物馆。

图 7.25　亚述骑兵征战浮雕。背后的秃鹫正在衔食敌人的肠子，约公元前 728 年。出自尼姆鲁德。现存英国伦敦大英博物馆。

通常提到的这一地区的优良马匹有两种，一种是库善马（the Kusian），一种是莫善马（the Mesian），它们产自北部或东部的不同地区。有很多文献资料表明，亚述人训练马匹的技术也是从这一地区的居民那里学来的。

四、工程兵

图 7.26　亚述浮雕：亚述工程兵利用云梯攻打敌人城池。约公元前 865—前 860 年。出自尼姆鲁德。现存英国伦敦大英博物馆。

亚述军队拥有专门的工程部队，用于为军事行动和战役修建道路、桥梁、营房、战壕和其他防御工事等，以保证军队战略战术的正常实施。从保存下来的图像资料中可以看出，古代亚述人的筑城术已经达到了相当高的水准。亚述人修建的军营，通常就构成一座长方形或椭圆形的坚固的堡垒，筑有高大的城墙，以及用于瞭望和发射弓箭等兵器。

亚述工程兵还用于亚述军队的主要战术之一——围城术。在亚述王宫的浮雕中，就保存有亚述军队围攻敌人城池和要塞、堡垒的生动画面。亚述军队通常把敌人的城池和要塞、堡垒围困起来，然后由工程兵修筑浮桥、栈桥和挖掘壕沟，以及制作其他攻城工具，配合围城战术的实施。

亚述工程部队的传统和技术，通过波斯人传给了古罗马人，最终成为西方古代军事文明的一个重要组成部分。

五、海军

古代美索不达米亚尤其是巴比伦尼亚，拥有十分发达的水路交通条件，也拥有造船的技术和传统，但巴比伦人把它们主要作交通和贸易之用，巴比伦人的海军几乎没有发挥重要作用。亚述人为满足其开疆扩土、建立庞大帝国之需，试图在其臣属国的帮助下建立自己的海军舰队。腓尼基人是古代世界最伟大的造船师和航海家，亚述帝国在征服腓尼基人的各城市，迫使它们称臣纳贡后，腓尼基人的造船和航海技术便被亚述人所利用。最初，亚述人直接利用腓尼基人的舰队出征，例如萨尔贡二世出征塞浦路斯指挥的就是腓尼基人的舰队。后来，亚述人把腓尼基人请到尼尼微来为自己建造船只，试图打造自己独立的海军舰队，亚述的统治者们对这一点是抱有很大的期望的，这种期望是与他们征服和统治世界的期望相一致的。辛那赫里布就建立起了自己的舰队，并派这支舰队出师波斯湾，但由于航海家和优秀的海军水手不是短时间内可以训练出来的，辛那赫里布舰队上的海军水手还得依靠腓尼基人，他们来自西顿和推罗等城市。强大的陆军是亚述统治者开疆拓土的主要依靠，海军则是他们的缺憾，建立强大的海军一直是亚述统治者们的梦想，他们都把每一次海军行动看成是十分重大的事件，要浓墨重彩地记录在自己的铭文中。

图 7.27　亚述浮雕：海军作战船。约公元前700—前692年。出自尼尼微。现存英国伦敦大英博物馆。

六、通讯兵、工兵、侦察兵和间谍

古代美索不达米亚的君王们并不是每次都随军出征，但他们需要随时了解战争的进展情况。另外，军队指挥官在指挥作战的过程中，需要向下传达作战命令，因此，通讯兵发挥着重要的作用。在古代美索不达米亚的战争中，已经出现了工兵部队、侦察兵和间谍。工兵主要用于暗中破坏敌人的防御工事等，他们通常通过暗中挖掘坑道来实施对敌人防御工事的破坏。侦察兵主要用于侦察敌情等活动。间谍则主要是获取敌人的重要情报等。通讯兵、侦察兵和间谍构成了古代美索不达米亚的军事情报体系。在公元前第2千纪的时候，美索不达米亚的信使们就在“幅员1000公里的政治和军事版图上穿梭着，从地中海到波斯湾”，“所有的信息都是通过谍报人员收集起来的”。[1]美索不达米亚的谍报系统在古代可以说是非常发达的。例如，有一份来自上美索不达米亚王国的文献，直接提到了间谍。这份文献是其国王沙马什阿达德的儿子伊什美达干给他弟弟雅思马赫阿杜的书信，内容如下：

> 当我到达伊克拉图姆城之时，我听到了哈尔布城（Harbu）叛变的消息，它投靠了埃什努那。我准备派出一支军队，但没有船只运载军队渡过亚波利亚河（Yabliya）。你收到这份泥板书信后，立即派20艘船到亚波利亚河，每艘船能运载120名（士兵）。如果你发送空船过来，将会引起敌人的注意，敌人的间谍人员将会向敌人报警。所以，要装上1000霍摩尔（homer）的粮食，搭载100霍摩尔的面粉和10霍摩尔的啤酒，按每艘船50霍摩尔粮食的比例平均装载，然后让船只顺流而下。当你下令发船之时，不要提及士兵的数量。当你下发命令时，应该这样指示：“我们发送的粮食船队是为了供给亚波利亚河的居民，面粉和啤酒是为了供给亚波利亚河的城堡”。（ARM V no.81ŠDurand 1998 no.539）[2]

这份文献一方面反映出当时的军事战略部署是非常周详的，另一方面也反映出当时的谍报系统也是非常发达的，所有的战略意图都需要较好的迷惑性或欺骗性。美索不达米亚谍报系统的发达还揭示出当时交通的便利和各国外交关系的畅通。可以想见，如果没有对地理环境的熟知，没有各国外交往来的关系，通讯和谍报系统也会受到很大的影响。所以，谍报系统的发达也从另一个侧面反映了古代美

1 J.N.Postgate，Early Mesopotamia，pp.250-251.

2 Marc Van De Mieroop,King Hammurabi of Babylon, Blackwell publishing, 2005, p.8.

图 7.28　亚述浮雕：通讯兵或骑兵翻山越河。公元前 704—前 681 年。出自尼尼微。现存美国纽约大都会博物馆。

索不达米亚地区的综合交往状况。

亚述帝国时期，谍报系统就更为发达了。公元前8世纪末面对乌拉尔图王国在东北部边境的压力，亚述的情报系统不断地通过书信的形式，从边境向国王报告乌拉尔图人的详细信息，包括他们随时随地所处的位置以及未来的动向或意图等。亚述的间谍获取了乌拉尔图军队的详细人数、行动方向、行军路线以及最终目的地等情报。亚述帝国的间谍人员或侦察兵称为“达雅鲁”（*dayalum*），他们被派往帝国领土进行情报搜集活动。为了获得敌人的详细情报，甚至包括各级头领的真实姓名，他们必须与敌人军队内部的人员保持必要的联系。敌人内部人员通过两种途径获得：一种是有目的地抓获俘虏，试图从俘虏口中审问出想要的情报；另一种则也是一直流传到现在的做法，即花钱雇佣或购买谍报人员。实际上，古代美索不达米亚的谍报人员不仅向他们的国王或中央政府报告有关敌人的军事情报，他们还搜集一切可能影响敌人军队士气的信息，例如敌人内部的宗教不满情绪等。为了使自己的情报系统发挥最大的威力，亚述的统治者们在自己的宫廷里招揽了熟悉各国语言的翻译人才。

第三节　战争场面

古代没有现代的高科技影像技术和手段，也没有战场记者拍摄哪怕最简单的照片，但仍有文字记载和艺术作品展现战争的场面。对战争场面的记述和描绘往往是战争胜利者所为，道理显而易见。记述和描绘的内容以及方法和手段，往往能体现胜利者对战争的态度，对敌人的态度，对俘虏的态度，以及对生命的态度。这些态度又最能折射出人性中最本质的东西。

一、行军与宿营

亚述人留下了一些表现亚述军队行军、渡河和宿营的浮雕。它们已成为珍贵的历史资料。下面这两座渡河浮雕和宿营浮雕，是其中的代表作。行军渡河浮雕的石材颜色特别，有玉石的质感。亚述军官正在带领和监督士兵渡河。有的士兵趴在脚旁的皮囊上，有的正把战车往船上抬。

图 7.29　亚述浮雕：军队行军渡河中。约公元前 865—前 860 年，出自尼姆鲁德。现存英国伦敦大英博物馆。

图 7.30　描绘亚述军队宿营的浮雕。公元前 865—前 860。出自尼姆鲁德。现存英国伦敦大英博物馆。

图 7.31　亚述浮雕：亚述军队筑有堡垒的营地。公元前 865——前 860 年。出自尼姆鲁德。现存英国伦敦大英博物馆。

图7.30是描绘亚述军队宿营的浮雕。图7.31是标准格式化的筑有图形堡垒的营地，在营地里有人在准备食物做饭；有祭司在通过动物内脏进行占卜，以决定未来战事如何进行。在浮雕的中间，是亚述士兵保养战马的情景，为战马洗澡和补充水分。在右边，是亚述士兵们庆祝胜利的场面，他们身穿狮皮服装，还有俘虏沦为陪衬。

二、战斗场面

围攻城池

都城是美索不达米亚城市国家存在的标志，攻下都城就等于征服了城市国家。所以以征服为目的的战争，其主要目标往往直指对方的都城。由于都城一般都

修筑有坚固的防御体系，很难一举而攻克之，所以围城成为最主要的攻城战术。巴比伦人和亚述人都非常善于围城术，他们已经把围城战提高到了艺术的层面。围城术首先是包围目标城市，切断其与外界的联系，尤其是切断其粮食和其他物品的供应，降低其抵抗能力，这样还会造成城中人的恐慌和混乱。在面对强大的敌人，单纯依靠攻城很难奏效的情况下，这个战术是最经常使用的。在亚述文献中，这样的记述比比皆是。最典型的案例就是亚述王辛那赫里布和亚述巴尼拔对巴比伦城的围困。辛那赫里布使“巴比伦城遭到了严密的封锁和围困，灾荒、饥饿，短缺……所有的城门都被严密封锁，没有一个人能够出得去……由于没人掩埋，尸骨堆满了巴比伦城的各个广场”，然后辛那赫里布一举攻克之。亚述巴尼拔对巴比伦城的围困，使城内的巴比伦人发生了严重的饥荒，“他们因饥饿而食自己的孩子，他们嚼

图 7.32　亚述浮雕。攻打城池。约公元前 865—前 860 年。出自尼姆鲁德。现存英国伦敦大英博物馆。

食皮带”[1]。

实施攻城计划则需要高度的组织。运输保障是最基本的前提，因为要拉载沉重的攻城设备和器械，比如有轮子、有装甲设备的攻城车等。为保证攻城士兵的饮食、休息甚至娱乐活动，亚述军队通常在城外修建筑有堡垒的坚固的营房。攻城的方法或手段多种多样。首先是工程兵修建浮桥或吊桥以及坑道，使攻城士兵渡过护城河接近城墙。然后，利用攻城槌或攻城车攻破敌方的城门。攻城槌或攻城车是安装在车轮上的一种快速移动装置，主体是圆木，撞击城门的部位是圆木的一端，在这一端上包裹着坚硬的金属，圆木攻城槌用金属链子吊在车轮装置上。攻城时，利用推动车轮前进的速度和力量形成对城门巨大的撞击力，从而攻破城门。为了使攻城车的速度加快、力量增大，亚述人通常修建专门的斜坡车道，斜坡车道主要是通过把土和石块填充到木框架结构中修建而成。攻破城门的另一种方法，是在城门的地基地下把建造城墙的基石挖出来，从而破坏掉城墙。还有一种突破城墙的手段，就是利用攀登城墙的梯子，攻城梯也是很有效的工具。当守城士兵利用弓箭和滚石甚至泼洒油类燃烧物进行防御抵抗时，攻城部队一方面利用盾牌掩护前进，另一方面利用移动的攻城塔对守城军队实施战略性打击。移动攻城塔上面搭载有出色的弓箭手，目的是对守城敌军的关键性防御据点实施有效打击，从而保证整个攻城部队顺利前进。

尽管使用攻城车、攻城塔和攻城梯等手段，在交战双方实力相当的情况下，终究还是易守难攻。古巴比伦早期的一份来自埃什努那王国的文献，就报告了敌人连续攻城失败的情况：

> 致我的主人：军队状况良好。城市安然无恙。我主的守军很强大。尽管阿摩利人发动的战争已经持续了10年，使用了10辆攻城车、10辆攻城塔和20架攻城梯（？），我仍然保持着我的城市的强大。我主不必担心。[2]

另一个用于围城术的攻城武器是火。火攻的方法有两种，一种在楔形文字文献中有所记载，但未发现有实战的例子，那就是用芦苇燃烧的烈火焚烧城墙，使城堡断裂，这种方法可能只对不太坚固的城墙才有效果。另一种在实战中屡获成功的火攻方法，是用弓箭向被包围的城市中投射火把，守城的军队也用弓箭向围城部队的攻城车上投射火焰。在特殊情况下，守城军队还试图使用近东地区富产的原油来焚烧围城军队专为攻城车修建的斜坡车道。亚述王埃塞尔哈顿为我们留下了相关的记载：

1 H.W.F.Saggs，The Might That Was Assyria，p.261.

2 J.N.Postgate，Early Mesopotamia，p.252.

正当我在这一地区高歌猛进之时，我修建的攻城斜坡车道……乌普莫城（Uppume）。在平静的夜晚，他们往斜坡车道上喷洒石油，并在上面点火。在众神之王，马尔都克的命令下，北风——众神之主的令人愉悦之风——转变了方向，火神喷射的火舌掉转过来，吹向了乌普莫城。火没有烧到斜坡车道，却烧着了乌普莫城的城墙，将它化为了灰烬。[1]

平原大战与游击战

战术的制定在很大程度上取决于战役展开的地理环境。美索不达米亚的地形非常富于变化，其中平原地区占据重要位置，因此平原战争自然非常多。亚述军队非常善于平原作战，他们的步兵、战车兵和骑兵都有优势。都适合于平原作战。平原作战往往很难避免短兵相接，因此最为残酷，最具血腥味儿。亚述王辛那赫里布为我们描绘了平原作战的惨烈状况。公元前691年，辛那赫里布率军在底格里斯河岸的平原地带迎战入侵的埃兰军队。辛那赫里布记载了入侵敌军的情况：

他们像春天的蝗虫一样群集前进，他们联合起来与我对峙，准备战斗。他们脚步卷起的尘土弥漫着宽广的天空，犹如寒冷天气里随时倾泻而下的暴风雨。他们在底格里斯河岸的哈鲁勒（Halule）与我摆开战斗的阵势。他们阻断了我通往饮用水的道路，做好了战斗的准备。[2]

面对这种局势，辛那赫里布向神祈祷，请求神灵保佑他获得胜利。然后戴上盔甲，踏上战车，投入了战斗。辛那赫里布对战斗，或更确切地说是自己的胜利，作了如下的记录：

在伟大的主，阿淑尔神的指挥下，我像飓风一样冲击敌人…我让他们溃不成军，我让他们节节败退。我用标枪和弓箭刺穿敌人军队。埃兰王的指挥官洪班温达沙（Humban – undasha），连同他的王公贵族们…我割断他们的喉咙，就像割断羊的喉咙一样……敌人血流成河，我跃动的骏马，训练有素，在马具的引导下，冲入由敌人身体流出的鲜血汇聚而成的河流。我的战车车轮被敌人的鲜血染红，被敌人的秽物污染。我用像牧草一样丰厚的敌人士兵的尸体，铺满了平原……[3]

1 H.W.F.Saggs，The Might That Was Assyria，pp.260-261.

2 H.W.F.Saggs，The Might That Was Assyria，p.258.

3 H.W.F.Saggs，The Might That Was Assyria，p.258.

图 7.33　亚述浮雕：骑兵征战中。约公元前 865—前 860 年。出自尼姆鲁德。现存英国伦敦大英博物馆。

从辛那赫里布的记录中我们看到，埃兰军队也使用战车进行作战，不过他们的战车手和骑手从一开始就抵挡不住亚述军队的冲击，战死沙场。辛那赫里布宣称，他获得了完全的胜利，歼敌150000人。

与美索不达米亚南部的平原地区不同，北部多山的地形更适合游击战。萨尔贡二世就为我们提供了一个游击战的精彩战例。萨尔贡二世的这个战例发生在伊朗西北部的山区，他是通过骑兵实施他的游击战的。

萨尔贡二世统治时期，乌拉尔图是亚述最强劲的敌人之一，曾经组成二十三国

图 7.34 亚述浮雕：骑兵征战中。约公元前 865 年 – 前 860 年。出自尼姆鲁德，现存英国伦敦大英博物馆。

反亚述联盟。萨尔贡二世率军远征，决心与乌拉尔图人决一死战，他最终战胜了乌拉尔图组织起来的二十三国联盟。在这个发生在伊朗西北部山区的战役中，萨尔贡二世显示了作为一军统帅的高超的战术素养。乌拉尔图国王和他的主要盟军意图利用多山的地形对亚述军队展开伏击战，但萨尔贡二世审时度势将计就计，利用游击战一举击败乌拉尔图及其盟军。整个游击战是这样进行的：

乌拉尔图国王及其盟军撤退至山里，而实际上设下了埋伏，引诱萨尔贡二世的军队进山，然后一举歼灭之。布置好了之后，乌拉尔图国王派信使向萨尔贡二世挑战，萨尔贡二世看清了形势，迅速采取了有效的游击战。尽管他的主力部队存在着问题，但萨尔贡二世置之不理，他率领他的私人骑兵卫队冲入敌人伏兵的心脏，骑兵卫队由一名指挥官带领，他自己则驾乘一辆轻装战车。面对萨尔贡骑兵卫队突如其来的袭击，乌拉尔图人的防线未及做出反应就被冲破了，萨尔贡二世占领了敌人

的大本营，并攻到了乌拉尔图国王本人的营前。乌拉尔图国王的战车根本无法参加战斗，因为驾车的马匹都被亚述军队射死了。乌拉尔图国王弃车而逃，其狼狈相成为亚述人的笑柄。乌拉尔图军队遭到重创，其残部慌不择路地逃进山里。

心理战

亚述人在征服和建立帝国的过程中，攻心术或心理战起到了重要的作用，亚述人特别擅长心理战。亚述人的心理战手段多种多样，这些手段的核心目的就是在心灵上不仅震慑对方，而且震慑四方，使亚述帝国四面八方都有恐惧感。

亚述人的心理战首先是向世人宣传，让他们相信，亚述人所从事的战争是“圣战”，他们所代表的是神的旨意。任何反抗神的旨意的企图，最终必将难以摆脱失败和灭亡的命运。亚述军队在获得战争胜利后，要把敌方的保护神的神座一起掳走，把敌人的精神依赖打垮。另一种心理战是向敌人和臣属国炫耀武力，让他们知道亚述帝国的强大，强大的亚述军队是不可战胜的，使他们不战而胆寒，目的是

图 7.35　亚述浮雕：描绘亚述军队移走敌人城市的保护神。公元前 728 年。出自尼姆鲁德。现存英国伦敦大英博物馆。

压制他们的谋反之心。在亚述王宫中描写战争场面的浮雕，就可以起到这样的作用。例如在卡尔胡的阿淑尔那西尔帕二世王宫中，似乎就有专门的展厅，以浮雕的形式向来访的各国统治者和使节宣示亚述的强大实力。亚述人往往在临战前还大打心理战，目的是企图不用付出任何代价就能迫使敌人投降。主要做法是在阵前向敌方部队喊话，目的是消磨他们的意志，瓦解他们同仇敌忾的抵抗情绪。例如，在辛那赫里布攻打耶路撒冷之时，他派代表用亚述语对这座圣城的官员们进行规劝，让他们放弃抵抗，臣服于强大的亚述帝国。在遭到耶路撒冷城市官员们的拒绝后，辛那赫里布的亚述代表又把宣化对象转向了城墙上的守城士兵，用希伯来语向他们喊话，告诉一些他们不知道并且他们的头领永远也不可能让他们知道的信息。

通过处理战俘的方式开展的心理战，是历史上最残酷的心理战。主要做法是，对战俘斩首示众，甚至以更残忍的方式示众，以警示远近的臣属国和其他敌人，反抗亚述或与亚述为敌是没有好下场的。一位亚述学家根据史料做出了这样的描绘："在达到其军事目的后，他们会接着劫掠和焚烧房屋，强奸妇女，把孩子活活烧死，以及残杀和残毁男人。牺牲者的身体或头颅被他们钉在城墙墙头的木桩上，或者砍断他们的手，割下他们的鼻子、嘴唇和头颅，并把这些东西堆积起来示众，向其他人说明抵抗亚述人统治要付出的代价。他们的尸体也可能被切割成小块喂狗、喂猪和饲养秃鹫。"[1]这样的例子比比皆是，萨尔贡二世镇压曼耐伊人（Mannaeans）反叛的战争就是其中之一。曼耐伊人居住在扎格罗斯山的另一边，伊朗西北部，乌尔米亚湖以南地区，他们处于亚述和其北部的主要竞争对手乌拉尔图的包夹之下。公元前716年的时候，曼耐伊人的国王是亲亚述的。然而乌拉尔图国王鼓动两名曼耐伊人的总督造反，谋杀了亲亚述的国王。萨尔贡二世不能坐视不管，他说："我在阿淑尔神面前举起了手，他将向曼耐伊人的土地复仇，使它重回到亚述的边界之中。"[2]他活捉了一名造反的总督，剥下了他的皮向曼耐伊人示众。曼耐伊人马上领会了这位亚述国王的意图，被谋杀国王的兄弟和继承者乌鲁苏努（Ullusunu），最初与乌拉尔图签订了同盟条约，现在则转向了亚述。萨尔贡二世说："曼耐伊人乌鲁苏努与他的整个国家集合在一起，握住了我的双脚。我对他们给予了怜悯。我原谅了乌鲁苏努的罪过，把他安置到了王位之上，从他那里收取贡赋。"[3]

以高额的金银悬赏反叛者的躯体，且无论死活，是另一种心里震慑。辛那赫里布和他的孙子亚述巴尼拔都曾经做过这样的事情。辛那赫里布以与反叛者身体同样重量的银子作为悬赏，而亚述巴尼拔则以与反叛者身体同样重量的金子作为悬赏，而且领赏者带来的无论是反叛者本人还是其尸体，都享有同样的奖赏。

对于溃败逃跑的敌军，不一定非要赶尽杀绝，目的是希望逃牛的敌人回到家乡后能够把自己经历和看到的惨状讲述给别人听，以收到"恐吓"的效果。这是亚述人采取的另一种形式的心理战，这种形式的心理战有时也很残酷，主要还是涉及到对待俘虏方面。"亚述人有时候不会屠宰俘虏，而只是弄瞎他们的眼睛，然后释放他们，让他们宣讲他们眼睛所看到的最后的恐怖情景。"[4]溃败的敌军士兵，如果没有被俘，情况要好一些。公元前714年，萨尔贡二世在击败乌拉尔图及其盟军的重

1 参见斯蒂芬·伯特曼《探寻美索不达米亚文明》，第 408 页。

2 H.W.F.Saggs，The Might That Was Assyria，p.250.

3 同上。

4 参见斯蒂芬·伯特曼《探寻美索不达米亚文明》，第 408 页。

要战役中，他公开声称："对于那些逃生的残余部队，我让他们自由而去，让他们去颂扬我主阿淑尔的胜利。"[1]结果，乌拉尔图及其盟军的残部，一些人逃到山上死在那里，另有一些人经过艰难跋涉返回故乡。返回故乡的士兵向自己的同胞们讲述着自己痛苦的战争经历，宣扬着亚述军队的强大和不可战胜，这些故事深深地打击着敌对国听众们的心灵。对此，萨尔贡二世这样记述到："他们的首领，那些亲历过战斗的人，那些从我武器下逃命的人，他们所接近之人，都被死神的恶毒笼罩着，他们向所接近之人详细地讲述着阿淑尔的荣光……所以，听他们讲故事的人也变得像死人一样。"[2]

三、虐待和屠杀俘虏

连绵不断的战争必然造成大量的战俘，在一般人的观念中，战俘沦为奴隶是很自然的事，但古代美索不达米亚并没有为此提供有力的证据。对于古代美索不达米亚的统治者们对待外国俘虏的态度或措施，我们可以援引美国著名学者I.J.格尔布的研究成果。I.J.格尔布的研究表明，在古代美索不达米亚，从最早的有文献记载的历史时期起，绝大多数的战俘都没有沦为奴隶。I.J.格尔布指出：

> 战俘一旦被捕获，便完全处于捕获者的支配之下。他们可能当场被杀戮，或随后在神庙中被奉献为牺牲；可能被分配到王室或神庙中从事工作；妇女可能被出嫁；国王和贵族可以被用来换取赎金，或作为人质；个人可能立即或随后马上就被出卖、放生或赋予自由。战俘有可能沦为奴隶吗？在理论上，答案是"yes"，而实际上为"no！"。[3]

在谈及战俘没有沦为奴隶的原因时，格尔布同样具有重要的见地：

> 因为离开故土的外国战俘无能力为他们的主人有效地从事生产；因为国家无力对众多难以驾驭的外来因素实行有效的控制；因为经济发展水平很低，只有最初级的剩余产品，还太虚弱，无力供养或利用最便利的大量奴隶劳动；以战俘劳动为基础的整个奴隶制，对于早期美索不达米亚的生产力来说，是不可能的，这一点似乎是显而易见的。[4]

---

1 H.W.F.Saggs，The Might That Was Assyria，p.249.

2 H.W.F.Saggs，The Might That Was Assyria，p.249.

3 I.J.Gelb，"The Prisoners of War in Early Mesopotamia"，JNES 32（1973）,p.90.

4 I.J.Gelb，"The Prisoners of War in Early Mesopotamia"，p.91.

图 7.36　亚述浮雕：亚述士兵正在割俘虏的头颅。约公元前 700—前 692 年。出自尼尼微。现存英国伦敦大英博物馆。

图 7.37　亚述王宫铜门金属雕刻。描绘亚述军队与敌人格斗的场面。约公元前 858—前 824 年。出自尼姆鲁德。现存英国伦敦大英博物馆。

图 7.38　亚述王宫铜门金属雕刻。描绘亚述军队残忍地对待俘虏。约公元前 858—前 824 年。出自尼姆鲁德。现存英国伦敦大英博物馆。

图 7.39　亚述浮雕：亚述士兵割下俘虏的头颅。公元前 700—前 692 年。出自尼尼微。现存英国伦敦大英博物馆。

图 7.40　亚述浮雕：亚述士兵正在割俘虏的头颅。约公元前 700—前 692 年。出自尼尼微。现存英国伦敦大英博物馆。

虽然在《汉谟拉比法典》中我们并未看到汉谟拉比对待外国战俘的态度或措施，但我们却拥有其后继者萨姆苏伊鲁纳在这方面的确切材料。根据萨姆苏伊鲁纳的皇家铭文，他“把所有俘获的埃什努那士兵（*érin*）如数释放，并赋予生命”。[1]

在亚述，对待战俘大体有三种方式：其一，以各种方式处死，包括砍头、用火焚烧，甚至更为残忍的凌迟和剥皮等手段。阿淑尔那西尔帕就曾这样血淋淋地记述

图 7.41　亚述浮雕：俘虏中的妇女与儿童。公元前 700—前 692 年。出自尼尼微。现存英国伦敦大英博物馆。

1　I.J.Gelb，“The Prisoners of War in Early Mesopotamia”，第 77 页。

道："对于他们的三千人战斗部队，我用武器把他们砍倒。……我把他们中的很多俘虏用火烧死，很多人我让他们活命，但我砍去他们一些人的双手和手腕，砍去另一些人的鼻子、耳朵和手指；我把很多战俘的眼睛挖出来……我把年青人和妇女用火烧死。"[1]在攻克了另一座敌人城市后，他又写道："我把（尸体）钉在城门前的木桩之上。很多贵族反抗，我把他们的皮剥下来，用他们的皮把木桩子包住……我在我的土地上把他们剥皮，用他们的皮来糊墙。"[2]其二，把战俘流放，迁徙到其他地区，这是亚述国家的一个基本统治战略。被流放的俘虏仍然保持着自由的身份，他们为亚述国家提供各种各样的服务。其三，把战俘释放。

至于什么样的战俘应被虐杀，什么样的战俘可以释放，根据现有的资料无法做出判断。亚述战争浮雕的内容显示，尽管亚述军队对待战俘采取剥皮和往木柱上@刺等残忍手段，但对妇女和儿童却是网开一面，浮雕中就有妇女和儿童悲伤和惊恐地看着自己国家的士兵（还有可能是自己的丈夫和父亲）被砍头的场面。

图 7.42　亚述王宫铜门金属雕刻。描绘亚述军队押解俘虏。约公元前 858—前 824 年。出自尼姆鲁德。现存英国伦敦大英博物馆。

1　H.W.F.Saggs,The Might That Was Assyria,p.261.

2　同上书，第 262 页。

图 7.43　沙尔马纳赛尔三世在巴拉瓦特的宫殿大门铜板雕刻画面之一。描绘亚述军队把俘虏钉在木桩之上的残忍场面。公元前 858—前 824 年。出自尼姆鲁德附近德巴拉瓦特。现存英国伦敦大英博物馆。

四、受降与庆功

战争经常是以一方的屈服而宣告结束的，要么把意志强加给别人，迫使别人屈服。但无论如何，对战争的记述却都是按自己的意志在进行，无论是战败的一方还是战胜的一方，有时甚至连谁是最终的获胜方，还有不同的记载，这一点在古代美索不达米亚的文献中就得到了体现。胜利方总是大张旗鼓地渲染自己的胜利，一方面宣传自己的威力，另一方面对其他外敌形成一种震慑。

图 7.44　亚述浮雕：战败的敌人向亚述王提格拉特帕拉沙尔三世投降。约公元前 728 年。出自尼姆鲁德。现存英国伦敦大英博物馆。

图 7.45　亚述王宫铜门金属雕刻。描绘亚述军队接受敌人投降。约公元前 858—前 824 年。出自尼姆鲁德。现存英国伦敦大英博物馆。

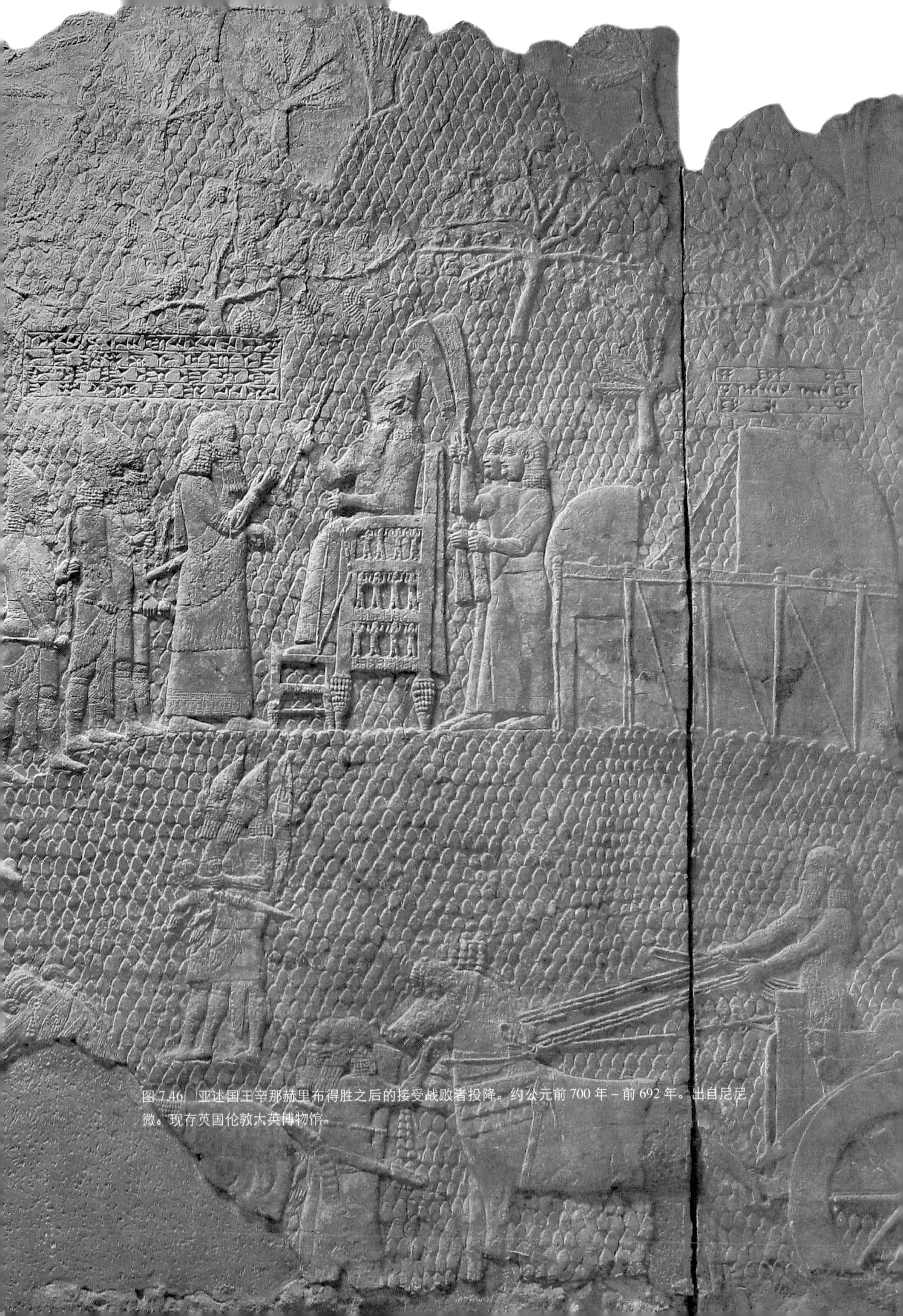

图 7.46　亚述国王辛那赫里布得胜之后的接受战败者投降。约公元前 700 年－前 692 年。出自尼尼微。现存英国伦敦大英博物馆。

图 7.47　亚述浮雕：战败者向亚述投降。公元前 865—前 860 年。出自尼姆鲁德。现存英国伦敦大英博物馆。

图 7.48　亚述浮雕：战败者向亚述投降。公元前 865—前 860 年。出自尼姆鲁德。现存英国伦敦大英博物馆。

《战后的庆功》（图7.49）浮雕表现的是亚述巴尼拔国王战胜埃兰国后，在御花园举行庆功的场面。在棕榈树林中的凉亭里，亚述巴尼拔倚躺在卧榻上，跟坐在他面前的王后正举杯欢饮。他俩衣着华贵，身上佩有各种金银珠宝，埃兰国王的脑袋挂在树上。王后身后的乐师们正演奏音乐。这幅浮雕不仅把亚述王获胜后的得意神态表现得淋漓尽致，而且也是少有的表现亚述妇女形象的作品之一。在亚述的所有浮雕作品中，只出现过辛那赫里布王后与亚述巴尼拔王后的形象，此外再也找不到其他妇女形象了。

图 7.49（上图） 亚述浮雕：亚述国王亚述巴尼拔与王后战后的庆功。公元前 668—前 631 年。出自尼尼微。现存英国伦敦大英博物馆。

图 7.50（下图） 亚述浮雕：胜利后的战利品迁往亚述。约公元前 728 年。出自尼姆鲁德。现存英国伦敦大英博物馆。

五、臣服与朝贡

亚述帝国长期征战的结果就是使其赢得世界的声誉，其版图不断扩大，财富不断涌入亚述帝国的政治中心，各种珍奇异物使亚述帝国应有尽有，人人臣服，万国朝贡。亚述人的艺术才能，或者说他们创作的艺术作品为我们提供了这方面珍贵的历史资料。

亚述王沙尔马纳赛尔三世的黑色方尖碑最具代表性，这也是古代美索不达米亚珍贵的文物。黑色方尖碑主体为方柱形，碑头为四级塔形，故称方尖碑。整个碑分为三部分，底座和顶部的尖塔形都刻以楔形文字铭文，中间的主体部分的四面则分为上下五栏，以雕刻的画面描绘历次战争后，臣属国向亚述王纳贡的场面。每栏之间以简短的铭文分解五栏描绘的纳贡人，分别来自伊朗西部的基尔扎努，以色列王耶户，伊朗东部的穆斯里、幼发拉底河中部的苏希和土耳其南部的帕提纳人。

图 7.51　亚述王沙尔马纳赛尔三世黑色方尖碑 A 面的最下方一栏。描绘来自土耳其南部帕提纳人国家卡尔帕伦达的使臣向亚述国王进贡的场面。

沙尔马纳赛尔三世的黑色方尖碑，每面以不同的画面描绘来自五个不同地区国家使臣朝贡的场景。下面呈现的是D面和A面。A面的前两栏描绘沙尔马纳赛尔三世亲自接受贡品的场面。D面的画面内容从上到下依次为：

1.来自基尔拉努国王手下的五位官员，带着“银、金、锡和大铜锅”等贡品，前来亚述宫廷朝拜。

2.五名来自以色列的纳贡者，带着“金、银、金碗、金海碗、金容器、金桶和锡”，前来亚述宫廷朝拜。

3.穆斯里人带着贡品——“猴子”和养猴人，前来亚述宫廷朝拜。

4.四名来自苏希的纳贡者，带着“银、金、金桶和象牙”等，前来亚述王宫朝拜。

5.四位帕提纳人纳贡者，带着“金银容器和大铜锅”等贡品，前来亚述王宫朝拜。

图7.52　亚述王沙尔马纳赛尔三世黑色方尖碑。描绘来自世界各地的人们向亚述国王进贡的场面。约公元前827年。出自尼姆鲁德。现存英国伦敦大英博物馆。

图 7.53　亚述浮雕：敬献贡物的人们。约公元前 865—前 860 年。出自尼姆鲁德。现存英国伦敦大英博物馆。

描绘亚述宫廷生活的浮雕成为另一重要的表现形式，八方朝贡的场景是亚述君王们要极力渲染的，目的是对来亚述王宫拜访的外国君臣们起到宣化的作用。有三幅《祭献贡物的人们》浮雕是这类作品的佳作。一幅是阿淑尔那西尔帕二世时代的作品（图7.53），描绘的是叙利亚人和腓尼基人向亚述国王纳贡的情景。另两幅则是萨尔贡二世宫殿里的装饰物（图7.54）。浮雕中长须老人手捧羊羔和植物，身穿羊毛长袍，长袍边缘绣着精致的花边。从浮雕作品不难发现，亚述君王们很喜欢异域的珍稀动植物，尤其是阿淑尔那西尔帕二世和萨尔贡二世，他们都喜欢用这些动植物装饰自己所钟爱都城的花园。

图 7.54 亚述浮雕：敬献贡物的人们。约公元前 721—前 705 年。出自霍尔萨巴德。现存法国巴黎卢浮宫博物馆。

第八章

艺术

让人成为人

艺术从诞生那一天起，就是人类所特有的活动，艺术创作是人类区别于动物界的本质性标志之一。艺术或艺术作品是人的创造物，同时其内容，更确切地说，其内容所表现的思想又在塑造人，创造人。艺术从一开始就是以人为核心的活动，必然体现出人本主义的色彩和精神。不如如此，世间万物本无所谓美，也无所谓丑，物质只是客观存在，美丑是人的评价和感受。德国著名哲学家、西方现代哲学的开创者尼采对此做出了精辟的论述，他说："人相信世界本身充满了美，——他忘了自己才是美的原因，""没有什么东西是美的，只有人是美的。全部美学就建立在这个朴素的观念上，它是美学的第一真理。我们马上为其补充第二条真理：没有什么东西是丑的，只有退化的人是丑的，——审美判断的领域就此得以规划。"[1]

传统上一般认为，美索不达米亚的艺术具有浓厚的宗教色彩，这一点实在有失偏颇，美索不达米亚的艺术从来都具有人文主义的色彩和精神，就连美索不达米亚人的宗教也体现出浓厚的人文主义精神。

第一节 雕塑与浮雕

陶器可以说是任何文明都十分常见的文物，换句话说，几乎任何文明都经历过陶器时代，陶器是人类文明最早的见证，也是人类最早的生活伙伴，而且一直持续到今天。

对于古代美索不达米亚的艺术家们来说，在艺术创作方面他们是不幸的，因为供他们进行艺术创作的材料实在是太有限了；另一方面，他们又是幸运的，正是由于材料的局限性才更凸显了他们的专业能力和审美水平。在文明开始的南部地区，只有黏土是可以随时随地找到的，其他材料如石材就只能依靠进口了。正因为如此，陶土造就了古代美索不达米亚最早的艺术形式——陶器。陶器既是艺术品，更是美索不达米亚人的生活用具。古代美索不达米亚的最早艺术品可追溯到新石器-青铜时代，即公元前7千纪早期。哈苏那文化、萨马拉文化、哈拉夫文化、欧贝德文化甚至乌鲁克文化都属于陶器文化，陶器都占有非常重要的地位。在这些文化时期，陶器的不同风格反映出的是不同的文化特征。陶器的发展也经历了从无彩到彩陶的艺术演进过程。

1. 尼采《偶像的黄昏》，第65—66页。

由于陶器存在的普遍性和日常广泛的用途，尤其是与那些珍贵、稀缺和宏大的艺术品相比，似乎不会引起人们足够的兴趣和关注。然而，除了自古至今它始终成为人类生活不可或缺的伙伴之外，它还是现代考古学家最为倚重的好朋友，考古学家往往会根据陶器来断定历史年代。关于陶器在考古学和历史学方面独特的价值，一位学者给出了清晰的阐述："它的普遍性使陶器的遗留物在古代遗址上遍地都是，而不像其他更珍贵一些的人造制品只有有限的数量得以保留下来。尽管花瓶脆弱易碎，一旦破了，花瓶的碎片（也被认为是陶瓷片或者称碎片）事实上是毁灭不了的，而且能持续达上千年。正是陶器的易碎性，使其受到考古学家的钟爱，因为陶器一旦破碎就得更换，而更换的也不是一模一样的东西，而是在实际风格上有细微变化的替代品，比如形状、组织，或是在原件生产后采用的一些装饰等等。这种风格上的可变性使陶器成为变化的化身，如同记录陶器所属文化时期的时间标记。找到足够可以测定时代的陶器，就能确定陶器周围文化遗产的时期；在两处文化遗址找到类似的陶器，就能清楚它们是产自同一时期的。因此，陶器这种地位卑微的艺术便成为历史的陪衬品，从陶器开始的新石器时代一直到现代，为人类提供了年代计时服务。"[1]

一、黏土陶像

除了具有实用价值和艺术审美价值的陶器之外，古代美索不达米亚人还拥有较发达的陶制艺术品。与陶器不同，这些陶制艺术品的价值首先不在于实用，而在于其宗教文化和艺术价值。

首先是人物雕像。人物雕像是古代美索不达米亚文明留给我们的最重要的艺术遗产之一，从材料角度讲，包括陶像、石像、金属雕像以及象牙雕像等主要形式；从人物背景或主题角度讲，包括君王雕像、普通男人像、普通女人像以及祭司像和达官贵人像等。相比之下，神的雕像就显得更少和不那么重要，这是我们所说的人本主义艺术的重要标志之一。从艺术形式和思想性方面来看，人物雕像表现出了世俗主义和现实主义两大倾向。其中裸体艺术和人物肖像为两大代表性艺术形式。关于裸体艺术，可参照第6章"两性之美"，我们在那里已经进行了展示和阐述。

1　斯蒂芬·伯特曼，《探寻美索不达米亚文明》，第 346 页。

这一时期人物肖像的现实主义特征非常鲜明，下面一幅妇女肖像和一幅男子肖像具有典型性。其中妇女头戴帽子，脖上戴着项链，由此可以判断，妇女所戴的帽子主要是起装饰作用的，与其他饰物一起展现女性美。另一位男子可能年龄稍大，肖像除了描绘出他具有艺术美的卷曲头发外，对其额头皱纹的刻画与卷曲的头发形成了呼应。他那深深的皱纹仿佛记录着岁月的磨蚀，同时展示了一种艺术手法。

图 8.1　一妇女头像。公元前 2000—前 1600 年。古巴比伦时期。现存美国纽约大都会博物馆。

图 8.2　一男子头像。公元前 2000—前 1600 年。古巴比伦时期。现存美国纽约大都会博物馆。

其次是动物陶像。在美索不达米亚文明的早期，动物黏土陶像非常普通，常见的动物主要是羊和牛，狮子像相对稀少，石雕的狮子像是在后世才盛行的。动物雕像在一定程度上反映了美索不达米亚文明的发展阶段或发展历程。在早期生产力低下的时代，牛羊等温顺或易驯养的动物是美索不达米亚人的主要生活依靠，牛羊等动物陶像更多地反映出人们对生活的期盼和寄托。随着生产力的提高及其所推动的文明的前进，征服和驯化更凶猛的动物成为展示人类力量和意志的象征，这类的动物雕像如狮子像逐渐多了起来，而在这期间随着生产的“过剩”和贸易的发展，美索不达米亚所缺少的石料和金属，以及其他材料大量涌入，它们成为雕刻狮子和其他凶猛动物的主要材料。

图 8.3 守护神庙的狮子头像。陶土制作。公元前 2 千纪初期。出自巴比伦。现存法国巴黎卢浮宫博物馆。

上面两尊陶土狮子塑像，表现出了完全不同的艺术风格。上面的一尊（图8.3）年代比较早，时间在公元前2000年代初期，属于古巴比伦时期。这尊古巴比伦狮子雕像具有明显的拟人化表现手法，狮子雕像无论是从正面看还是从侧面看，都更具有人物雕像的特征，狮子看起来都很像是一个人的存在。一般常见的雄狮脖颈上飘然的长毛，在这尊雕像中变成了盘头的长发，且整齐的线条纹路像辫子一样梳理得美观、漂亮。从侧面看，则让人具有另一番联想，被梳理得井井有条的长毛，仿佛精心编织的帽子和披肩织连在一起，从头部一直覆盖到肩部。下面的一尊狮子（图8.4）像则具有典型的“守护神”的形象，面部表情狰狞凶狠，令人望而生畏，这是亚述帝国威严的写照。

用于宗教活动或宗教仪式的器皿，一般都拥有独特的造型，这些独特的造型与其所承载的内容一起，营造出神圣、威严的敬神、献祭的宗教氛围。例如，著名的伊什塔尔女神罐（图5.7），其形状略呈圆锥形，顶部开口的“脖颈”处带有两条装饰线。整个陶罐呈浅粉色，伊什塔尔女神的整个身体呈粉红色，头部带有神灵所特有的三角形佩饰。对展示女性美的“三角区”，艺术家也进行了线条式的勾勒。陶罐上的鸟、鱼和龟等，也都刻得栩栩如生，它们环绕在伊什塔尔女神周围，象征着女神赐予生命的力量。又如古巴比伦时期一件出自叙利亚的塔状祭祀器具（图5.35），塔式造型显得非常高大，一个人气宇轩昂地驾驭着两头狮子，位于塔的最顶端。在器具的顶部附近，有多个叙利亚-安那托利亚风格的印章印迹。

图 8.4　赤陶动物雕像。约公元前 700—前 500 年。现存英国伦敦大英博物馆。这尊动物雕像可能是作为圣物献给某位男神或女神的。

二、石雕塑像

图 8.5　石质人头像。公元前3300—前 3000 年。乌鲁克文化晚期。出自泰尔 · 布拉克。现存英国伦敦大英博物馆。

苏美尔和阿卡德时期的圆雕艺术苏美尔人创造了古朴浑厚的艺术品，并在一个时期达到相当高的水平。各种形状的苏美尔雕刻，无论是圆雕还是浮雕，虽然很多都与宗教活动或宗教仪式有关，但它们与其他非宗教题材的雕刻作品一道，仍然表现出了浓厚的世俗主义和现实主义风格。从作品内容上来说，苏美尔和阿卡德的雕刻以人物雕像最为突出。在人物雕像中最为著名的作品包括君王雕像、祭祀活动中的人物雕像以及普通的男人像和女人像等。

两尊属于约公元前3300年乌鲁克时期的裸体男性雕像（图6.14），容貌、仪态和表情几乎一模一样，似乎表明他们是孪生兄弟。同样属于乌鲁克文化时期的男性头像（图8.5），也很具特色，长长的脖颈，削长的脸型和长长的鼻子透出一股尊贵的气质。这尊人头雕像可能是神，也可能是祈祷者。在头像后面的垂直沟槽设计，以及两边的钉子洞表明，它最初可能是固定在一根柱子上的。

约属于公元前3000年的著名的乌鲁克花瓶（图5.22）所描绘的场面，则是一队裸体的男人在向伊南娜女神敬献贡物。值得一提的是，类似的宗教祭祀场景在古代美索不达米亚的艺术作品中很常见，它揭示出的是一种特殊的宗教文化。我们知道，国王在进入祭祀现场举行祭祀活动之前，要经过几道门进行洗浴净身，很多情况下人们都是赤裸着身体向神献祭，可能也是由于净身之故。

在泰尔·阿斯马尔（Tell Asmar）的阿布神庙（Abu）的地窖里，完好地保存着一批约属于公元前2600年的圆雕人像，为我们了解早期美索不达米亚的苏美尔人的雕塑提供了重要实物。这些雕像中有形体高大的阿布神和一位女祈祷者（图8.6），基座上明确地雕刻着他们身份的标志。在神像对面站立着一排大小不一、服装各异的祈祷者。其中，有9名是男性，身穿当时传统的大衣。一个秃头、胡须理得很干净的人被认为是祭司；其余的人有浓密的胡须，长长的头发，这些都是用规整的皱纹和

图 8.6　埃什努那阿布神庙地窖雕像群的两尊雕像。左侧的为阿布神，右侧的为祈祷者。约公元前2600 年。出自泰尔·阿斯乌尔，古代埃什努那。现存伊拉克国家博物馆。

黑彩表现的。眼睛镶嵌贝壳和天青石。第12尊雕像是雪花石膏雕刻的跪状祭司，根据礼仪，呈裸体状，并戴一个小圆形头饰。这些雕像都是双眼平视着前方、耸肩抬头、双手紧握并贴在胸口，显得十分虔诚。

阿卡德王国的建立带来了艺术上的飞跃，丰富了苏美尔稚朴的造型语言。在尼尼微出土的铜制雕塑头像，可以作为这一方面的范例，这个头像被认为是阿卡德王朝奠基者萨尔贡大帝的头像（图4.14）。面部塑造简练而逼真，须发的装饰手法独特而有力，在苏美尔石雕的基础上前进了一步。

另一座阿卡德时期的妇女雕像（图8.7）把一位妇女从衣着到神态刻画得颇具感染力。这位妇女的头饰显得很特别，类似帽子的头饰拥有三重波纹的群沿，加上毛质感很强、带有图案设计的披肩，使她的女性魅力更增添了几分。略显冷峻的表情，加上眼珠脱落留下的两个大眼孔，使人很难看清其内心的世界。

图 8.7　阿卡德时期的妇女雕像。石灰石。可能出自乌玛。现存法国巴黎卢浮宫博物馆。

图 8.8　拉伽什王古地亚石雕像。约公元前 2120 年。出自特罗，古代吉尔苏。现存法国巴黎卢浮宫博物馆。

古地亚时期的雕塑特点是把古苏美尔装饰风味与阿卡德王朝的粗犷风格有机地结合在一起。保存下来的一些古地亚雕像，制作技术十分高明，是用坚硬的花岗石雕凿的，表面精心打磨，石面显得光滑明亮。古地亚坐像是其中一件优秀作品（图 8.8）。雕像上，古地亚正在沉静地思考着。他身穿单薄的长衫，袒露着右臂，衣衫下健壮的肌肉组织十分清晰，衣服的褶纹刻得很逼真。古地亚双手合胸，两眼直视，膝头上放着神庙的设计图纸。座椅上所铭刻的楔形文字，详细记述了当时神庙的修建过程。

古地亚雕像中的一些头部雕像，尤其值得重视。在脸部处理上，显示出表达肖像特征的愿望。特别强调了凸出的颧骨、浓眉、四方的中央内凹的下颚。

大约在古地亚统治时期与乌尔第三王朝统治时期的交合点上，创造出类似白大理石妇女头像这样卓越的作品，这个头像上的眼睛，是用天青石镶成的。从这件雕像上，明显地可以看出雕塑家对于优雅、对于造型的优美、柔和的表达的追求，同时，在眼睛与头发的处理上，也表现出现实主义倾向。

古巴比伦和加喜特时期的圆雕古巴比伦时期遗留下来的雕塑很少。在马里发现的“手持流出液体的石瓶”的女神像（图8.9和图8.10），从风格上看，基本是传统的处理方法，女神手持石瓶，瓶中流出象征丰收的液体，水纹和衣纹融为一体。在苏撒山区发现的一尊黑色花岗岩雕凿的帝王头像（图4.25），与汉谟拉比法典碑上的帝王形象十分相似，头戴宝冠，长髯编织成规则的纹样，眉毛和眼眶的造型保持着苏美尔-阿卡德时期的古老传统，两眉相连，形成呆板的半圆形。这个头像被假定为汉谟拉比的肖像。这幅肖像表情冷峻，神态刚毅，颇具帝王的气质。古

图 8.9　手持流水花瓶的女神雕像局部。公元前 2 千纪早期。出自马里。现存叙利亚阿勒颇国家博物馆。

图 8.10　手持流水花瓶的女神雕像。公元前 2 千纪早期。出自马里。现存叙利亚阿勒颇国家博物馆。

图 8.11　石灰岩妇女雕像。约公元前 1750 年。古巴比伦时期。出自乌尔。现存英国伦敦大英博物馆。

巴比伦时期还留下了一个脸和手都镀了金的青铜小雕像（图4.27），它表现了一个态度虔诚、神态动人的形象，雕像在跪着祈祷。也有学者认为他也是汉谟拉比的雕像。另一尊出自乌尔的妇女石雕像（图8.11），则粗放之中见细致，表情之中有一种平和、淡定之美。

还有一个现象非常值得注意，那就是汉谟拉比虽然取得了比他之前的统治者都要大的丰功伟绩，但他并没有像他之前的统治者如纳拉姆辛和古地亚一样自称为神，这是非常有趣的事情。

加喜特人给我们留下了一种非常独特的艺术形式，它就是通常被称为界碑石的库都鲁。实际上，库都鲁是记载国王赠与土地的石碑，石碑上通常雕刻既美丽又有寓意的图画。

加喜特王朝的国王美里施帕克留下了两座独特的界碑。一座是尚未完成的界碑（图8.12），颜色也与通常的暗色或黑灰色界碑不同，这座界碑呈浅米色。界碑用于书写铭文的中间栏空白。在石碑顶部的蛇形环带分为上下两部分，上面是万神殿中的主要神灵，下面是乐师神和动物神。界碑的底部有角蛇环绕，象征着马尔都克神。

图8.13是加喜特王朝国王美里施帕克的另一座界碑，记述国王把土地赠予其女儿的事情。国王手举至嘴前做虔诚祈祷的手势，将女儿引至娜娜亚女神面前。三个星宿代表各自神灵的符号：伊什塔尔之星、沙马什的太阳和辛神的新月出现在天空中以作为证人。石碑的另一面完全被凿平，没留下任何信息。

另一块界碑（图8.14）还有一段故事，它是马尔都克·阿普拉·伊丁那王复制的，原作是那兹·马鲁塔什王（公元前1307—前1282年）统治时制作的。根据伊丁那新建界碑的铭文记载，那兹·马鲁塔什王向马尔都克神庙敬献了一块土地，当时制作

图 8.12　加喜特王朝国王美里施帕克统治时期的未完成界碑。公元前 1186—前 1172 年。出自苏撒。现存法国巴黎卢浮宫博物馆。

图 8.13　加喜特王朝国王美里施帕克的界碑。公元前 1186—前 1172 年。出自苏撒。现存法国巴黎卢浮宫博物馆。

图 8.14　加喜特王朝国王马尔都克 · 阿普拉 · 伊丁那一世的界碑。公元前 1171—前 1159 年。发现于苏撒。现存法国巴黎卢浮宫博物馆。

的界碑为土碑而非石碑，立于马尔都克神庙前。因一座墙倒塌，土碑遭到了破坏，马尔都克·阿普拉·伊丁那统治时用石碑进行了复制，以使神庙永久地得享其所有权。

图8.14是巴比伦尼亚最南端的海国总督埃安那·舒姆·伊丁那赠予土地的界碑，最顶端代表诸神的符号，排列顺序与美里施帕克的界碑相似，符号图形与伊丁那姆一世的界碑相同。这块界碑上也有龙的图案，位于界碑中间栏之首，而不像美里施帕克那块未完成的界碑那样，一条龙缠绕在界碑底部。这块界碑的缠绕动物变成了一条蛇，这条蛇从界碑底部一直缠绕到顶部，蛇头位于代表三大主神的符号之上。

图 8.15　记载南部巴比伦尼亚海国总督埃安那·舒姆·伊丁那赠予土地的界碑。碑文的最后对质疑这一赠予和毁坏界碑之人给予了诅咒。文字上方的符号代表着诸神。约公元前 1125—前 1100 年。现存英国伦敦大英博物馆。

三、浮雕艺术

浮雕艺术几乎同美索不达米亚本身一样古老，在各城神庙里，都发现了某种题材的浮雕。浮雕镌刻在正方形的石灰石板上，从石板中部都有空隙这一点来揣测，石板制成后是用来固定在某一地方或挂在神庙内宗教礼器上的。这些石板镌刻的题材主要是颂扬石刻的主人为神祇大兴土木的业绩和为此举行的庆典，或是记录军队挺进、战胜邻邦的史实。

苏美尔城邦时期的浮雕

在海法吉出土的浮雕，由三幅横向的画面组成，记载庆祝神庙落成的情景。但浮雕的线条没有表现出人体轮廓的圆润，衣服和人体本身处理得很马虎，这说明当时的艺术水平不高。

早王朝时期，描绘国王的浮雕，往往在衣裙上刻着国王的名字。在拉伽什（今特罗）发现的一件浮雕（图8.16），画面的上部是国王乌尔南什，头顶装有建筑工具的筐，前面站立的是他的家人。在画面的下部，国王坐着，家人簇拥在旁，一起庆祝佳节。在画面中，国王刻得比他的家人高大，并把家人们的名字刻在他们各自的衣服上。

图 8.16 拉伽什王乌尔南什许愿浮雕。约公元前 2550—前 2490 年。出自特罗，古代吉尔苏。现存法国巴黎卢浮宫博物馆。

具有“鹫碑”称号的安那吐姆石柱，是苏美尔浮雕中的杰出典范。这座纪念碑是记功碑，歌颂拉伽什城邦统治者安那吐姆击败毗邻城邦乌玛所取得的胜利。这块石碑也是一块边界界石，上面刻着征服者与被征服者之间的契约。从石碑上层的画面上，可清楚地看到安那吐姆王正率领军队去战斗，后面跟着一排方形列队的士兵。士兵头戴战盔、手持长矛，身上用大块盾牌连成墙以作掩护。下层画面是国王站在战车上，正投掷长矛，指挥士兵与敌奋战。石碑的背面描绘的场面是把胜利象征性地归于战神恩利尔之子宁吉尔苏，他把俘虏集中在一个网里，用狮首鹰伊姆杜古德的形象看守着。在石碑的一个断片上，刻画了飞翔着的兀鹰带着被砍下来的敌方士兵头颅。石碑上的题字揭示出画面的内容，它叙述了拉伽什军队的胜利，并且宣布，被打败的乌玛居民必须向拉伽什的神祇献纳贡品。这件浮雕反映出苏美尔人纪念性浮雕的基本原则。画面用水平线分隔成为一条条横带，在这些横带上组织构图。展开在这些横带上的，往往是不同时期的若干插曲，这些插曲构成了对于事件的清楚的叙述。全体被描绘者的头部，总是放在同一水平上。国王与神祇的形体往往比较高大。

图 8.17 “鹫碑”，即拉伽什王安那吐姆的胜利纪念碑的一部分。公元前 2450 年。出自特罗，古代吉尔苏。现存法国巴黎卢浮宫博物馆。

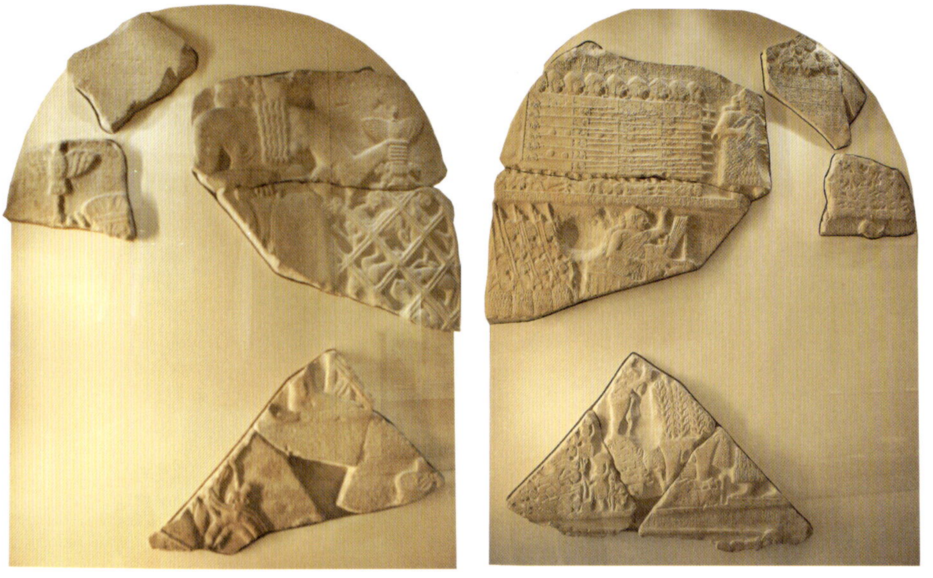

图 8.18 “鹫碑”，即拉伽什王安那吐姆的胜利纪念碑。公元前 2450 年。出自特罗，古代吉尔苏。现存法国巴黎卢浮宫博物馆。

阿卡德时期的浮雕

阿卡德时期，浮雕艺术在画面整体设计上有明显变化，即通过一个大画面反映整个故事并安排各种人物，同时现实主义倾向得到了发展。在苏撒和拉伽什两城，发现了记载阿卡德诸王武功的石碑，其中最清晰可辨的是纳拉姆辛的记功碑（图8.19）。纳拉姆辛记功碑生动地描绘了这位强大君王手握弯弓、头戴角形神冠，满怀英雄气概，正在攀登一座陡峭山峰的情景。他脚踩着敌人的尸体，一小队步兵紧随其后。它以写实的手法刻画了纳拉姆辛率军征服一些山地部落的历史场面，在构图、人体造型等方面都有进步。构图的统一与鲜明性是这一浮雕的重要特点。雕刻家运用对角线结构方法来表现军队翻山越岭。山区用斜线刻画。在人体造型上，表现了现实主义倾向。纳拉姆辛的形象比士兵们大，位置也比他们高，能盖过他的，只有山顶和星星。在这幅作品中，既作为国王又具有神的身份的纳拉姆辛居于整个构图的中心，而作为上天神灵代表的两颗星星（在楔形文字中星号代表神的身份），虽然高居整个画面的上方，但与纳拉姆辛庞大的身躯和整个画面相比显得很小，而且在整个画面中没有神的形象出现，说明这一时期的艺术已经重人而轻神了。神被降低到只具有象征性意义的地位：两颗星星高悬在天空。

图 8.19　阿卡德王纳拉姆辛胜利纪念碑。约公元前 2250 年。出自苏撒。现存法国巴黎卢浮宫博物馆。

乌尔第三王朝时期的浮雕

乌尔第三王朝时期的浮雕，再次承袭了早期苏美尔的传统，用分层的办法来镌刻纪念性的画面。如乌尔纳木纪念碑就是当时杰出的浮雕作品，它的画面分层排列，题材各自独立。国王在月神南那面前洒圣水，月神和国王穿的衣服截然不同。

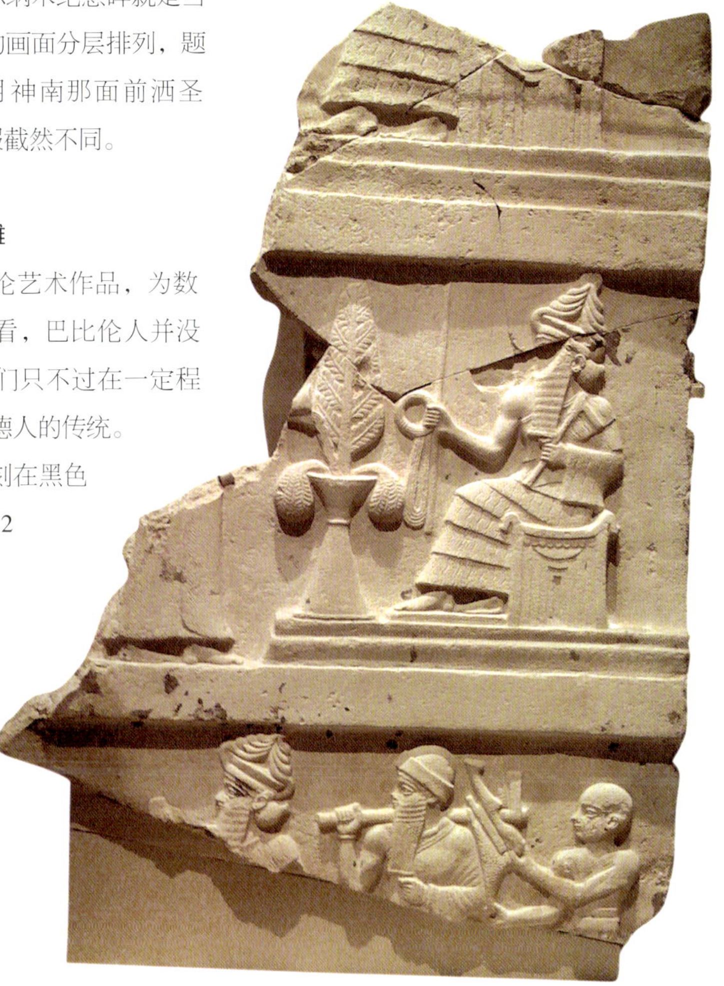

图 8.20　乌尔纳木浮雕。约公元前 2097—前 2080 年。乌尔第三王朝时期。现存美国宾夕法尼亚大学考古学与人类学博物馆。拍摄于纽约大都会博物馆借展期间。

古巴比伦时期的浮雕

保存下来的古巴比伦艺术作品，为数极少。从这些艺术作品看，巴比伦人并没有创造出新的东西，他们只不过在一定程度上接受了苏美尔-阿卡德人的传统。

《汉谟拉比法典》刻在黑色的玄武岩石柱上，柱高2米多，上部为浮雕，下部为文字。浮雕刻画了汉谟拉比王肃立在太阳神沙马什面前接受法典。太阳神的威严与国王的谦恭形成有力的对比，整个场面充满了宗教的虔诚和严肃。在这幅雕像的画面中，虽然太阳神沙马什坐着而汉谟拉比站立在他的对面，却显示出神在人间的代表——国王与神的平等地位，因为神并没有高高在上，汉谟拉比与太阳神沙马什平行相对，甚至连神态都显示出高度的一致性。这时期还有另外一种赤陶浮雕，其中最完好的一件是绘有裸体女神以及支撑她的狮子和猫头鹰的镶板。

关于这位女神的身份，目前无法肯定，她被称为夜晚女王。有人认为她是莉丽

图 8.21　刻写《汉谟拉比法典》的石碑。公元前 2 千纪初。古巴比伦时期。出自苏撒。现存法国巴黎卢浮宫博物馆。

图（Lilitu）[1]，也有人认为她是伊什塔尔，还有人认为她是埃里什基伽尔。[2]女神表现出了力量与美的完美结合，力量体现在她将猛狮踹于脚下以及神鹰伺伏身旁的统治力，美则体现于女性的丰满与柔和的外形。

1　《圣经》中的莉丽思（Lilith）。

2　Joan Aruz,Kim Benzel,and Jean M.Evans,ed,Beyond Babylon,Yale University Press,2008，p.22.

四、亚述浅浮雕

亚述艺术最出名的是浮雕，“浮雕是亚述最伟大的、最原创的艺术成就”，“亚述艺术史主要是浮雕艺术的历史”[1]。它常常具有一种真正的美，表现了亚述人所取得的最伟大的独创的成就。亚述雕刻较少宗教色彩，其主题通常是国王，具有很强的现实性。表现国王在阅兵，在休息，在接受贡品，在率军打仗，在打猎散心以及在宫廷生活等情景，但几乎从未见到在履行祭司职能。妖怪、半神和英雄也有刻画，神却明显没有（除岩雕上外）或简化为符号了，如插在祭坛上的一杆矛或天空中的一个带翅圆盘。一般说来，亚述雕刻家似乎是历史上最早进行“人化”艺术尝试的一批人，他们要去掉艺术身上从史前继承下来的巫术或宗教含义。亚述浮雕用极为写实的手法表现了战争和狩猎等惊心动魄的紧张场面，充满着激烈、紧张的气氛。

描绘亚述帝国战争情景的浮雕，留存下来的作品很多。有表现安营扎寨情景的；有表现军队行军过程的；有表现国王身先士卒之英勇的；有描绘战斗具体惨烈细节的；有描绘战败的敌人臣服场景的；有描绘战后庆功场面的；等等。关于亚述战争浮雕。在本书第7章已有论述，在此不赘述。

皇家猎狮浮雕是亚述浮雕的杰作，这类浮雕不仅保存下来的作品很多，而且这些作品全景式地记述了国王或宫廷狩猎的全过程，揭示出了亚述人狩猎文化内涵的很多深层的东西，如狩猎队伍的庞大、出行前的准备和仪式、对捕获猎物的祭酒仪式以及凯旋仪式等。在艺术层面上，对猎狮的刻画最具有感染力。有的表现狮子的勇猛和不屈不挠与人搏斗的场景；有的表现受伤狮子悲鸣与哀号的场景；有的表现狮子垂死之时的无奈与驯服；等等。当然，描绘亚述国王们的英勇与智慧始终是亚述狩猎浮雕的主题，国王狩猎时所展现出的优雅与从容更衬托其力量和不可战胜的气质。《外出狩猎》是一幅长浮雕，这里展现的是一个片段，描绘的是国王及其随从拿着狩猎工具出征时的场景，从手拿的网子、架子和圈套陷阱等用具判断，这次出征主要是捕猎羚羊、野鹿和鸟类等。这幅画面中还有猎犬出现，这与另一幅作品《猎人与猎犬》形成了呼应。狗不仅是古代美索不达米亚人重要的生活陪伴，还是他们狩猎活动不可缺少的帮手。

1 亨利·富兰克弗特，《古代东方的艺术与建筑》，上海三联书店2011年版，第124-125页。

图 8.22　亚述浮雕：外出打猎。约公元前 645—前 635 年。出自尼尼微。现存英国伦敦大英博物馆。

图 8.23　亚述浮雕：猎人与猎犬。约公元前 645—前 635 年。出自尼尼微。现存英国伦敦大英博物馆。

表现国王与雄狮搏斗的浮雕不乏精品和杰作。上图中（图8.24），阿淑尔那西尔帕二世正在驾着战车，用弓箭射杀一只向自己扑来的雄狮，雄狮虽然身中数箭，仍然张开大口，呈凶猛之势，国王更无所畏惧，沉着迎战。猎狮是亚述宫廷的一项体育运动，这项活动除了磨练君王的意志，培养在战场上的杀敌本领，展示君王及亚述帝国的威风之外，似乎还有用文明战胜野蛮的寓意。阿淑尔那西尔帕二世宣称他总计猎过450只狮子。

在一幅亚述巴尼拔时期的浮雕（图8.25）中，国王本人头戴高高的，与众不同的帽子，站在战车之上，正用弓箭朝着前方一队队奔跑的狮群瞄射，其中一只箭飞在空中逼近一只受伤的狮子。在战车之上，亚述巴尼拔的一名随从双手拽着马缰绳驾着战车，与两名随从高举着长矛飞射向从战车后面猛扑过来的雄狮。整个画面鲜活，富有动感，把雄狮的不屈不挠与国王的坚毅、勇敢与沉着表现的淋漓尽致。

图 8.24　亚述皇家猎狮浮雕。约公元前 865—前 860 年。出自尼姆鲁德。现存英国伦敦大英博物馆。

图 8.25　亚述皇家猎狮浮雕。约公元前 645—前 635 年。出自尼尼微。现存英国伦敦大英博物馆。

在亚述皇家猎狮浮雕中，以阿淑尔那西尔帕二世和亚述巴尼拔两位国王统治时期的作品居多，可能因为这两位国王与其他亚述国王相比，更加酷爱狩猎尤其猎狮之故。亚述皇家狩猎尤其是猎狮，一般情况下都是国王驾着战车狩猎，或者是骑马狩猎，国王在战车或马背之上，要么手持长矛猛刺雄狮，要么弯弓拉箭射向扑来或中箭逃跑的狮子。这幅浮雕（图8.26）描绘的是亚述巴尼拔国王单枪匹马与雄狮搏斗的场面，迎面扑来的雄狮已呈站立状，张开双爪，怒吼着正接近国王的身体，国王毫不畏惧地把长矛插入雄狮的口中，另一只雄狮从后面支援迎面扑来的雄狮，双爪已抓住国王另一匹马的臀部。这件浮雕高超的艺术工艺不仅体现在拟人化的艺术思想方面，雕刻工艺也非常值得称道，国王的衣服和帽子、马鞍和头饰花纹以及雄狮的长毛等细节都刻画得栩栩如生。

图 8.26　亚述浮雕：马背上的猎狮。约公元前 645—前 635 年。出自尼尼微。现存英国伦敦大英博物馆。

在亚述巴尼拔的猎狮浮雕中，这件作品（图8.27）的独特之处在于，国王既不是驾着战车也不是骑在马背上与凶猛的狮子搏斗，而是徒步对付凶猛的狮子。而对已经站立起来，与自己形成面对面局势的雄狮的猛扑，亚述巴尼拔沉着、冷静，一手阻挡怒吼狮子的攻击，一手从容地把一只短剑刺入狮子的腹中。这件作品没有过多地表现国王的英勇，而是通过描绘狮子的凶猛来衬托国王的无畏与智慧，狮子头上所中之箭、站立的身躯以及竖起的尾巴都在诉说其不屈的斗志。

图 8.27　亚述浮雕：亚述巴尼拔徒步手刃猛狮。约公元前 645—前 635 年。出自尼尼微。现存英国伦敦大英博物馆。

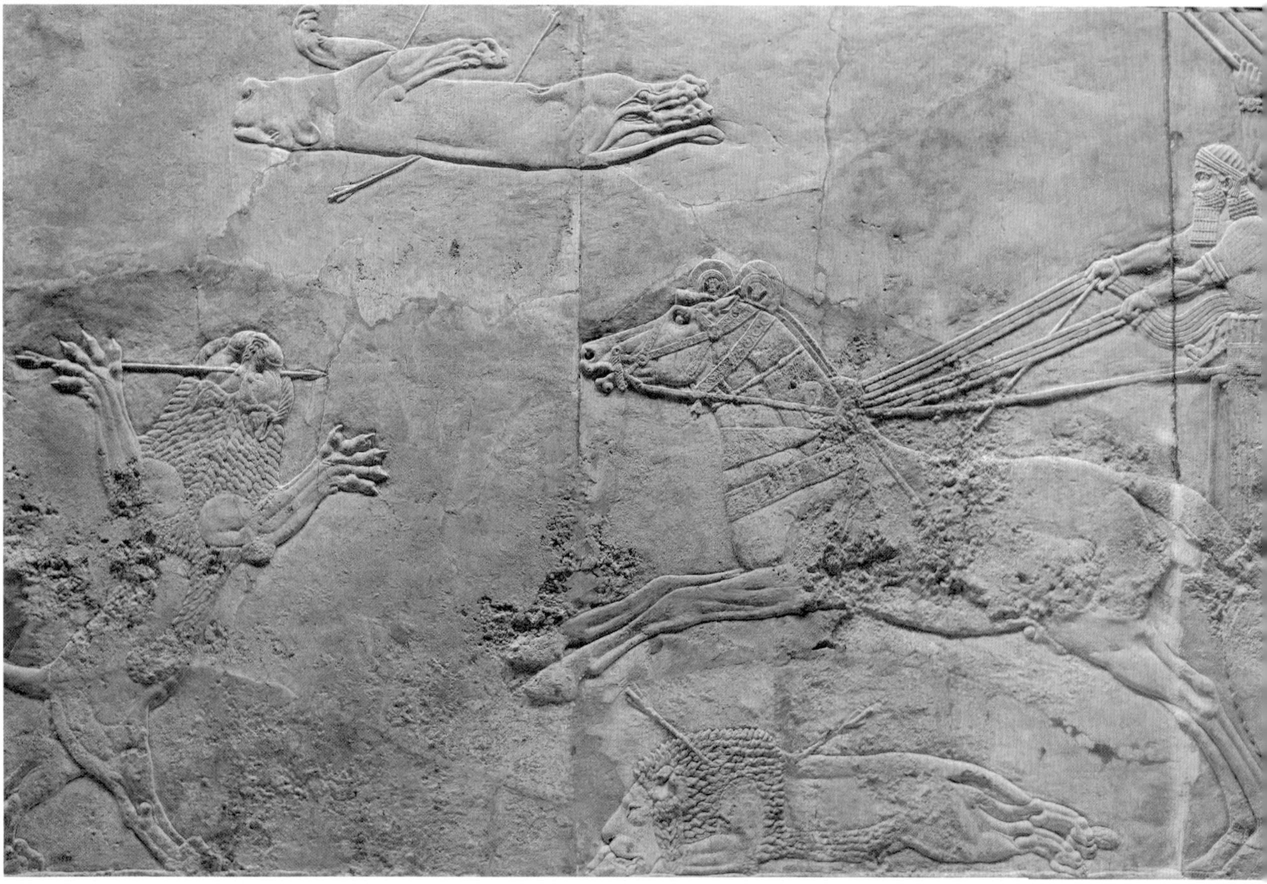

图 8.28（上图）　亚述浮雕：亚述巴尼拔猎狮图。约公元前 645—前 635 年。出自尼尼微。现存英国伦敦大英博物馆。

图 8.29（下图） 亚述浮雕：狩猎归来。约公元前 645—前 635 年。出自尼尼微。现存英国伦敦大英博物馆。

亚述皇家猎狮浮雕不仅着力表现国王的英勇与智慧，还对狮子的情感，如顽强不屈的精神，以及中箭后或垂死时的喷血与哀伤等，都进行了淋漓尽致的刻画。《亚述巴尼拔猎狮图》（图8.28）和《负伤的牝狮》（图8.30）为其代表作。前者可谓一幅长卷，居中是国王的战车马踏死狮，国王在两位助手的配合下，把长矛刺入死死啃住车轮不肯松口的雄狮的脖颈；左边是一只头部已被箭刺穿的狮子，站起身来向国王的战车猛扑；右边是几只身中数箭垂死的狮子仍在挣扎。整幅画面刻画生动，情感丰富，并赋有故事感。《负伤的牝狮》描绘一只勇猛的浑身充满了活力的狮子，因身中数箭而发出哀鸣，后半部身子已瘫倒在地，可是健壮的前爪仍在挣扎着想从地上站起。母狮昂头怒吼，显示生命垂危之际的狂怒与嘶鸣，形象极为悲壮。在描写猛兽受难的场面上，亚述美术家充分表现出现实主义特色。“雕刻家可能还具有对受伤狮子的同情，这种人道主义观点值得赞扬。实际上，我们还可以想象，雕刻家很聪明地指出了残忍的国王与其高贵的牺牲品之间的强烈对照。但我们也不应该忘记，这些雕刻作品的观众把国王视为贵族的楷模，而把狮子视为残酷的敌人，它们就该得到痛苦的甚至愚蠢的死亡。”[1]

描绘狩猎后满载而归的浮雕也是亚述皇家狩猎浮雕的重要组成部分，其中不乏猎人们抬着狮子志得意满的画面。《狩猎归来》（图8.29）是亚述巴尼拔时期的作品，描绘的是在狩猎活动结束后，猎人们抬着死狮，拎着野兔，手端鸟巢归来的场面。

狩猎结束之后，要举行皇家祭酒仪式。图8.31描绘的是，阿述尔那西尔帕二世在王室官员和侍从的陪伴下，手里端着一碗酒，准备在一只濒死的狮子身上祭酒，以示祭奠之意。整个祭酒仪式当然离不开音乐之声，皇家乐师在一旁抚琴奏乐。

1.Julian Reade, Assurian Seulpture, The British Museum Press, 2011,P.73.

图 8.30　亚述浮雕：负伤的牝狮。约公元前 645—前 635 年。出自尼尼微。现存英国伦敦大英博物馆。

图 8.31　亚述浮雕：祭酒仪式。约公元前 865—前 860 年。出自尼姆鲁德。现存英国伦敦大英博物馆。

第二节 圆筒印章

两河流域在文化方面最与众不同的艺术品就是圆筒印章。圆筒印章可以说是一种小型的微雕艺术，平均只有1—1.5英寸长。就是这种微型雕刻艺术在古代近东产生了广泛的影响，除此之外，“世界其他文明再也没有发明过或完善过这种艺术形式了”[1]。圆筒印章艺术不仅向世人展示了美索不达米亚人所理解和创造出来的方寸之美，还深刻地反映出了他们日常生产和生活中的方方面面。

一、独特的文物

圆筒印章在美索不达米亚的历史中占据了三千多年的时间，为我们提供了美索不达米亚人生活的独特证据。仅在公元前3300—前2300年这一千年的历史时期，也就是说，从原始文化时期至早期城邦年代，目前就发现了约2000枚圆筒印章。正如一位亚述学家所估算的那样：“如果说博物馆里每一种考古学物件至少有一百件依旧埋在地下的话，以此为基础推算，单就这段时期就会有大约二十万枚这样的印章仍然等待着挖掘出土。而且在印章本身还没有得到探明出处的情况下，它们留在黏土上的古老印迹依然固执地宣告自己的存在。”[2]圆筒印章具有很高的考古学价值，作为已经消失了的世界的图像性记录，它们是无价之宝。圆筒印章不仅提供了关于古代遗址及其地层时间上的信息——例如，有些圆筒印章上就刻有铭文，铭文上还有当时进行统治的国王的姓名，据此可推定铭文和圆筒印章的时间，它们还像陶器一样，以其材料、尺寸、形状和装饰等在漫长历史中的演变过程，向我们揭示其时间线索。

泥板印章的历史可以追溯到公元前8千纪的叙利亚，当时的叙利亚人用它作为装饰品或用于巫术。到公元前6千纪中期，在美索不达米亚北部，人们开始用印章在黏土块或盘子上印出图案。考古学家推断在公元前5千纪圆筒印章就出现了。目前的考古学资料可以肯定，圆筒印章在公元前4千纪就已经存在了。属于公元前4千纪的泥板上（乌鲁克文化四期）保留下来的印迹证明，当时美索不达米亚南部的苏美尔人和伊朗西南部的埃兰人已经使用圆筒印章了。印章的产生先于文字的诞生，大约

---

1 斯蒂芬·伯特曼《探寻美索不达米亚文明》，第 357 页。

2 斯蒂芬·伯特曼《探寻美索不达米亚文明》，第 357 页。

与冶金术同时出现，因为雕刻石头需要金属工具。阿卡德时代，圆筒印章艺术达到全盛时代，题材丰富，镌刻精美。这一时期，印章雕刻者的技艺以及他们在构图方面的天赋，建立了美索不达米亚雕刻艺术的新标准。主题、图案和雕刻风格都有一些革新。在美索不达米亚文明的发展中，圆筒印章从苏美尔时代一直流行到波斯帝国，大约在公元前5世纪时，由于阿拉米语取代了阿卡德语而成为近东的混合语——阿拉米语已经开始用墨水在莎草纸和羊皮纸上书写——圆筒印章的历史宣告结束。

雕刻圆筒印章所使用的材料绝大多数来自于进口的石料，也有少数圆筒印章是使用诸如动物的骨头、象牙、贝壳、木头、黏土，以及金、银、铜和青铜之类的金属雕刻而成的。石料的种类和特性因地区而异，最早的圆柱体都是用较软的石灰石、天青石和水晶石雕刻而成的。后来又引进了彩色矿石，比如滑石、闪长岩、色彩斑斓的玛瑙、蛇纹石、绿泥石、苹果绿鹦鹉石、光玉髓、磁铁矿石、黑曜石、赤铁矿岩和紫晶石，等等。在较晚的历史时期，美索不达米亚人甚至还使用了合成石——石英。美索不达米亚人相信不同的石头具有各自神奇的功能，能够为他们带来不同的福气：天青石象征着权势与成功；水晶能传递快乐；绿色大理石预示着永久的祝福；在亚述人看来，梦见有人赠送圆筒印章预示着有儿子降生；一块雕刻有众多人物的印章，则预示着子孙满堂；红色的圆筒印章预示着儿女双全；象牙雕刻的圆筒印章，代表着心中的一个愿望；一块王室的圆筒印章，则预示着能够得到诸神的保护。

二、工匠与工艺

制作圆筒印章的工匠在苏美尔语里称为“布尔古尔”（*burgul*），在阿卡德语里称为“普尔库鲁”（*purkullu*）。制作圆筒印章是一个对技术要求很高的职业，一名学徒工至少需要四年的学习时间，才能学成手艺。在这四年的时间里，他必须每天跟着师傅在作坊中不停地磨练技艺。在古埃什努那遗址（泰尔·阿斯马尔）就发现了一名工匠用于雕刻圆筒印章的全套工具，在一只黏土罐子里还装有一把小小的铜錾子、两把尖锐的铜刻刀、一块磨刀石、一把用于打孔的钻子，还有一些正在制作中的印章。圆筒印章绝不仅是手工制品，它是美索不达米亚工匠们的艺术杰作。印章上所刻写的微型的图文，我们现在需要借助放大镜才能欣赏其中的细节。圆筒印章微雕采用“凹雕”的技法，制作出三维立体的雕像。圆筒印章为工匠和艺术家们赢得了很高的社会地位，他们的职业是美索不达米亚社会最具荣誉感的职业之一。

美索不达米亚所特有的圆筒印章，采用阴刻的方法在圆柱体材料上刻画出图案，把圆筒按在柔软的黏土上进行滚动，就会显出连续性的小型浮雕。这些小型浮雕所表现的主题，在美索不达米亚不同的历史时期呈现出不同的特点。最早的主题呈现出重视经济活动的特点，主要描述生产活动或展示食物和纺织品，以及伴随着经济活动的各种仪式场景。在苏美尔早王朝时期，在对那个英雄时代的英勇成绩的庆贺中，圆筒印章出现了新的主题，即神话式的冲突和盛宴。苏美尔早王朝时期印章常见的一个主题是“动物搏斗”：狮子对牛的袭击及人或似人的“护卫者”的防卫。在这种防卫者中又出现了留着长胡须的“英雄”和系着腰带、角下有装饰边锁的“牛-人”。这些形象构成了复杂的图案，但这时还没有立体表现，而且线形图案也是随意的。到早王朝后期，印章制作有了很大进步。形象变得更加粗大，造型更加娴熟。狮子和“护卫者”一类的形象，其面部表现非常细腻，格斗的场面常有带框的铭文相隔，图案通常被水平地分成两栏。神话或宗教仪式的场面也是这时的印章的主题。阿卡德时代，印章的图案是一系列独立的画面，相互间的间距也在增大，而且更加注意装饰。神话、宗教题材是印章中的主要反映对象。阿卡德王国消亡后，印章艺术发生了变化。民间喜闻乐见的题材不见了，当时的印章中再也看不到吉尔伽美什那样的神话人物或苏美尔的神话故事了，宗教题材压倒一切，反映的总是印章主人站在城邦保护神面前的情景。亚述时代，印章的主要题材是狩猎图或逼真的动物画。到新巴比伦时期，平面印章流行。画面多为狩猎题材，也有一些宗教内容。圆筒印章艺术在古代两河流域产生了广泛的影响。在美索不达米亚的周边地区，圆筒印章艺术同样得到发展，而且具有鲜明的特色。米坦尼王国的圆筒印章艺术，就是突出的代表。

三、圆筒印章的功能价值

圆筒印章中丰富的内容和主题向我们揭示出了美索不达米亚人日常生活的方方面面，尤其是农业生活、吃穿、音乐、舞蹈、交通和宗教精神生活等。透过圆筒印章，我们看到了美索不达米亚人从事农业生产的场景；他们对神灵的崇拜，尤其是对太阳神沙马什（乌图）、月神辛（南那）以及情爱女神、生育女神和战争女神伊什塔尔（伊南娜）的崇拜等；看到了在圆筒印章图案中流行的动物、植物、鸟类、鱼类甚至昆虫，包括已经灭绝了的一些动物；我们还看到了美索不达米亚人在设计方面的成就和思想，诸如圆顶房屋设计、合成弓设计和琵琶等乐器设计等。

圆筒印章的出现是与美索不达米亚人民的经济生活密切相关的，这一点从圆筒

图 8.32　佩戴圆筒印章的妇女。贝壳。约公元前 2550—前 2250 年。苏美尔早王朝时期。出自马里。现存叙利亚大马士革国家博物馆。

印章的用途中得到了充分的反映。在文字发明以前的历史时期，圆筒印章用于在空心的黏土球上印上标记，这些空心的黏土球里面装着一些标记商业交易中的货物如绵羊的物证。后来，印章被用于密封罐子并标示罐子里面的有价物品。再后来，圆筒印章最广泛的用途是对黏土泥板文件做“标记”。文字发明以后，圆筒印章的功能得到了进一步的提升，它不仅成为人们社会交往中不可或缺的工具，甚至还成为人们身份、所有权甚至社会地位的象征和标志。在圆筒印章的楔形文字铭文中，不仅要刻写印章所有者的姓名，还要标明他父亲的姓名、他的职业或职务，以及他所服务的统治者和神灵的名字。从圆筒印章的楔形文字铭文中可以看到，在美索不达米亚社会，圆筒印章的拥有和使用是一件非常普遍的事情，不同职业、不同职位之人都需要使用圆筒印章，统治者与祭司、士兵与书吏、王室的厨师与仆人、木匠和其他手艺人、商人，妇女也可以拥有圆筒印章，甚至奴隶都拥有圆筒印章，就连神灵有时也和人一样佩戴着圆筒印章。一个人可以拥有不止一枚圆筒印章，至少在其更换职业、服务于新主人，或者职务得到升迁时，都要制作一枚新的印章。

在美索不达米亚社会，没有圆筒印章，任何形式的买卖和交易活动都很难进行，我们在法律合同、条约甚至在信件中都发现有印章的印记。例如，对于一笔借贷来说，借贷人或其受托人会以自己的印章确认借贷的数额；在一份财产转让书中，卖方会签印出售单据，买方在收到货物后也要签印收条；在买卖合同中，双方都要签印；甚至在婚姻协议中，男女双方也都要签字盖章。圆筒印章的遗失或者被盗，是受社会广泛关注的重大事件，失主和官员要记下丢失的时间，相当于做挂失处理，以确保印章遗失后的交易无效。当有人丢失圆筒印章时，会在全城吹响号角，以作为印章丢失的公告。

在美索不达米亚人的观念中，世上没有确定和永恒的东西，包括生命本身非但不可能永恒，甚至充满了不确定性，但用坚固的石头制作的圆筒印章却成为他们追求永恒的一种精神寄托，也成为他们生命永恒的终极象征。这也很好地诠释了，为什么圆筒印章在美索不达米亚人的生活中占据异常重要的地位，以及享有特殊的荣誉。

四、各历史时期的圆筒印章

圆筒印章这门艺术在古代美索不达米亚的文明史中，所经历的时间之长，影响到的民族之多，甚至超过了几乎遍及古代近东的楔形文字，堪称世界文化史上的奇葩。印章艺术中所蕴涵的跨越时间和空间的文化特色与文化交流，相互影响和传承，构成了世界文明史上难得的珍贵画卷。

苏美尔早王朝时期的圆筒印章

苏美尔早王朝时期的圆筒印章通常都是用贝壳制作的，用石头制作的则更加精美，通常用作范本。在男人墓葬中出土的圆筒印章，刻画的多是描写战争的场面，在女人墓中出土的圆筒印章则多表现饮宴的场面。男人征战就是为了女人飨宴，不知这是否那个时代苏美尔人的价值观，这种思想反复出现在苏美尔人的各种艺术形式中。下面一枚圆筒印章（图8.33），描绘一位祭司王（恩西）束着发带喂羊的场面。另一枚圆筒印章（图8.34）上雕刻的动物非常精致，它表明了在美索不达米亚文明的早期，这项艺术已达到了相当高的水准。

图 8.33　方解石圆筒印章。公元前 3300—前 3000 年，乌鲁克文化时期。可能出自乌鲁克。现存英国伦敦大英博物馆。

图 8.34　石晶圆筒印章。约公元前 2800 年，苏美尔早王朝时期。出处不详。现存英国伦敦大英博物馆。

图 8.35　石灰岩圆筒印章。约公元前 2700 年，苏美尔早王朝时期。出自西帕尔。现存英国伦敦大英博物馆。

这枚印章（图8.35）图案描绘的是一个公牛人和一个人头公牛与群狮搏斗的场面，图中还有鸟和小羊。这是早期苏美尔艺术的常见主题，说明狮子吞食牲畜问题严重。

这两枚圆筒印章（图8.36）发现于乌尔王陵王后普阿比的墓中，发现时位于王后的右臂处。左边的这枚印章上面刻着普阿比王后的名字，印章图案包括上下两栏，分两个画面，都是描绘饮宴的场景。这个主题是苏美尔早王朝时期圆筒印章的主要主题。在上栏的图画中，坐着的人物可能就是王后普阿比本人。右边的印章，图案同样包括上下两栏，分两个画面，也都是描绘饮宴的场景。每个画面都描绘一男和一女对饮的情景，其中的女性可能就是普阿比王后，他们通过草管从酒器中饮酒。

图 8.36　这是两枚青金石圆筒印章。苏美尔早王朝时期。出自乌尔。现存英国伦敦大英博物馆。

阿卡德王国时期的圆筒印章

阿卡德王国时期的圆筒印章刻工精美，在图案设计方面，涉及的题材范围要广得多，往往在一幅图案中融入很多神灵。美索不达米亚的男神和女神其在图画中的象征性符号，在阿卡德王朝时期有了标准化的表达方式。这一时期的圆筒印章所采用的材料，以各种各样的石料为主，石料通常直径很宽。

在图8.37中水神和工匠的保护神埃亚端坐在宝座上，水从其两肩流出。其他神灵把俘虏安祖鸟带到他面前，根据美索不达米亚神话，安祖鸟在苏美尔早期神话中被称为伊姆杜古德，他偷盗了命运泥板，受到众神的追捕。

图 8.37　蛇纹岩圆筒印章。公元前 2300—前 2150 年。现存英国伦敦大英博物馆。

图 8.38　绿石圆筒印章。公元前 2300—前 2150 年。阿卡德时期。现存英国伦敦大英博物馆。

这枚圆筒印章的主人是书吏阿达。印章所描绘的内容大致是这样的：一名狩猎之神手握一张弓，与伊什塔尔女神在一起。太阳神沙马什阻断了他前往东部山区之路。画面中还有水神埃亚，陪伴他的有一头公牛、安祖鸟和他的双面仆从乌斯修。

图 8.39　绿石圆筒印章。公元前 2300— 前 2150 年。阿卡德时期。现存英国伦敦大英博物馆。

这枚圆筒印章（图 8.39）描绘的是一位公牛人和一位裸体的英雄正在向两头野牛展开进攻，两头野牛分立在一座小山上的一棵树的两边，正大声咆哮着。

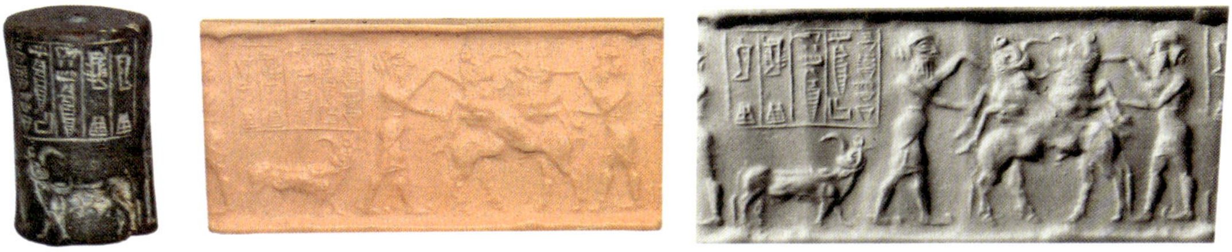

图 8.40 碧玉圆筒印章。阿卡德时期。公元前 2300—前 2150 年。现存英国伦敦大英博物馆。

图8.40描绘的是搏斗的场面。两头交叉的公牛位于中央，每头公牛都受到一位英雄的攻击，还有一头公牛站在一堆楔形文字铭文的下面，铭文指出这枚印章的主人是阿卡德国王纳拉姆辛（公元前2254—前2218年）之子宾卡利沙里的仆从。

图 8.41 蛇纹岩圆筒印章。阿卡德时期。公元前 2300—前 2150 年。现存英国伦敦大英博物馆。

这枚印章（图8.41）的图案描绘了其主人站在一排植物神的队尾，这一排植物神正在向植物女神走近，植物女神坐在干草堆上。一位神灵拿着耕地的犁，另两位神灵拿着一个盒子在他们中间。下面的蝎子是丰产的象征。

乌尔第三王朝时期的圆筒印章

在这枚圆筒印章（图8.42）上面，刻有乌尔第三王朝的开创者乌尔纳木的名字。这枚印章的主人站在两位女士之间，他正在被引见给国王，国王端坐在精致、优雅的王座之上。右边的楔形文字铭文写道："乌尔纳木，强大之人，乌尔之王：哈什哈默尔，伊什库恩-辛城市的长官，是你的仆从。"

图 8.42　绿宝石圆筒印章。约公元前 2100 年。出自巴比伦。现存英国伦敦大英博物馆。

在下面这幅图案（图8.43）中，一名妇女和一位佩戴有牛角状头饰的神灵，坐在一棵椰枣树的两边，在他们的背后，各有一条蛇。在1800年代，它被认为是《圣经》中的亚当和夏娃之印。实际上，它描绘的是一种形式的宴会，这类宴会场景在艺术作品中很常见。

图 8.43　绿泥石圆筒印章。约公元前 2200—前 2100 年。现存英国伦敦大英博物馆。

图 8.44　白云石圆筒印章。约公元前 2075 年，舒尔吉统治时期。现存英国伦敦大英博物馆。

在图8.44中，一个半狮半鹰的怪兽和一位神灵站立在一座小山的两边，抓着一个兵器或权标。印章的主人站立在怪兽的身后。右边的楔形文字铭文指明这个神的名字为“梅斯拉姆塔埃”，这枚印章是献给“舒尔吉，乌尔之王，世界四方之王”的。

图 8.45　石灰岩圆筒印章。约公元前 2075 年，舒尔吉统治时期。现存英国伦敦大英博物馆。

这枚印章（图8.45）的主人在其身后女神的陪同下，面对着一位战神，这位战神的名字叫梅斯拉姆塔埃。这枚印章是抬轿人基鲁拉，乌尔巴格拉之子，敬献给“舒尔吉，强大之人，乌尔之王”的。印章上还刻着“愿我活在我慈善的主人的智慧荫庇之下”。

图 8.46　玻璃料的圆筒印章。公元前 2 千纪中期，米坦尼时期。私人收藏，摄于纽约大都会博物馆借展期间。

米坦尼王国的彩陶圆筒印章

考古学家在西部的地中海和东部的伊朗之间发现了很多圆筒印章，时间介于公元前1500—前1300年之间，它们被认为属于米坦尼王国。彩陶印章是通过对石英进行加热而制成的，其产量很大，且彩釉光亮、美观，所以成为颇受欢迎的外贸产品。在下面一枚圆筒印章（图8.46）的图案中，掌管天气之神站在狮龙的身上。另一枚圆筒印章（图8.47）的内容结构显示，它是属于米坦尼王国的国王或高级官员的印章，在印章之上，主要的场景是半裸的女仆或女神正在给一位坐着的国王或男神扇风，国王或男神正在通过很长的吸管饮酒，吸管插在摆放地上的酒坛里。

图 8.47　浅粉白碧玉圆筒印章。约公元前 1450—前 1300 年。出自霍尔萨巴德附近。现存英国伦敦大英博物馆。

图 8.48　赤铁矿石圆筒印章。约公元前 1400—前 1300 年。现存英国伦敦大英博物馆。

在图8.48中，一位男神和一名信徒和女神面对面站立。图案的剩余部分描绘的是著名的《吉尔伽美什史诗》中的一个片段：吉尔伽美什和恩奇都正在屠杀森林中的巨大怪物、跪着的洪巴巴。

巴比伦圆筒印章

关于巴比伦的圆筒印章，每枚印章的具体年代很难确定，只能做大致的时间判断。根据一些可以当作范例的圆筒印章的出产地来判断，可以归纳出巴比伦圆筒印章的一些特点。坚硬石料的使用比亚述要多，巴比伦人在切割轮和钻的使用上发展了堪称伟大的技艺，这些技艺后来传给了亚述人。

图 8.49　赤铁矿石圆筒印章。公元前 2000—前 1800 年，伊新—拉尔萨时期。出自伊朗西部的苏尔克 · 杜姆。现存美国纽约大都会博物馆。

图 8.50　赤铁矿石圆筒印章。公元前 1720—前 1620 年。古巴比伦时期，出自叙利亚。现存美国纽约大都会博物馆。

图 8.51 光玉髓圆筒印章。公元前 14 世纪早期。私人收藏，摄于美国纽约大都会博物馆借展期间。

这是一枚属于加喜特王朝库里加尔祖一世统治时期的圆筒印章（图8.51），一名信徒正在向端坐着的神灵祈祷，神灵手握棒子和圆环。

图 8.52　红玉髓圆筒印章。约公元前 1400—前 1350 年。加喜特王朝统治时期。现存英国伦敦大英博物馆。

图8.52是一枚具有鲜明加喜特人风格的圆筒印章。在端坐着的太阳神沙马什面前，是十字标志和玫瑰型饰物，两者都可能是太阳神的象征。右边的楔形文字铭文是献给“天地之王”沙马什的祈祷文，指出了印章的主人为沙伊利马达姆卡，他在加喜特王朝布尔那布里亚什二世统治时期（公元前1375—前1347年）担任高官。

图 8.53　玉髓圆筒印章。约公元前 900—前 700 年。出自乌鲁克。现存英国伦敦大英博物馆。

在图8.53中，三角形的结构、手执武器的英雄把脚踏在一头小公牛身上，与一头狮子搏斗，让人联想起公元前13世纪晚期亚述的印章。这枚印章背后的楔形文字铭文给出了其主人的名字——哈扎努。

图 8.54　玉髓圆筒印章。约公元前 800—前 600 年。现存英国伦敦大英博物馆。

在图8.54中，两匹带翼的神马戴着顶部有羽毛的头饰，抓住一个猎物，一只鸟的两条腿，把它们的脚踏在一个小的斯芬克斯身上。这是典型的巴比伦印章结构，只是它更为精致、小巧，在它们身后各有一只罐子，有植物从罐中生长出来，这也是典型的巴比伦风格。

图 8.55　玉髓圆筒印章。约公元前 800—前 600 年。现存英国伦敦大英博物馆。

在这枚圆筒印章（图8.55）的图案中，一位英雄把一头狮子高举过头顶，这种风格源自于公元前14世纪晚期中亚述的圆筒印章。两边的楔形文字铭文写道："献给他的主纳布神，纳布沙尔赫伊利，为马尔都克神酿酒的阿维尔亚之子，为其生命之故，把这个献给它。"

亚述的圆筒印章

在经过一段时期的沉寂后，公元前14世纪亚述中兴，其在古代近东的政治舞台上开始崭露头角。这一时期的圆筒印章在艺术上呈现出独特的风格，内容和结构反映出了这一政治变化。图案的结构显现出很好的均衡性，材料的色彩丰富，刻工精美，很少附有铭文。

图 8.56 粉红色玉髓圆筒印章。约公元前 1243—前 1207 年。现存英国伦敦大英博物馆。

这枚圆筒印章（图8.56）描绘的是咆哮的狮子和带翼的神马战斗的场面，小马驹位于两者之间，在它们扬起的前蹄之下。这枚印章图案独特鲜明的三角形结构，是亚述国王吐库尔提尼努尔塔一世（公元前1244—前1208年）统治时期的风格特点。

图 8.57　青金石还愿印章。约公元前 1400—前 1300 年。现存英国伦敦大英博物馆。

图8.57是这枚半宝石性质的青金石印章，出自阿富汗，因其极蓝的颜色而受到高度的称赞。这枚超大的印章描绘了一名祈祷者站在香炉和祭坛前面，祭坛上面插着象征巴比伦神马尔都克的徽章标志。

公元前1200—前612年期间亚述帝国时期的圆筒印章，其年代的确定是一件很难的事。上面刻有确切姓名的印章，主要出现在公元前9世纪晚期和公元前8世纪早期，而上面刻有注明时间的铭文的印章，多数则出现在公元前7世纪。选用的材料则软硬石料都有。

图 8.58　青绿色蛇纹岩圆筒印章。约公元前 900—前 800 年。现存英国伦敦大英博物馆。

这枚印章（图8.58）的图案呈线条型风格，一只野羊面对正在向自己发起攻击的斯芬克斯，一边跑一边回头看；画面的其他空间以一棵树来填充，这棵树是昴星团的星束，可以是太阳或星星，也可以是新月和楔形符号。整个图案被置于上下两个人字形边框之间，同样的画面在巴比伦的印章中，通常是雕刻在较硬的石料上，而且更具动感。

在图8.59中，一名战士激动地挥舞着武器，在一条龙的后背上奔跑，其身后有两个小神在为他助威。这枚印章可能描绘的是《创世史诗》中的一个场景，提亚马特所率领的混沌混乱之师被代表宇宙秩序之神所击败，这位代表宇宙秩序之神可能是尼努尔塔。

图 8.59　青褐色蛇纹岩圆筒印章。约公元前 900—前 750 年。现存英国伦敦大英博物馆。

图 8.60　灰玉髓圆筒印章。约公元前 800—前 750 年。现存英国伦敦大英博物馆。

战神尼努尔塔奔跑在一条蝎尾龙的后背之上，正在用弓箭瞄准另一条鸟尾龙。一个小的祈祷者站在一条狗的面前，这条狗是治愈疾病的女神古拉的象征。古拉女神坐在靠背布满星星的宝座之上，支撑宝座的是一条斜倚着的狗。

图 8.61　光玉髓圆筒印章。约公元前 850—前 825 年。出自塔尔比苏。现存英国伦敦大英博物馆。

这枚圆筒印章（图8.61）的图案是规范的范本，国王出现两次，位于风格化了的圣树的两边，在圣树的顶端，是一个带翼的圆盘，从其上太阳冉冉升起。在国王的背后，站立着鹰头的保护神。上面的楔形文字铭文写道：“这是总督，穆舍兹比尼努尔塔，尼努尔塔埃里什迪托之子的印章。尼努尔塔埃里什迪托，乃萨玛努哈沙尔伊拉尼迪托之子。”

图 8.62　蓝玉髓圆筒印章。约公元前 800—前 750 年。出自尼尼微。现存英国伦敦大英博物馆。

图8.62的画面是这样的：一只羊正在给它的小羊羔喂奶，一只小鹿在骑马士兵的追赶下，正在落荒而逃，一个祈祷者站立在众神的象征性符号之前。上方则是带翼太阳圆盘、星宿、新月和北斗七星。

图 8.63　白玉髓圆筒印章。约公元前 720—前 710 年。现存英国伦敦大英博物馆。

图8.63是一枚较特别的白玉髓圆筒印章，特别之处一方面来自其材质，即白玉中透着翠绿和少许铜色；另一方面来自其所属，即根据画面内容判断，这枚圆筒印章应该出自亚述宫廷。画面中的两个人，一个是亚述国王，另一个则是王宫仆人，他们分立在一棵圣树的两边。这棵圣树位于一个带翼圆盘的下方，带翼圆盘是太阳神沙马什的化身，太阳神沙马什的两名仆从骑在圆盘之上。亚述国王形象之表达已经形成了固定的模式，这枚印章中的国王与标准的石碑中的亚述王形象相一致。

图 8.64　光玉髓圆筒印章。约公元前 720—前 700 年。现存英国伦敦大英博物馆。

图8.64是一枚标准风格的圆筒印章。一位长着四个翅膀的英雄神灵，抓着两头咆哮的带翼公牛的前蹄。两边的楔形文字铭文写道：“别让信任你的他蒙羞，啊，纳布神，让他跟随你。让他享受财富，延年益寿。”纳布神是掌管书写和文字之神。

这是一枚标准风格的圆筒印章。图案的画面是这样的：一名没有胡须的男性祈祷者站立在一个形状像公牛腿的桌子前，一名单膝跪地的英雄和两个公牛人，其中一个公牛人正遭受狮身鹰首兽的攻击，英雄在两位公牛人的帮助下正托举着有翼的太阳圆盘。

图 8.65　紫罗兰玉髓圆筒印章。约公元前 700 年。出自尼姆鲁德。现存英国伦敦大英博物馆。

新巴比伦时期的圆筒印章

图 8.66　玉髓圆筒印章。公元前 6 世纪。新巴比伦时期。私人收藏，摄于美国纽约大都会博物馆借展期间。

图8.66图案的画面是这样的：一只凶猛的狮子正在向一头公牛发起攻击，长着翅膀的英雄与狮子展开搏斗，手抓凶狮头，脚踏凶狮腰，凶狮回头咆哮。

第三节　金属艺术

金属雕刻以及其他各类的工艺美术品，在美索不达米亚很发达。苏美尔人是古代杰出的工艺美术师，他们留下了大量精美的金属工艺品：小铜像、黄金短剑及剑鞘、金杯、金碗、金头盔和乐器等。苏美尔人不仅擅长用单一金属打制物件，而且还会用几种金属混合制成工艺品。金器匠师们刻画动物的技艺，达到极高水平。亚述人也是金属制造能手，亚述的金工雕刻达到了很高水平。青铜片上的浮雕构图，是亚述金工雕刻的出色范例。

金属在古代文明中作为稀有物和先进生产力的代表，最先为王族和宫廷所掌握和使用，随着冶炼技术的发展和普及才在生产中广泛应用。为满足国家之间战争的需要，制造武器是金属最早、最常见的用途。金银还用于首饰制作，以及一些高级、精致工艺品的制作中。

一、动物雕塑

金属动物塑像是古代美索不达米亚艺术品中的杰作，不仅体现了艺术家高超的工艺技艺，更体现了他们对生活的理解及其思想表现力。

右面这座铜合金公牛像（图8.67）发现于泰尔·阿尔·欧贝德的宁胡尔萨格神庙，属于苏美尔早王朝时期，约公元前2400—前2250年。铜像表现出的公牛神态给人留下了深刻的印象，竖起的双耳透着机警，一只眼睛炯炯有神，另一只眼睛凹陷脱落，两只上翘、弯曲并有向一起合拢趋势的犄角，给人一种威严之感。

图 8.67　苏美尔早王朝时期的公牛像。约公元前 2400—前 2250 年。出自泰尔·阿尔·欧贝德。现存英国伦敦大英博物馆。

图 8.68　铜合金山羊头。约公元前 2550—前 2250 年。苏美尔早王朝时期。现存美国纽约大都会博物馆。

上面这座山羊头铜像（图8.68）造型很优美，做工也很精致。两只犄角呈卷曲、螺旋上升状，既具有艺术的造型之美，也具有动感之美。以贝壳镶嵌的眼睛很传神，脖颈和面部还以圆形和椭圆形的嵌入式图案进行装饰。整个山羊头在创作过程中，采用了多种颜色，体现了艺术家对色彩的追求。

图 8.69　乌尔王陵出土的铜牛头。公元前第 3 千纪中期，苏美尔早王朝时期。出自乌尔。现存法国巴黎卢浮宫博物馆。

这个在乌尔王陵出土的公牛头（图8.69），用黄铜制成，眼睛镶嵌着天青石，不仅形象逼真，而且工艺精巧，是世界古代史上著名的艺术珍品。它与乌尔王陵中出土的其他艺术杰作，如著名的黄金王冠、黄金短剑、王后的竖琴和“树丛中的公羊”等，不仅成为古代美索不达米亚人生产发展和科技进步的见证，具有较高的艺术价值，它们所反映出的设计能力和高超的手工业技艺在古代世界堪称一大奇迹。

图 8.70　狮头鹰挂饰。金、铜合金，天青石，沥青。约公元前 2400 年 – 前 2250 年。苏美尔早王朝时期。出自马里王宫。现存叙利亚大马士革国家博物馆。

图 8.71　带有金色镶嵌装饰的银铸公牛塑像。约公元前 2300 年，青铜时代早期。可能出自阿拉卡 · 胡玉克，土耳其。现存英国伦敦大英博物馆。

图 8.72　铜合金狮子奠基钉。公元前 2200—前 2100 年。可能出自泰尔 · 莫赞（古代乌尔凯什），叙利亚东北部。现存美国纽约大都会博物馆。

图 8.73 铜合金狮子雕像。公元前 1 千纪上半叶。出自安那托利亚或叙利亚。现存美国纽约大都会博物馆。

二、人物塑像

在金属人物雕像中，以铜像和铜金像居多，人物即有表现祭祀和祈祷主题的，也不乏表现男性之美等现实主义题材的，具有代表性的则还是君王的雕像。比如阿卡德王国的创立者萨尔贡大帝的铜头像（图4.14）和古巴比伦王国著名君王汉谟拉比的青铜像（图4.27）都是不可多得的艺术珍品。下面这具埃兰国王的青铜头像（图8.74），也同样具有珍贵的艺术和史料价值。

图 8.74　埃兰不知名国王铜像。约公元前 2300—前 2000 年。现存美国纽约大都会博物馆。

三、金属装饰艺术

在古代美索不达米亚文明中，生产工具、祭祀礼器和生活用具等都不乏金属制品，而且也具有较高水准的艺术设计和美学价值，关于这一点我们在第3章和第5章都有所展现，在这里我们仅简单介绍几件金属装饰作品。

图 8.75　青铜饰带残片。公元前 8—前 7 世纪。出自乌拉尔图，东土耳其。现存英国伦敦大英博物馆。饰带上怪兽都长着翅膀，具有明显的乌拉尔图风格。

图 8.76　铜合金盘子。公元前 3 世纪晚期—前 2 世纪早期。出自伊朗。现存美国纽约大都会博物馆。

图 8.77　斯芬克斯形式的青铜纪念牌匾。公元前 8 世纪。出自叙利亚。现存美国纽约大都会博物馆。

第四节　象牙雕刻艺术

直到现在，象牙都是十分珍贵的材料，象牙制品和象牙艺术品都是难得的珍品。这种情况不仅在美索不达米亚，在整个古代近东更是如此。古代近东虽然不盛产大象，但在公元前第1千纪中叶以前，在这一地区还可以猎捕到大象，而此后大象便在古代近东绝迹。古代近东的象牙主要依靠对外贸易从外地进口，我们知道早在公元前2000年，乌尔的商人就开始从印度进口象牙。

一、象牙雕刻艺术的起源

在古代近东，象牙制作工艺比较发达的地区是叙利亚和腓尼基，叙利亚和腓尼基的精美象牙艺术品通过贸易传播到近东甚至更远的地方。美索不达米亚拥有发达的对外贸易网络，又具有与这两个地区近邻的区域优势，所以叙利亚和腓尼基的象牙制品很容易流通到美索不达米亚。在美索不达米亚各城市，由于拥有象牙原材料的来源，所以自然也会出现专门制作象牙艺术品的作坊。在亚述帝国时期，象牙制品更是受到欢迎，亚述人可以通过战争获取象牙艺术品类的战利品，臣属国也不会吝啬把自己国家的象牙制品“宝贝”敬献给亚述君王，当然属于亚述人自己的象牙制品和艺术品也肯定流行。

由于腓尼基等地成为象牙及其艺术品的重要来源地，所以古代美索不达米亚的象牙艺术无论在内容方面还是在艺术风格方面都打上了很深的非洲烙印。

考古学家在尼姆鲁德就发现了属于公元前9—前8世纪的一个巨大的窖藏，里面藏有许多象牙制品。类似的象牙制品在泰尔·哈拉夫、亚述城以及霍尔萨巴德也有发现。在尼姆鲁德一口深达70英尺的井底出土了一件非常特别的象牙制品（图8.78），其上雕刻的图案描绘了一名年轻的男子正在遭受一只母狮捕杀的场景。根据这名男子的面部特征——具有黑人特征及头发卷曲——来判断，他可能是埃塞俄比亚人或努比亚人。

从这件象牙雕刻板中可以看到，这名非洲年轻男子坐在地上，身体略微向后倾倒，双臂支撑在地上，母狮站立在其身体的上方，下颌靠近年轻人的脖子。令人称奇的是，这本应该是一幅人狮大战图，却不见挣扎、厮打的场面，甚至没有母狮狰狞的面容，也不见年轻人恐惧、痛苦的神情。母狮只是用一只爪子搂着年轻人的脖颈，另一只爪子自然地落在地上，年轻人安静且顺服，这更像是一幅情侣亲热的画

图 8.78　象牙雕刻。母狮与非洲男子。公元前 9—前 8 世纪。出自尼姆鲁德。现存英国伦敦大英博物馆。

面。年轻男子的头发用黄金装饰，其下身的衣服也同样是黄金短裤，预示着年轻人高贵的出身。画面背景以盛开的鲜花和纸莎草作为衬托，鲜花和青草镶嵌在天青石和光玉髓中，闪着金光。

二、生活用具

象牙制品可分为日常生活用品和纯装饰艺术品两类。在日常生活用品方面，由于象牙材料在美索不达米亚的稀缺性，它少数情况下用作整个用具或器皿的主要材料，多数情况下用于制作附件或配件，起装饰或美化作用。例如，象牙被用于制作手持镜子的手柄；用于制作苍蝇拂的拂手；用于制作奢侈的化妆盒；用于装饰王室马匹的缰绳；等等。当然，象牙的主要装饰功能是用于家具的制作，主要是用于在家具上雕刻各种各样美丽的图案甚至浅浮雕，家具上的图画或图案还可以用颜料涂上颜色。如果把这些图案配以次贵重石料镶嵌在家具上，它们就会显得更加栩栩如生。

图 8.79　象牙雕刻斯芬克斯像。公元前 9—前 8 世纪。出自尼姆鲁德。现存美国纽约大都会博物馆。

上面这件象牙雕刻艺术品是一个大步行走的斯芬克斯像（图8.79）。它出自亚述的一座都城卡尔胡，即沙尔马那塞尔堡，属于新亚述时期。这座斯芬克斯像与其他许多象牙雕刻艺术品一样，具有明显的腓尼基风格。

图 8.80　具有腓尼基风格的象牙纪念碑匾。公元前 8 世纪。出自尼姆鲁德。现存美国纽约大都会博物馆。

图8.80这幅象牙纪念碑匾的图案是奔走中的斯芬克斯。它长着两个翅膀和一颗公羊头，头上还戴着埃及著名九大神灵之一奥西里斯的白色王冠。奥西里斯神是“冥界之王”和“丰饶之神”。根据其明显的腓尼基风格特色判断，这件匾额应该是在腓尼基人的象牙艺术工厂中制作的。这个斯芬克斯的羽翼和兽身是典型的亚述风格，它是亚述文化与埃及文化和腓尼基文化相互影响、相互融合的代表性作品。

图 8.81　带凿孔的镶嵌板。公元前 900—前 612 年。出自尼姆鲁德。现存英国伦敦大英博物馆。

图 8.82　奔走的斯芬克斯。公元前 900- 公元前 612 年。出自尼姆鲁德。现存英国伦敦大英博物馆。

这尊斯芬克斯（图8.82）头戴上下埃及双重王冠，披着带有眼镜蛇图案的围巾，具有明显的埃及风格，表明亚述的象牙雕刻艺术深受埃及文化影响，甚至它有可能就是出自腓尼基艺术家之手。图8.83是一件马具的佩饰，女神保护骑手。

图 8.83 马具佩饰。公元前 9-8 世纪。出自尼姆鲁德。现存美国纽约大都会博物馆。

三、人物像

在亚述帝国的一座都城卡尔胡（今尼姆鲁德）出土了一批象牙雕刻人物像，这些象牙人物像具有明显的埃及和腓尼基风格，不仅题材、物件来自于埃及和努比亚地区，连人物的头饰、装束和其他佩饰也都具有明显的埃及特征。例如，亚述帝国时期的一件象牙雕刻的男子头像（图8.84），明显地具有腓尼基风格，不仅表明亚述的象牙雕刻艺术深受腓尼基和叙利亚等地区的影响，还进一步反映出在这一区域民族融合与文化交流的状况。这名男子具有埃及人的面相，眼睛以彩色镶嵌方式刻成，假发呈蓝色镶嵌状。头像背后的插槽表明，它本来可能是一件大型雕刻艺术品的一部分。在大英博物馆、巴黎卢浮宫和纽约大都会博物馆收藏了一些具有很大相似性的象牙妇女雕像，其主题可以命名为“窗户里的女人”的雕像，非常引人注目。参见图6.29—图6.32。

图 8.84　男子头像。公元前 9－前 8 世纪。出自尼姆鲁德。现存美国纽约大都会博物馆。

下面两座妇女头像各具特色。一名妇女（图8.85）具有叙利亚风格，她脖颈修长，戴有披肩的假发，不见全身即可想像其苗条的身材。这名妇女（图8.86）头戴王冠，王冠上刻有娟秀的玫瑰花图案，由此判断其身份不凡。另一名妇女则是埃及风格，她是全黑形象，黑颜色是通过火烧技术实现的。这尊头像虽然明显地受到了埃及艺术风格的影响，但头顶上的太阳圆盘显然是腓尼基工匠的艺术创造。

图 8.85　妇女头像。公元前 8 世纪。出自尼姆鲁德。现存美国纽约大都会博物馆。

图 8.86　黑色人头像。公元前 900—前 612 年。出自尼姆鲁德。现存英国伦敦大英博物馆。

还有两座男子全身象牙雕像很具故事性，一名男子手握树杖，头悬太阳圆盘（图8.87），具有某种宗教意义；另一名男子手握着羚羊，左肩爬着一只猴子，右肩披着貂皮（图8.88），显示是向亚述国王进贡的。

图 8.87　象牙雕像。公元前 8 世纪。出自尼姆鲁德。现存美国纽约大都会博物馆。

图 8.88　进贡男了雕像。公元前 8 世纪。出自尼姆鲁德。现存美国纽约大都会博物馆。

四、动物像

动物像是美索不达米亚艺术中最受欢迎的题材和形式，贯穿于整个美索不达米亚文明史的全过程，出现于陶艺、石刻和金属艺术等各种形式中。象牙雕刻也是其中最重要的艺术表现形式。

在亚述宫殿特别是尼姆鲁德王宫发现了许多象牙雕刻作品，其中不乏动物雕刻的佳作。值得一提的是，这些象牙雕刻都不是纯粹的艺术品，而是镶嵌在家具上的配饰，可见亚述国王们是多么衷爱象牙制品。这些象牙制品大部分出自叙利亚和腓尼基艺术家之手，来自公元前8世纪的阿尔斯兰·塔什（Arslan Tash），那里有亚述帝国在行省建造的宫殿，在紧邻宫殿的建筑内发现了一批类似的象牙雕刻制品。下面这幅母子牛图（图8.89）就是其中之一。小牛吃奶，母牛回头舐犊的画面，给人以母爱和温馨之感。

图 8.89　母子牛象牙雕刻。公元前 9 – 前 8 世纪。出自阿尔斯兰 · 塔什。现存美国纽约大都会博物馆。

这件象牙狮头像（图8.90）也具有埃及风格。它可能本来是一件家俱的佩饰件。在古埃及有这样的传统，即王宫的国王宝座前有时会置放狮子雕像，这类及其他传统可能传到了腓尼基，所以出自腓尼基工匠之手的象牙雕刻绝大部分具有明显的埃及元素。

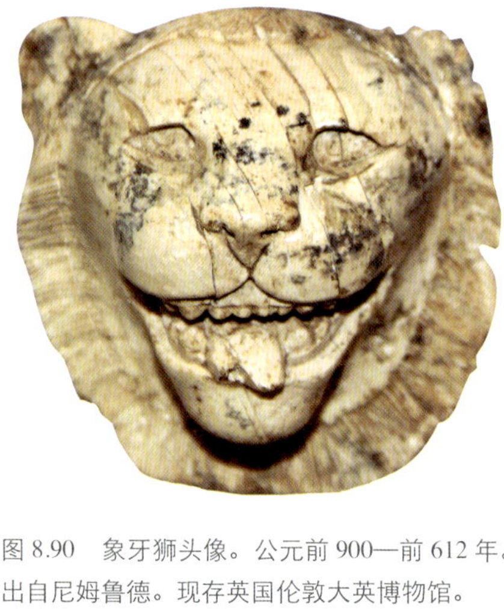

图 8.90　象牙狮头像。公元前 900—前 612 年。出自尼姆鲁德。现存英国伦敦大英博物馆。

第五节　壁画、彩饰与镶嵌艺术

绘画艺术使古代早已失去光泽的文物焕发出了夺目的光彩，使人类的艺术创造得到了接续。每个民族每个时代的绘画作品都会受到绘画材料的巨大影响，古代美索不达米亚人在这方面受到的影响更大。

一、巴比伦壁画

受绘画材料的影响，古代美索不达米亚人留给我们的绘画作品主要是壁画，包括苏美尔人的形象和亚述人刻在墙壁上的浮雕画。传世的壁画作品表明，古代美索不达米亚人已经认识到用单调的黏土和石头去描绘生活具有很多局限性，因而他们想方设法地用色彩增加作品的审美度和观赏性。

在最早的时期，美索不达米亚人已经掌握了湿壁画法。美索不达米亚的壁画被运用在事先用泥土灰浆、石灰或者能够变干的石膏涂抹过的墙面上。到公元前2千纪的下半期为止，都是在灰泥刚抹或还潮湿未干的时候，就开始进行绘画。湿壁画技法的优点在于，颜料能与被用来进行绘画的表面更好地融合起来；其缺点是留给艺术家创作的时间是有限的，因为在干热的天气下，墙面很容易变干。好在这一缺点也不是不可克服的，美索不达米亚人发明了解决办法，他们要么集中力量对一小块墙面进行涂抹和绘制，要么就用湿布等工具使已涂抹粉刷过的墙面保持潮湿使其可以进行绘画创作。

绘制壁画的主要工具之一是调色板。美索不达米亚艺术家的调色板包括很多种：黑色调色板，用灯烟或沥青制成；白色调色板，用石膏制成；红色调色板，用铁或汞的氧化物制成；蓝色调色板，用铜的氧化物或天青石制成；黄色调色板似乎相对少见一些。艺术家通常在开始创作之前，要把各种颜料准备好，他们先把矿物质颜料放入水中稀释，然后用蛋清或牛奶中提取的酪蛋白作为黏合剂加入其中搅拌，以便使绘画作品能够更好地粘在墙壁上。对于整个构图或图案的设计，艺术家们会用一种尖利的工具在墙壁上快速刻画出来，在涂抹完色彩之后，就用黑色将图案勾勒出来。

根据目前的考古发掘材料，美索不达米亚的壁画大多数发现于王宫中，创作在宫殿的墙壁上，在神庙和民居的墙壁上发现的壁画相对较少。壁画根据房间的大小与用途而变化。从简单的几何中楣到精致的嵌板，壁画以横式的带形排列，覆盖了大部分墙面，内容主要有花纹、动物、战争、狩猎、国王肖像和庆典仪式等。

由于建筑物是砖砌成的，所以遗留下来的壁画极少。目前在伊拉克南部发现的壁画遗迹分布在乌鲁克、尼普尔、泰尔·乌卡尔以及阿盖尔古夫；在北部地区发现的壁画遗迹则分布在高拉丘、努祖和霍尔萨巴德等，其中保存最好和最大的壁画当属马里和提尔巴尔斯普壁画。

马里王宫中的壁画是保留下来的唯一的古巴比伦时代的绘画文物。在公元前18世纪早期，马里国王兹姆里利姆用壁画装饰了其王宫，共计26间房子，这是古代近东宫殿中保留下来的最早的壁画。这些壁画得以保留还要“归功”于伟大的汉谟拉比王，他对马里的进攻把兹姆里利姆的宫殿摧毁得恰到好处，宫殿的第二层坍塌后覆盖住了拥有壁画的第一层，使其免遭进一步的破坏。当这座城市被废弃的时候，这些壁画便保存了下来，直到20世纪被法国考古学家发现。

这幅马里王宫的壁画，其图案的装饰效果、装饰性花边和绚烂的色彩引人注目。壁画表现的是马里国王授权仪式，马里王站在众神陪伴之下的伊什塔尔女神面前宣誓登基。中间的图案由上、下两栏构成。在上栏中，一个身穿华丽的带穗服饰、戴着“马球”头饰的国王，正在接过站在狮背上的伊什塔尔神手中的象征物。在场还有其他神和女神。下栏是一对面对面站着的女神，她们身穿镶有荷叶边的衣服，手持流淌出液体的花瓶，水流在画面周围形成波浪，滋润大地。画面的两

图 8.91　马里王宫壁画

侧是高高的饰板，上面画有棕榈树和其他风格的树，树丛中有鸟、神兽和神，其中带翅膀的鹰头狮身怪兽象征着威慑力，棕榈树林则象征着富饶。

二、亚述浮雕式壁画

亚述时期，壁画上所描绘的主题，以国王生活与战争的场面居多。

位于叙利亚北部幼发拉底河上游的提尔·巴尔西普，拥有公元前8世纪亚述国王提格拉特帕拉沙尔三世修建的一座宫殿遗址，幸运的是在宫殿中拥有保存完好的壁画。这座宫殿的壁画描绘的是战争和狩猎的场景：绑在战车上的俘虏被送到亚述士兵那里接受惩罚，一名亚述士兵牵住一名敌人俘虏的胡须往前走。在一幅长达70多英尺的壁画上，提格拉特帕拉沙尔三世被授予了至高无上的权威，围在他周围的是士兵和官员。在这座宫殿一间浴室的墙壁上，也绘制有壁画，它展现的是一只狮子在猎取食物，“暗示着亚述人对权威与统治的热爱”[1]。

在一幅亚述宫廷墙壁装饰画（图8.92）中，一位亚述国王一只手握着杯子，另一只手握一张弓，胸前斜挎着一只佩剑，由贴身侍卫及其他随从陪伴。贴身侍卫同样一只手握着弓，身上挎着箭筒，胸前斜挎着一把剑。这可能是一长幅壁画的一个

图 8.92 亚述赤陶宫廷壁画。约公元前 875—前 850 年。出自尼姆鲁德。现存英国伦敦大英博物馆。

1 斯蒂芬·伯特曼《探寻美索不达米亚文明》，第 350 页。

组成部分，描绘国王从战场上或从狩猎场上凯旋的情景。

萨尔贡二世宫殿中的壁画，反映了亚述壁画的内容和风格。如其中有一幅装饰壁画画了一些带翅膀的人物，被整齐地排列在上下两行，中间是一些圆形的植物图案夹杂着动物形象。这些图案或带翅的人物图像像两方连续图案一样，做横向展开。另一幅带拱形花框的彩画画的是国王站在阿淑尔神的跟前。这幅画用的颜色是红、蓝、白、黑四种，黑色用来勾勒轮廓。

三、锥形画与彩饰砖

在古代美索不达米亚人那里，壁画并不是用色彩把墙面变得生动活泼的唯一方式，有些苏美尔人的神庙还将黏土椎体嵌入泥砖圆柱中，黏土椎体里插入灰浆钉，钉头涂上颜色，包括黑色、白色或红色等。在新巴比伦时期，釉彩饰砖被运用在外墙装饰上。与室内壁画不同的是，釉彩砖更能创造出富有光泽且色彩丰富的图画，而且它还不怕风吹日晒雨淋，能经受住各种天气和气候的考验。釉彩砖的制作方法是这样的：在把砖块放入炉子烧烤之前，先把砖块雕刻成凹陷的浮雕，然后将用颜料制成的釉彩涂抹在砖上。它们当中最杰出的代表，是尼布甲尼撒二世时期的伊什塔尔神门和通往巴比伦城中的通行大道，其中伊什塔尔神门高达47英尺。

图 8.93　巴比伦伊什塔尔神门的彩饰砖画。现存德国派加蒙博物馆和土耳其伊斯坦布尔近东博物馆。

四、镶嵌艺术

在古希腊艺术和希腊化罗马艺术中，马赛克镶嵌艺术发挥了突出的作用。这种艺术可以追溯到美索不达米亚，我们在苏美尔人那里可以找到其源头。在苏美尔时代，有一种“锥形马赛克”几何图形，它出现在插入砖墙的赤褐色锥体里，锥体的顶部被涂成黑色、白色和红色。这种马赛克图形设计中包含一些“之”字形和菱形。还有一种人造花瓣的装饰技术，花瓣的颜色由黑色、白色和粉红色组成，它是用错落有致的白色石块和粉色石块与黑色的沥青混合制作而成的。图8.94是一块苏美尔早王朝时期的镶嵌板，描绘的是庆祝战争胜利的场面。

图 8.94　马赛克镶嵌板。贝壳。页岩。约公元前 2500—前 2400 年。出自马里。现存法国巴黎卢浮宫博物馆。

乌尔出土的所谓“军旗”是镶嵌艺术的代表（图8.95/8.96）。它色彩绚烂，是在刷有沥青的木板上用天青石、贝壳、粉红色石灰石镶嵌而成。表现了战争和庆祝胜利的场面。画共分三层，根据故事情节的发展逐步展开，人物、动物、器物的安排有条不紊。最上一层描绘乌尔王巡视战利品，他手拿长矛，在全副武装的士兵陪伴下视察战俘。第二层描绘战斗的场面，士兵和将领们手执盾牌和刀剑，正在与敌人格斗。第三层几辆全副武装的古代战车飞驰在战场上。“军旗”的背面，描绘着载歌载舞欢庆胜利的盛大宴会场面、通过战争掠夺来的牲畜和战俘。在亚述和巴比伦，釉彩砖在镶嵌艺术中发挥了重要的作用，并留下了精彩的作品。作品虽然有限，但很精彩，其内容对了解亚述和巴比伦宫廷生活和宗教文化具有重要的参考价值。

图 8.95&8.96　乌尔皇家军旗的两个主面。约公元前 2500 年。出自乌尔。现存英国伦敦大英博物馆。

在泰尔·阿尔·欧贝德遗址的宁胡尔萨格神庙里发现了两根镶嵌马赛克图案的圆柱（图8.97），“它们很可能竖立在神庙入口的两侧”。这两根马赛克圆柱最初里面拥有棕榈木的实心，后来实心的木料逐渐腐烂。棕榈木的外表涂有一层沥青。这些马赛克镶嵌碎片是由珍珠母、粉红色的石灰岩和黑色的页岩制作而成的。用铜线在背后把这些碎岩固定起来，具体办法是把铜线拧成圈环，置于沥青中，然后把每一个马赛克碎片放入相应的铜圈中，这样马赛克碎片就相对牢固一些。

实际上，镶嵌有马赛克图案的圆柱在更早的时期就出现了。例如，在瓦尔卡就发现了属于公元前3000年左右的八根马赛克镶嵌大圆柱，每根圆柱直径都超过2.5米。

在埃利都也发现了同一时期的类似的马赛克镶嵌圆柱。有些柱子的顶头还包有镀铜。

图8.97　马赛克镶嵌圆柱。公元前2400—前2250年。苏美尔早王朝时期。出自泰尔·阿尔·欧贝德遗址。现存英国伦敦大英博物馆。

外文参考书目

Archi, A.ed.. Circulation of Goods in Non-Palatial Context in the Ancient Near East, Roma, 1984.

Aruz, Joan, Benzel, Kim and Evans, Jean M.,ed, Beyond Babylon, Yale University press, 2008.

Aruz, Joan with Wallenfels, Ronald, Art of the First Cites, The Third Millennium B.C. from the Mediterranean to the Indus, The Metropolitan Museum of Art; Yale University Press, 2003.

Bergman, E., Codex Hammurapi, Textus Primigenius, Rome:Pontificium Institution Biblium, 1953.

Bertman, Stephen, Handbook to Life in Ancient Mesopotamia, New York, 2003.

Bottéro, J.etc.ed., Ancient Near East: The Early Civilization, New York, 1967.

Bottéro, Jean, Mesopotamia: Writing, Reasoning, and the Gods, The University of Chicago Press, 1995.

——Religion in Ancient Mesopotamia, Translated by Teresa Lavender Fagan, The University of Chicago Press, 2004.

——Everyday life in Ancient Mesopotamia, Translated by Antonia Neviu, The Johns Hopkins University Press, 2001.

Boyer, Carl B., A History of Mathematics, the Second Edition, New York, 1989.

Contenau, Georges, Everyday Life in Babylon and Assyria, London, Edward Arnold, 1955.

Curatola, Giovanni, ed., The Art and Architecture of Mesopotamia, Abbeville press Publishers, New York, London, 2006.

Delaporte, L., The Babylonian and Assyrian Civilization, New York, 1925.

Driver, G.R.and J.C.Miles, The Babylonian Laws, Vol.1-2, Oxford, Clavendon Press, 1955-1956; Oxford University Press, 2007.

——Semetic Writing, Oxford University Press, 1976.

George, Andrew, Translated and with Introduction, The Epic of Gilgamesh, A New Translation, Penguin Books, 1999.

Greengus, Samuel, The Old Babylonian Marriage Contract, JAOS 89 (1969).
Goetze, A., "The Laws of Eshnunna", ANET:161-163.
——The Laws of Eshnunna, New Heaven, 1956.
Harris, R., Ancient Sippar: A Demographic Study of An Old Babylonian City (1894-1595), Istanbul, 1975.
Jacobson, Th., "Primitive Democracy in Ancient Mesopotamia", JNES 11(1943).
——"Early Political Development in Mesopotamia", ZA 52(1957).
Jastrow, J.R., The Civilization of Babylonia and Assyria, Philadelphia and London, J.B.Lippincott Company, 1915.
Klengel, H., Beitrage Zur Sozialen Struktur des Alter Vorderasien, ed.Berlin, 1971.
—— "Non-Slave Labour in the Old Babylonian Period:The Basic Outlines in the
Kramer, S.N., The Sumerians, Their History, Culture and Character, The University of Chicago Press, 1972.
——History Begins at Sumer, Pennsylvania University Press, 1981.
Leemans, W.F., The Old Babylonian Merchant, His Business and His Social Position, Leiden, E.J.Brill, 1950.
—— "Hammurapi's Babylon, Centre of Trade, Administration and Justice", Sumer 41(1985).
Levey, Martin, Chemistry and Chemical Technology in Ancient Mesopotamia, Elsevier Publications, 1959.
Mierroop, M.V.de., The Ancient Mesopotamian City, Oxford University Press, 2004.
——A History of the Ancient Near East, Second Edition, Blackwell Publishing, 2007.
Neugebauer, O., The Exact Science in Antiquity, Princeton University Press, 1952.
Oppenheim, A.L., The Assyrian Dictionary Vol.6, 1956.
—— The Assyrian Dictionary, Vol.3, 1959.
—— The Assyrian Dictionary, Vol.7, 1960.
—— The Assyrian Dictionary, Vol.16, 1962.
—— The Assyrian Dictionary Vol.1, part I, 1964.
—— The Assyrian Dictionary Vol.1, part II, 1968.
—— The Assyrian Dictionary, Vol.8, 1971.
—— The Assyrian Dictionary, Vol.10, part I, 1977.
—— "A New Look at the Structure of Mesopotamian Society", JESHO 10(1967).
—— "The Seafaring Merchants of Ur", JAOS 74 (1959).
—— Glass and Glassmaking in Ancient Mesopotamia, New York, 1970.
Pickover, Clifford A., The Math Book, Sterling Publishing Co. Inc., New York, 2009.
Postgate, J.N., Early Mesopotamia, Society and Economy at the Dawn of History, Routlege, 1995.
Pritchard, J.B.ed., Ancient Near Eastern Texts Relating to the Old Testament, Third Edition, Princeton, 1969.

Reade, Julian, Assyrian Sculpture, the British Museum Press, 2011.
Roux, G., Ancient Iraq, Revised Edition, Penguin, 1980; Third Edition, 1992.
Saggs, H.W.F., The Greatness That Was Babylon. London, Sidgwick and Jackson, 1962.
—— The Might That Was Assyria, Sidywick & Jackson, 1984.
—— Everyday Life in Babylonia & Assyria, Dorset Press, 1965.
—— Babylonians, University of California Press, 2000.
Stone, Elizabeth C., The Social Role of The Nadītum Women in Old Babylonian Nippur, JESHO 25, Part I.
Vargyas, P., "The Problems of Private Economy in the Ancient Near East", BiOr. XLIV NO.3/4, Mei/Juli, 1987.
Versteeg, Russ, Early Mesopotamian Law, Carolina Academic Press, 2000.
Yoffee, N.and Cowgill, George L., Edited, The Collapse of Ancient States and Civilization, The University of Arisona Press, Tucson, 1991.

中文参考书目

北京师范大学历史系世界古代史教研室编，《世界古代及中世纪资料选辑》，北京师范大学出版社，1991年版。

伯特曼，斯蒂芬，《探寻美索不达米亚文明》，商务印书馆，2009年版。

布罗代尔，费尔南，《地中海考古·史前史和古代史》，社会科学文献出版社，2005年版。

查士丁尼，《法学总论》，商务印书馆，1993年版。

崔连仲等选译，《古印度帝国时代史料选辑》，商务印书馆，1989年 版。

丹尼尔，格林，《考古学一百五十年》，文物出版社，1989年版。

董为奋、朱承思，《世界历史上最早的医学文献》，载《世界历史》1988年，第3期。

杜兰，威尔，《东方的遗产》，东方出版社，2003年版。

杜威，约翰，《自由与文化》，商务印书馆2014年版。

复旦大学思想史研究中心主编，《希腊与东方·思想史研究》第六辑，上海人民出版社，2009年版。

富兰克弗特，亨利，《古代东方的艺术与建筑》，上海三联书店，2011年版。

国洪更，《古巴比伦婚姻习俗若干问题的再考察》，载《史学月刊》2004年第11期。

黑格尔，《黑格尔全集》，第27卷，第一分册，《世界史哲学讲演录》，商务印书馆2014年版。

赫尔德，J.I.，《论语言的起源》，商务印书馆2014年版。

赫西俄德，《工作与时日·神谱》，商务印书馆，1991年版。

霍贝尔，E.A.，《初民的法律》，中国社会科学出版社，1993年版。

贾可诺夫，《古代西亚君主国家的基本经济特征》，载《世界历史译丛》，1980年第3期。

贾可诺夫和马加辛涅尔，《巴比伦皇帝哈漠拉比法典与古巴比伦法解说》，中国人民大学出版社，1956年版。

江晓原，《历史上的星占学》，上海科技教育出版社，1995年版。

康德，《纯粹理性批判》，商务印书馆2012年版。

劳埃德，塞顿，《美索不达米亚考古》，文物出版社，1990年版。

林志纯主编，《世界通史资料选辑》（上古部分），商务印书馆，1985年版。

刘家和，《古代中国与世界》，武汉出版社，1995年版。

卢梭，《社会契约论》，商务印书馆，2009年版。

罗素，《宗教与科学》，商务印书馆，2005年版。

洛克，《政府论》（下篇），商务印书馆，1981年版。

《马克思恩格斯选集》，人民出版社，1995年版，1997年第三次印刷。

马克思，《资本论》，人民出版社，2008年版。

梅因，《古代法》，商务印书馆，1984年版。

孟德斯鸠，《论法的精神》，商务印书馆，1982年版。

摩尔根，路易斯·亨利，《古代社会》，商务印书馆，1992年版。

庞德，罗，《通过法律的社会控制法律的任务》，商务印书馆，1984年版。

普芬道夫，塞缪尔，《人和公民的自然法义务》，商务印书馆2009年版。

施治生、郭方主编，《古代民主与共和制度》，中国社会科学出版社，1998年版。

施治生、徐建新主编，《古代国家的等级制度》，中国社会科学出版社，2003年版。

斯科特，J.F.，《数学史》，商务印书馆，1981年版。

童书业，《古巴比伦社会制度试探》，山东人民出版社，1957年版。

童书业著，童教英整理，《童书业古代社会论集》，中华书局，2006年版。

滕大春，《关于两河流域古代学校的考古发掘》，载《河北大学学报》，1984年第4期。

魏琼，《民法的起源——对古代西亚地区社会规范的解读》，商务印书馆，2008年版。

希罗多德，《历史》，商务印书馆，1985年版；《汉译世界学术名著丛书》（分科本），商务印书馆，2011年版。

雅各布森，Th.,《古代美索不达米亚的原始民主》，载《世界历史译丛》，1980年第3期。

杨炽译，《汉穆拉比法典》，高等教育出版社，1992年版。

伊夫斯，H.,《数学史概论》，山西人民出版社，1984年版。

伊斯特林，B.A.,《文字的产生和发展》，北京大学出版社，1989年版。

于殿利、郑殿华，《巴比伦古文化探研》，江西人民出版社，1998年版。

于殿利，《巴比伦法的人本观——一个关于人本主义思想起源的研究》，生活·读书·新知三联书店，2011年版。

——《巴比伦与亚述文明》，北京师范大学出版社，2013年版。

——《古巴比伦私人农业经济的商业化特征》，《中国社会科学》，2011年第2期。

——《古代美索不达米亚宗教的人本主义因素》，《北京师范大学学报》（社会科学版），2010年第5期；《新华文摘》2011年第2期转载。

雅斯贝斯，卡尔，《历史的起源与目标》，华夏出版社，1989年版。

赵乐甡译著，《世界第一部史诗〈吉尔伽美什〉》，辽宁人民出版社，1981年版。

郑殿华译，《苏美尔王表》（Thorkild Jacobsen编），生活·读书·新知三联书店，1989年版。

朱承思、董为奋，《乌尔纳姆法典和乌尔第三王朝早期社会》，《历史研究》，1984年第5期。

索引

K

L

M

N

T

W

X

Y

Z

后记

伦敦、巴黎和纽约对于别人可能有说不尽的精彩和回忆，而于我却只有大英博物馆、卢浮宫和大都会博物馆最为魂牵梦萦。16年来，由于工作关系，我多次造访这三座城市，工作之余我唯一的兴奋点就是参观这三座无与伦比的博物馆。说无与伦比一点儿也不为过，因为它们珍藏着最多的人类古老文明的物证，这些物证不仅构成了人类的独特记忆，更为今天的人类对自己的来历的探究提供了最多的线索。

自1985年开始学习楔形文字起，我便被它所记载的神秘的古老文明深深地吸引。走进博物馆，一块块楔形文字泥板，每每把我带回到书写者生活、思考的场景；伫立在一座座人物雕像前，我仿佛感受到他们像是遇见了知己一样，有着把一肚子秘密倾诉出来、期盼理解的渴望；每一次面对无论是一件普通的生活用具、生产工具，还是堪称人类瑰宝的艺术杰作，我都会有灵魂被触及、心弦被拨动的感受。这也是为什么，每一次不得不离开的时候，我都会恋恋不舍，还会有一丝的伤感，它们于我有如寄宿于海外的亲人，我珍惜每一次与它们相见，珍惜每一次用快门记录下它们表情的机会。

这些年来记录下的它们的表情，本来是留给自己回味的。几年前，在一次与故宫博物院院长郑欣淼先生、副院长王亚民先生的交谈中，他们鼓励我把它们整理出版。这是我此前想都不敢想的事情，以我这种业余水平、业余条件下的文物拍摄，哪敢登故宫出版社的专业殿堂，哪敢与故宫那么多精美的图册摆放在一起。但转念一想，不把在很多方面对人类文明有开创之功，且有些现在仍被人类所享用，至今未被超越的美索不达米亚文明诸成就充分地展现出来，对这些文明的创造者是一种不公和不敬，对同样拥有悠久历史传统，且把民族伟大复兴作为一种梦想追求的中华民族来说，是一种缺憾，因为我们的民族文化需要学习和借鉴一切人类的优秀文化遗产。念及此，图片质量的专业与否便不再构成内心的纠结，这些从拍摄角度来看并不专业的图片只当是对伟大思想和艺术创造的一种装饰和注解吧，且它们仍不失为独特的第一手资料，或许还能让读者有身临其境的感觉，有与它们直接对话的冲动。在此，我要特别感谢两位院长的鼓励与提点。

虽然这部著作是我十余年来积累的结果，但它的面世却绝非我一人之功，很多人为此付出了太多的时间、精力，还有智慧，我必须要表达对他们的感谢和感激之情。我更愿意把所获得的这些帮助看作是对我的厚爱，以及因我执着的投入而勾起的他们对巴比伦古文明的丝丝兴趣，这一点尤为令我感动。几位朋友陈荣凯、栾翎、陈目和栾奇受我之托帮我在其他博物馆拍摄和补拍了一些照片，这些照片虽然数量很少，但对本书图片的丰富性和代表性起到了重要作用；我的同事张文英编审和郭可博士对卢浮宫文物的法文说明，做了不可或缺的翻译工作；王齐博士对初稿、文字与图片的编辑整理付出了极大的心血和智慧；赵强对图片的处理和书稿的初排初校，做了精心的安排。故宫出版社的副总编辑刘辉博士对本书的出版给予了悉心指导，责任编辑王冠良主任更是操心到细微处。我还要提一下我的家人，他们的包容和担代使我免除了家务劳动，使我工作之余的写作时间得以保证。

最后，我要特别感谢我的导师、北京师范大学资深教授刘家和先生，感谢先生对我学术研究的长期悉心指导，以及对本书的支持、关心和厚望。

2016年5月28日于北京